Mathematik-Training

für Wirtschaftswissenschaftler

Aufgaben und Lösungen aus der Differentialrechnung

Von
Diplom-Volkswirt
Lothar Schmeink

2., überarbeitete Auflage

R. Oldenbourg Verlag München Wien

Die Deutsche Bibliothek - CIP-Einheitsaufnahme

Schmeink, Lothar:
Mathematik-Training für Wirtschaftswissenschaftler : Aufgaben und Lösungen aus der Differentialrechnung / von Lothar Schmeink. - 2., überarb. Aufl. - München ; Wien : Oldenbourg, 1997
ISBN 3-486-24392-6

Rosenheimer Straße 145, D-81671 München
Telefon: (089) 45051-0, Internet: http://www.oldenbourg.de

Gedruckt auf säure- und chlorfreiem Papier
Gesamtherstellung: WB-Druck, Rieden

ISBN 3-486-24392-6

Zu diesem Buch:

Sie finden in diesem Buch 114 Mathematikaufgaben mit ausführlich und lehrreich erläuterten Lösungen, die Ihnen helfen werden, die Differentialrechnung und besonders ihre Anwendungsmöglichkeiten in der Wirtschaftstheorie besser kennenzulernen.

Die meisten Aufgaben sind modellhafte Anwendungen. Nicht nur die mathematischen Lösungsschritte, sondern auch die erforderlichen Grundlagen des jeweiligen Sachverhalts sind so erläutert, daß der Lösungsweg auch vom Sachbezug her plausibel wird.

Die Lösungen sind keine Musterlösungen, lediglich Lösungsmuster. Denn die Reihenfolge der einzelnen Lösungsschritte ist nicht immer zwingend vom Sachverhalt vorgeschrieben, sondern oft davon abhängig, welche Idee Sie zuerst haben und welche Ihnen den Zugang zum Lösungsweg eröffnet.

Wenn Sie glauben, weniger Talent für Mathematik zu haben, wird Ihnen die Arbeit mit diesen Aufgaben zeigen, daß Sie trotzdem viel erreichen können. Wenn Sie glauben, in Mathematik schon recht gut zu sein, werden Sie bei der Beschäftigung mit diesen Aufgaben Ihr Leistungsniveau halten und verbessern können. Denn auch mit dem, was Sie können, müssen Sie im Training bleiben.

Auf jeden Fall werden Sie sehen, wozu Mathematik gut sein kann - auch in der Wirtschaftstheorie. Die Differentialrechnung ist sicherlich nicht das einzige Gebiet der Mathematik, das für Wirtschaftswissenschaftler interessant ist. Auch kann diese Sammlung nicht vollständig sein, könnte aber mit dazu beitragen, daß Sie mit der Mathematik weniger Frust haben werden, als Sie befürchtet haben.

Noch ein paar schreibtechnische Hinweise:

Bei dem verwendeten Textverarbeitungsprogramm habe ich oft leider keine andere Möglichkeit gefunden, als Brüche mit schrägen Bruchstrichen zu schreiben.

ME ist die Abkürzung für Mengeneinheiten und GE die Abkürzung für Geldeinheiten.

Ich wünsche Ihnen viel Erfolg bei der Arbeit.

Lothar Schmeink

PS: Ich danke Frau Anette Klose für die gewissenhafte Durchsicht des Manuskripts dieser Auflage.

Inhaltsverzeichnis

Quadratische Gleichungen
Gleichungen höheren Grades

Aufgabe 1 *Lösung Seite 34*

a) Lösen Sie die folgende quadratische Gleichung mit Hilfe des Faktorisierungsverfahrens. Begründen Sie das Ergebnis.
$A_1(x)$: $0{,}5\ x^2 - 5\ x + 19 = 0$

b) Lösen Sie die folgende quadratische Gleichung mit Hilfe der Lösungsformel für gemischt quadratische Gleichungen.
Begründen Sie das Ergebnis.
$A_2(x)$: $4\ x^2 + 3\ x + 9/16 = 0$

c) Die Normalform einer gemischt quadratischen Gleichung laute:
$A_3(x)$: $x^2 - 4\ x + 1 = 0$
Die Lösungen sind mit $x_1 = 2 + \sqrt{3}$ und $x_2 = 2 - \sqrt{3}$ angegeben. Überprüfen Sie die Lösungen mit Hilfe des Satzes von Vieta, und zerlegen Sie dann den Gleichungsterm in Linearfaktoren.

Aufgabe 2 *Lösung Seite 35*

Angenommen die Lösungen einer bestimmten gemischt quadratischen Gleichung wurden mit Hilfe des Satzes von Vieta wie folgt überprüft:
$5 \cdot (-3) = -15$ (wahr) und $5 + (-3) = 2$ (wahr)

a) Zählen Sie die Lösungsmenge dieser quadratischen Gleichung auf.
b) Geben Sie die Normalform der gelösten Gleichung an.
c) Lösen Sie diese Gleichung mit Hilfe des Faktorisierungsverfahrens.
d) Zerlegen Sie die Normalform in Linearfaktoren.
e) Zeigen Sie die Richtigkeit folgender Behauptung:
$(x - x_1)(x - x_2) = x^2 + p\ x + q = 0$
Dabei sind $x_1 = -p/2 + \sqrt{(p/2)^2 - q}$ und $x_2 = -p/2 - \sqrt{(p/2)^2 - q}$ die Lösungen von $x^2 + p\ x + q = 0$.

Aufgabe 3 *Lösung Seite 36*

Lösen Sie die folgenden quadratischen Gleichungen mit Hilfe der Lösungsformel.

a) $A_1(x)$: $2\ x^2 - 6\ x - 56 = 0$
b) $A_2(x)$: $0{,}5\ x^2 + 12\ x + 72 = 0$
c) $A_3(x)$: $4{,}5\ x^2 - 27\ x + 63 = 0$

Aufgabe 4

Lösung Seite 36

Ermitteln Sie die Normalform der zu den angegebenen Lösungen gehörenden gemischt quadratischen Gleichung:

a) $x_1 = 2 \quad x_2 = 3$
b) $x_1 = 10 \quad x_2 = -2$
c) $x_1 = -0{,}5 \quad x_2 = -0{,}75$
d) $x_1 = a \quad x_2 = -6\,a$
e) $x_1 = -3 \quad x_2 = 8$
f) $x_1 = 19 \quad x_2 = -c$

Aufgabe 5

Lösung Seite 37

Ermitteln Sie die Lösungsmengen der folgenden gemischt quadratischen Gleichungen.

a) $x^2 + 6\,x + 5 = 0$
b) $x^2 - 28\,x + 195 = 0$
c) $9\,x^2 - 15\,x - 14 = 0$
d) $16\,x^2 + 120\,x + 256 = 0$
e) $3\,x^2 - 12\,x - 36 = 0$
f) $0{,}8\,x^2 - 1{,}6\,x - 4{,}2 = 0$
g) $2\,x^2 + 8\,x + 3 = 0$
h) $3\,x^2 - 13\,x + 12 = 0$
i) $0{,}25\,x^2 = 3\,x - 5$
j) $0{,}25\,x^2 + 1{,}2\,x + 0{,}8 = 0$

Aufgabe 6

Lösung Seite 39

Entwickeln Sie eine Gleichung, deren Lösungen wie folgt angegeben sind:

$x_1 = 1$ und $x_2 = -5$ und $x_3 = 2$

Aufgabe 7

Lösung Seite 40

Entwickeln Sie eine Gleichung, deren Lösungen

$x_1 = 1$, $x_2 = -4$, $x_3 = 2$ und $x_4 = -3$ sind.

Aufgabe 8

Lösung Seite 40

a) Überprüfen Sie mit einer Polynomdivision, ob $x_0 = -2$ ein Element der Lösungsmenge der folgenden Aussageform ist.
A(x): $x^4 - 9\,x^3 + 30\,x^2 - 44\,x + 24 = 0$

b) Ermitteln Sie die Lösungsmenge der Aussageform
A(x): $x^4 - 9\,x^3 + 30\,x^2 - 44\,x + 24 = 0$

c) Berechnen Sie mit Hilfe des Horner–Schemas für
A(x): $x^4 + 5\,x^3 + x^2 - 25\,x - 30 = 0$
eine Lösung im Intervall [1; 4] auf eine Nachkommastelle genau.

Aufgabe 9

Lösung Seite 42

Von einem bestimmten Angebotsmonopol sei die Gewinnfunktion G in der folgenden Form bekannt.

$$G: \; G(x) = -0{,}032\,x^4 + 0{,}32\,x^3 + 4\,x - 40$$

Die untere Grenze der Gewinnzone ist mit $x_0 = 5$ angegeben. Berechnen Sie die übrigen Nullstellen der Gewinnfunktion.

Aufgabe 10

Lösung Seite 43

Ermitteln Sie die Lösungsmengen der folgenden Aussageformen. Geben Sie jeweils das Polynom als Produkt von Linearfaktoren an.

$A_1(x)$: $-2\,x^3 + 8\,x^2 + 22\,x - 60 = 0$

$A_2(x)$: $-4\,x^4 - 6\,x^3 + 18\,x^2 + 20\,x = 0$

$A_3(x)$: $2\,x^4 - 15\,x^3 + 18\,x^2 + 64\,x - 96 = 0$

Aufgabe 11

Lösung Seite 45

Ermitteln Sie die Lösungsmengen der folgenden Aussageformen. Geben Sie jeweils das Polynom als Produkt von Linearfaktoren an.

a) $2\,x^5 + 36\,x^4 + 222\,x^3 + 484\,x^2 - 24\,x - 720 = 0$

b) $2\,x^5 - 13\,x^4 - 14\,x^3 + 205\,x^2 - 300\,x = 0$

c) $x^4 + 4\,x^3 - 28\,x^2 - 64\,x + 192 = 0$

d) $2\,x^3 + 11\,x^2 + 13\,x + 4 = 0$

e) $4\,x^3 + 6\,x^2 - 28\,x - 30 = 0$

Aufgabe 12

Lösung Seite 46

Lösen Sie die folgenden Gleichungen mit Hilfe des Substitutionsverfahrens.

a) $x^4 - 26\,x^2 + 25 = 0$

b) $x^4 - 5\,x^2 - 36 = 0$

c) $x^6 - 4\,x^4 - x^2 + 4 = 0$

Grundlagen der Differentialrechnung

Aufgabe 13

Lösung Seite 48

Gegeben sei die Funktion f mit der Funktionsgleichung

$f(x) = x^4 - 7x^3 + 15x^2 - 13x + 4$

a) Formulieren Sie einen Satz, der die Beziehung zwischen einer Funktion und ihrer ersten Ableitungsfunktion schildert.

b) Bilden Sie alle Ableitungsfunktionen von f.

c) Berechnen Sie, welche Steigung f an der Stelle 1 und welche sie an der Stelle −1 hat.

d) Berechnen Sie die Stelle, an der die zweite Ableitungsfunktion die Steigung 6 hat.

e) Beschreiben Sie den Verlauf des Graphen der dritten Ableitungsfunktion.

Aufgabe 14

Lösung Seite 48

Gegeben sei die folgende ganzrationale Funktion f.

f: $f(x) = -0{,}5x^2 + 4x$

a) Überprüfen Sie, ob die Punkte P (2|6), Q (3|7,5) und R (6|6) auf dem Funktionsgraphen liegen.

b) Berechnen Sie, welche Steigung der Funktionsgraph an den Stellen 2, 3 und 6 hat.

c) Ermitteln Sie für diese Stellen jeweils die Gleichung der Tangente an den Funktionsgraphen.

d) Ermitteln Sie die Gleichung einer Tangente, deren Steigung gleich −3 ist.

Aufgabe 15

Lösung Seite 49

Gegeben sei die folgende ganzrationale Funktion f.

f: $f(x) = 1/12\,x^3 - 1/2\,x^2 - 5/4\,x + 9$

Ermitteln Sie die Gleichungen der Kurventangenten, die die Steigung 4 haben.

Aufgabe 16

Lösung Seite 50

Gegeben sei die Funktion f mit dem folgenden Funktionsterm.

$f(x) = 1/60\, x^6 - 1/30\, x^3 + 1/20\, x^2 - x + 1$

a) Berechnen Sie, mit welcher Steigung der Graph von f die y-Achse schneidet.

b) Berechnen Sie die Stellen, an denen der Graph der dritten Ableitungsfunktion die Steigung 24 hat.

Aufgabe 17

Lösung Seite 51

Gegeben sei die folgende Funktion f: $y = -0{,}5\, x^2 + 4\, x - 4$

Der Graph dieser Funktion f hat eine Tangente, deren Steigung 2 ist, und eine Tangente, deren Steigung −2 ist. Berechnen Sie den Flächeninhalt des Dreiecks, das diese beiden Tangenten mit der x-Achse bilden.

Aufgabe 18

Lösung Seite 52

Diskutieren Sie die folgende ganzrationale Funktion f.

f: $f(x) = 0{,}05\, x^3 - 0{,}6\, x^2 + 1{,}8\, x + 6{,}4$

Behandeln Sie dabei folgende Punkte:

a) Ordinatenachsenabschnitt
b) Nullstellen
c) Randverhalten
d) Relative Extremwerte
e) Wendepunkte
f) Sattelpunkte
g) Skizze

Aufgabe 19

Lösung Seite 54

Gegeben sei die Funktion f mit dem Term $f(x) = 0{,}5\, x^3 - 2{,}5\, x^2 + x + 4$

Bestimmen Sie die Gleichung derjenigen Kurventangente, die durch den Punkt $P\,(5\,|\,-7)$ verläuft. Der Berührungspunkt soll ganzzahlige Koordinaten haben.

Aufgabe 20

Lösung Seite 55

Diskutieren Sie die folgende Funktion f.

f: $f(x) = x^4 - 7\, x^3 + 15\, x^2 - 13\, x + 4$

Behandeln Sie dabei die folgenden Punkte.

a) Ordinatenachsenabschnitt
b) Nullstellen
c) Randverhalten
d) Relative Extremwerte
e) Wendepunkte
f) Sattelpunkte
g) Skizze

Aufgabe 21

Lösung Seite 57

Die Funktion f sei gegeben mit dem Funktionsterm

$$f(x) = 0{,}0125\ x^5 - 0{,}09375\ x^4 - 0{,}0625\ x^3 + 1{,}75\ x^2 - 3\ x - 0{,}8$$

a) Untersuchen Sie f auf Extremstellen.
b) Untersuchen Sie, ob die Stelle 4 eine Wendestelle ist und um welche Art Wendepunkt es sich handelt.

Aufgabe 22

Lösung Seite 58

Gegeben sei die folgende Funktion f: $f(x) = -\ x^3 + 3\ x^2$

a) Ermitteln Sie die Funktionsgleichung der Geraden g, die durch den Tiefpunkt und durch den Hochpunkt dieser Funktion verläuft.
b) Berechnen Sie, welche Steigung der Graph von f in seinem Wendepunkt hat.

Aufgabe 23

Lösung Seite 59

Gegeben sei die folgende ganzrationale Funktion f.

f: $f(x) = 1/16\ x^4 - 1/4\ x^3 - 9/8\ x^2 + 11/4\ x + 57/16$

Die Wendetangenten des Graphen von f bilden mit der x-Achse ein Dreieck. Berechnen Sie den Flächeninhalt dieses Dreiecks.
Übrigens: $f(-3) = -3$ $f(-1) = 0$ $f(1) = 5$ $f(3) = 0$

Aufgabe 24

Lösung Seite 61

Gegeben sei die Funktion f mit $f(x) = 0{,}03125\ x^3 + 0{,}375\ x^2 - 8$

Bestimmen Sie die Gleichung derjenigen Kurventangente, die die y-Achse in Höhe von -10 schneidet.

Aufgabe 25

Lösung Seite 62

Gegeben sei die Funktion f: $f(x) = -1/16\ x^3 - 3/4\ x^2 + 16$

Überprüfen Sie, ob die Gerade, die durch die Extrempunkte von f verläuft, auch durch deren Wendepunkt führt.

Rekonstruieren von Funktionen

Aufgabe 26 *Lösung Seite 64*

Von einer ganzrationalen Funktion dritten Grades sei bekannt, daß sich die Graphen der ersten und der zweiten Ableitungsfunktion an der Stelle 4 berühren. Weiterhin gilt: $f(1) = 4{,}25$ und $f(3) = 6$. Bestimmen Sie die Funktionsgleichung.

Aufgabe 27 *Lösung Seite 65*

Ermitteln Sie die ganzrationale Funktion 3. Grades, deren Graph durch den Punkt A $(0|12)$ verläuft, im Punkt W $(3|-6)$ seinen Wendepunkt und an der Stelle $x_0 = 2$ eine waagerechte Tangente hat.

Aufgabe 28 *Lösung Seite 66*

Eine bestimmte ganzrationale Funktion 3. Grades besitze im Punkt W $(1|4)$ einen Sattelpunkt und an der Stelle 2 die Steigung 1. Bestimmen Sie die Funktionsgleichung.

Aufgabe 29 *Lösung Seite 66*

Angenommen über den Verlauf einer Funktion 5. Grades werden folgende Angaben gemacht:

Der Punkt S $(0|-4)$ ist Sattelpunkt des Funktionsgraphen.
Der Punkt H $(-6|0)$ ist lokales Maximum.
An der Stelle 6 liegt ein Tiefpunkt.

Bestimmen Sie die Funktionsgleichung.

Aufgabe 30 *Lösung Seite 67*

Eine bestimmte ganzrationale Funktion vierten Grades besitzt eine doppelte Nullstelle bei $x_1 = 3$ und hat in W $(1|4)$ einen Wendepunkt.

An der Stelle $x_2 = -1$ ist die notwendige Bedingung für den zweiten Wendepunkt erfüllt.

Stellen Sie das zur Bestimmung der Funktionsgleichung erforderliche lineare Gleichungssystem auf.

Aufgabe 31

Lösung Seite 69

Gesucht ist die Gleichung einer ganzrationalen Funktion vierten Grades, deren Graph den Hochpunkt H $(-3|25)$ und an der Stelle 6 die Steigung -9 hat und die Parabel p an der Stelle -9 berührt.

p: $p(x) = 0{,}5\,x^2 + 5\,x + 5{,}5$

Stellen Sie das zur Bestimmung der Funktionsgleichung erforderliche lineare Gleichungssystem auf.

Aufgabe 32

Lösung Seite 70

Gesucht ist die ganzrationale Funktion dritten Grades, die die y-Achse in Höhe von 1 schneidet und in dem Punkt S $(4|5)$ ihren Sattelpunkt hat. Ermitteln Sie die Funktionsgleichung.

Aufgabe 33

Lösung Seite 71

Gesucht ist die ganzrationale Funktion dritten Grades, die in H $(4|6)$ ihren Hochpunkt und in T $(-1|2)$ ihren Tiefpunkt hat. Ermitteln Sie den Funktionsterm.

Aufgabe 34

Lösung Seite 72

Die Funktion f sei mit ihrer 2. Ableitung $f''(x) = 6\,x - 12$ und mit der Aussage gegeben, daß ihr Graph den Hochpunkt H $(1|4)$ besitzt. Ermitteln Sie die Funktionsgleichung der Wendetangente.

Aufgabe 35

Lösung Seite 73

Von einer ganzrationalen Funktion f seien die dritte Ableitungsfunktion $f'''(x) = 1/2$ und der Sattelpunkt S $(2|4)$ bekannt. Rekonstruieren Sie den Funktionsterm von f.

Viel Erfolg! *LSch*

Einfache Monopolsituationen

Aufgabe 36

Lösung Seite 74

Gesetzt den Fall, bei einem Angebotsmonopol seien die folgenden Funktionen gegeben.

Preis-Absatz-Funktion $p(x) = -1/5\ x + 10$
Kostenfunktion $K(x) = 2\ x + 60$

a) Ermitteln Sie die Umsatzfunktion und die Gewinnfunktion.
b) Berechnen Sie die Grenzen der Gewinnzone.
c) Berechnen Sie, wie groß der Gewinn bei maximalem Umsatz ist.
d) Berechnen Sie das Gewinnmaximum.

Aufgabe 37

Lösung Seite 75

Bei einem bestimmten Angebotsmonopol seien die Funktionsgleichungen für den Preis p und die Kosten K gegeben:

$p(x) = -1/5\ x + 2$ und $K(x) = 2/5\ x + 3$

a) Geben Sie die Funktionsgleichung der Umsatzkurve an, und berechnen Sie die Koordinaten des Umsatzmaximums.
b) Bestimmen Sie die Gewinnfunktion, und berechnen Sie die Grenzen der Gewinnzone.

Aufgabe 38

Lösung Seite 75

Ein Angebotsmonopolist möge von den folgenden Angaben über seine Kosten- und Preissituation ausgehen.

(1) Die Nachfrage, der er gegenübersteht, läßt sich mit einer Funktion ersten Grades beschreiben bzw. als Gerade graphisch darstellen. Die Gleichung lautet: $p(x) = -1/4\ x + 4$
(2) Bei der Produktion machen die fixen Kosten 7,5 GE aus. Die Kostenfunktion läßt sich als eine Gerade darstellen, deren Steigung 3/4 ist.

a) Berechnen Sie den Gewinn im Umsatzmaximum. Ermitteln Sie, welcher Preis dabei erzielt wird.
b) Berechnen Sie die Gewinngrenzen.
c) Zeichnen Sie die Graphen der Nachfragefunktion, der Kostenfunktion und der Umsatzfunktion in ein Koordinatensystem. Skizzieren Sie die Gewinnfunktion.

Aufgabe 39

Lösung Seite 76

Angenommen es werden über ein bestimmtes Angebotsmonopol folgende Angaben gemacht:

(1) Die Preis-Absatz-Funktion lautet $p(x) = -0{,}75\,x + 12$.
(2) Die Kostenfunktion ist eine Funktion ersten Grades.
(3) Die Gewinnzone liegt zwischen 2 ME und 12 ME.

Berechnen Sie das Gewinnmaximum.

Aufgabe 40

Lösung Seite 77

Angenommen es werden über ein bestimmtes Angebotsmonopol die folgenden Angaben gemacht.

(1) Preis-Absatz-Funktion und Kostenfunktion sind Funktionen ersten Grades.
(2) Bei einem Absatz von 6 ME ist der Preis 3 GE.
Bei einem Absatz von 12 ME ist der Preis 1 GE.
(3) Die Gewinnzone liegt zwischen 3 ME und 9 ME.

Berechnen Sie das Gewinnmaximum.

Aufgabe 41

Lösung Seite 78

Angenommen es werden über ein bestimmtes Angebotsmonopol folgende Angaben gemacht:

(1) Preis-Absatz-Funktion und Kostenfunktion sind Funktionen ersten Grades.
(2) Bei einem Absatz von 2 ME beträgt der Umsatz 10 GE.
Bei einem Absatz von 10 ME beträgt der Umsatz ebenfalls 10 GE.
(3) Bei der Herstellung von 3 ME betragen die Kosten 13,5 GE. Bei der Herstellung von 7 ME entstehen Kosten in Höhe von 17,5 GE.

Berechnen Sie das Gewinnmaximum und die Gewinngrenzen.

Aufgabe 42

Lösung Seite 79

Angenommen es werden über ein bestimmtes Angebotsmonopol die folgenden Angaben gemacht.

(1) Preis-Absatz-Funktion und Kostenfunktion sind Funktionen ersten Grades.
(2) Bei einem Absatz von 3 ME beträgt der Umsatz 9 GE.
Bei einem Absatz von 12 ME wird kein Umsatz erzielt.
(3) Bei der Herstellung von 3 ME entstehen Kosten in Höhe von 9 GE.
Bei der Herstellung von 6 ME entstehen Kosten in Höhe von 12 GE.

Berechnen Sie das Gewinnmaximum und die Gewinngrenzen.

Aufgabe 43

Lösung Seite 80

Angenommen es werden über ein bestimmtes Angebotsmonopol die folgenden Angaben gemacht.

(1) Preis-Absatz-Funktion und Kostenfunktion sind Funktionen 1. Grades.

(2) Bei einem Absatz von 6 ME ist der Preis 4 GE.
Bei einem Absatz von 12 ME ist der Preis 1 GE.

(3) Die Gewinnzone liegt zwischen 4 ME und 8 ME.

Berechnen Sie das Gewinnmaximum.

Aufgabe 44

Lösung Seite 81

Angenommen es werden über ein bestimmtes Angebotsmonopol folgende Angaben gemacht:

(1) Preis-Absatz-Funktion und Kostenfunktion sind Funktionen 1. Grades.

(2) Bei einem Absatz von 3 ME ist der Preis 6 GE.
Bei einem Absatz von 9 ME ist der Preis 2 GE.

(3) Bei der Herstellung von 2 ME betragen die Kosten $13,\overline{3}$ GE.
Bei der Herstellung von 8 ME machen die Kosten $21,\overline{3}$ GE aus.

Berechnen Sie das Gewinnmaximum und die Gewinngrenzen.

Aufgabe 45

Lösung Seite 81

Der Hersteller von "Pantokin" sei Angebotsmonopolist. Es sei angenommen, daß er bei seiner Markt- und Kostensituation von folgenden Daten ausgeht:

(1) Wird nichts produziert, so beträgt der Gewinn –3 GE, d. h. der Verlust macht 3 GE aus.

(2) Das Gewinnmaximum liegt mit 1 GE bei 4 ME.
Der Preis ist dann 3 GE.

a) Ermitteln Sie die Preis-Absatz-Funktion (1. Grades), die Kostenfunktion (1. Grades), die Umsatzfunktion und die Gewinnfunktion.

b) Stellen Sie den Sachverhalt graphisch dar.

Aufgabe 46

Lösung Seite 83

Bei einem bestimmten Angebotsmonopol seien 2 ME und 6 ME die Grenzen der Gewinnzone. Die fixen Kosten betragen 3 GE. Die Abhängigkeit des Gewinns von der Menge läßt sich mit einer Funktion 2. Grades beschreiben. Bei 2 ME ist der Umsatz 4 GE.

a) Ermitteln Sie die Gewinnfunktion.

b) Bestimmen Sie die Kostenfunktion (1. Grades).

c) Ermitteln Sie die Preis-Absatz-Funktion und die Umsatzfunktion.

d) Berechnen Sie, wieviel Gewinn erzielt wird, wenn der Umsatz maximal ist.

Aufgabe 47

Lösung Seite 84

Ein nicht näher bezeichneter Angebotsmonopolist kennt von seiner Kosten- und Preissituation die folgenden Daten.

(1) Die Nachfrage, der er gegenübersteht, läßt sich mit einer Funktion ersten Grades beschreiben bzw. als eine Gerade graphisch darstellen. Die Gleichung lautet: $p(x) = -1/4\ x + 4$

(2) Bei der Produktion machen die fixen Kosten 7,5 GE aus. Die Kostenfunktion läßt sich als Gerade darstellen. Die Gleichung lautet: $K(x) = 3/4\ x + 7{,}5$

Zeichnen Sie die Nachfragefunktion und die Kostenfunktion in ein Koordinatensystem, und ergänzen Sie die Skizze schrittweise zu einer graphischen Darstellung dieser Monopolsituation.

a) Berechnen Sie den Gewinn im Umsatzmaximum. Ermitteln Sie, welcher Preis dabei erzielt wird.

b) Berechnen Sie das Gewinnmaximum.

Aufgabe 48

Lösung Seite 84

Gesetzt den Fall, ein Angebotsmonopolist kenne von seiner Markt- und Kostensituation die folgenden Daten.

(1) Wird nichts produziert, so beträgt der Gewinn $-13{,}\overline{3}$ GE, d. h. der Verlust macht $13{,}\overline{3}$ GE aus.

(2) Die Gewinnzone liegt zwischen 4 und 10 ME.

(3) Die Herstellung von 10 ME verursacht 30 GE Kosten.

a) Ermitteln Sie die Preis-Absatz-Funktion (1. Grades), die Kostenfunktion (1. Grades), die Umsatzfunktion und die Gewinnfunktion.

b) Stellen Sie den Sachverhalt graphisch dar.

Aufgabe 49

Lösung Seite 85

Angenommen es werden über ein bestimmtes Angebotsmonopol folgende Angaben gemacht:

(1) Das Maximum der quadratischen Umsatzfunktion hat die Koordinaten $(5|25)$.

(2) Die Gewinnzone liegt zwischen 3 ME und 6 ME.

(3) Die Kostenfunktion ist eine Funktion 1. Grades.

Berechnen Sie das Gewinnmaximum.

Aufgabe 50

Lösung Seite 86

Ein Angebotsmonopolist möge bei seiner Markt- und Kostensituation von folgenden Daten ausgehen:

(1) Würde er den Preis auf 3 GE festsetzen, so könnte er 4 ME absetzen und dabei weder Gewinn noch Verlust erzielen.

(2) Würde er einen Preis von 1,5 GE verlangen, so würde er bei einem Absatz von 10 ME ebenfalls weder Gewinn noch Verlust erzielen.

(3) Sowohl die Kostenfunktion als auch die Preis-Absatz-Funktion sind Funktionen 1. Grades.

a) Ermitteln Sie die Preis-Absatz-Funktion, die Kostenfunktion, die Umsatzfunktion und die Gewinnfunktion.

b) Berechnen Sie das Gewinnmaximum.

c) Stellen Sie den Sachverhalt graphisch dar.

Aufgabe 51

Lösung Seite 88

Ein Angebotsmonopolist möge seiner Kosten- und Marktsituation die folgenden Daten zugrunde legen.

(1) Bei einem Preis von 4 GE erzielt er einen Umsatz in Höhe von 12 GE, bei einem Preis von 1 GE ebenfalls.

(2) Die Herstellung von 7 ME verursacht Kosten in Höhe von 17 GE. Die fixen Kosten betragen 10 GE.

(3) Kostenfunktion und Preis-Absatz-Funktion sind Funktionen 1. Grades.

Ermitteln Sie die Gleichungen

a) der Preis-Absatz-Funktion und der Umsatzfunktion,

b) der Kostenfunktion und der Gewinnfunktion.

Berechnen Sie

c) das Gewinnmaximum,

d) die Gewinngrenzen.

Aufgabe 52

Lösung Seite 89

Ein nicht näher benannter Angebotsmonopolist kennt von seiner Kosten- und Preissituation die folgenden Daten.

(1) Die Nachfrage, der er gegenübersteht, läßt sich mit einer Funktion ersten Grades beschreiben bzw. als eine Gerade graphisch darstellen.

(2) Bei der Produktion machen die fixen Kosten 7,5 GE aus. Die Kostenfunktion ist eine Funktion ersten Grades.

(3) Würde er 3 ME absetzen, so hätte er bei einem Umsatz von 9,75 GE zwar keinen Gewinn, aber auch keinen Verlust.

(4) Auch bei einem Absatz von 10 ME entstünde weder Gewinn noch Verlust.

Übertragen Sie diese Angaben in ein Koordinatensystem, und ergänzen Sie die Skizze schrittweise zu einer graphischen Darstellung dieser Monopolsituation.

Berechnen Sie den Gewinn im Umsatzmaximum.
Ermitteln Sie, welcher Preis dabei erzielt wird.

Aufgabe 53

Lösung Seite 90

Angenommen es werden über ein bestimmtes Angebotsmonopol folgende Angaben gemacht:

(1) Preis-Absatz-Funktion und Kostenfunktion sind Funktionen 1. Grades.
(2) Bei einem Absatz von 3 ME ist der Preis 8 GE.
    Bei einem Absatz von 12 ME ist der Preis 2 GE.
(3) Die fixen Kosten betragen 18 GE. Bei der Herstellung von 12 ME entstehen Kosten in Höhe von 24 GE.

Berechnen Sie das Gewinnmaximum und die Gewinngrenzen.

Aufgabe 54

Lösung Seite 91

Ein bestimmter Angebotsmonopolist möge von seiner Kosten- und Preissituation die folgenden Daten kennen.

(1) Die Nachfrage, der er gegenübersteht, läßt sich mit einer Funktion ersten Grades beschreiben bzw. als Gerade graphisch darstellen.
(2) Bei der Produktion machen die fixen Kosten 7,5 GE aus.
    Die Kostenfunktion läßt sich als Gerade graphisch darstellen.
(3) Würde er 6 ME absetzen, so hätte er einen Gewinn von 3 GE; würde er 9 ME absetzen, so wäre der Gewinn nur 1,5 GE.
(4) An der oberen Gewinngrenze betragen die Kosten 15 GE.

Übertragen Sie diese Angaben in ein Koordinatensystem, und ergänzen Sie die Skizze schrittweise zu einer graphischen Darstellung dieser Monopolsituation.

Berechnen Sie den Gewinn im Umsatzmaximum.
Ermitteln Sie, welcher Preis dabei erzielt wird.

Aufgabe 55

Lösung Seite 92

Es werden über ein bestimmtes Angebotsmonopol die folgenden Angaben gemacht.

(1) Preis-Absatz-Funktion und Kostenfunktion sind Funktionen 1. Grades.
(2) Bei einem Absatz von 3 ME ist der Preis 6,5 GE.
    Bei einem Absatz von 10 ME ist der Preis 3 GE.
(3) Bei der Herstellung von 4 ME entstehen Kosten in Höhe von 24 GE.
    Bei der Herstellung von 10 ME entstehen Kosten in Höhe von 30 GE.

Berechnen Sie das Gewinnmaximum und die Gewinngrenzen.

Aufgabe 56

Lösung Seite 93

Der Hersteller von "Okatopin" sei Monopolist. Angenommen er erzielt bei einem Absatz von 7 ME mit 21 GE den maximalen Umsatz.

a) Ermitteln Sie die Gleichung der Umsatzfunktion und die der linearen Preis-Absatz-Funktion (Sättigungsmenge 14 ME).

Bei der Herstellung des betreffenden Gutes entstehen fixe Kosten in Höhe von 15 GE. Bei der Produktion von 3 ME betragen die Kosten 16 GE.

b) Ermitteln Sie die lineare Kostenfunktion und die Gewinnfunktion.

c) Berechnen Sie die Gewinngrenzen und das Gewinnmaximum.

d) Stellen Sie die Preis-Absatz-Funktion, die Umsatzfunktion und die Kostenfunktion graphisch dar. Markieren Sie den Cournotschen Punkt.

Runden Sie Ihre Ergebnisse auf zwei Nachkommastellen.

Aufgabe 57

Lösung Seite 95

Bei einem bestimmten Angebotsmonopol seien die folgenden Funktionen gegeben.

Preis-Absatz-Funktion $p(x) = -1/5\ x + 10$
Kostenfunktion $K(x) = 1/25\ x^2 + 2/5\ x + 72$

a) Ermitteln Sie die Umsatzfunktion und die Gewinnfunktion.

b) Berechnen Sie die Grenzen der Gewinnzone.

c) Berechnen Sie den Gewinn im Umsatzmaximum.

d) Berechnen Sie das Gewinnmaximum.

Aufgabe 58

Lösung Seite 96

Der Markt für "Petrakol" habe die Form eines Angebotsmonopols. Bei der Produktion von "Petrakol" werde die Abhängigkeit der Kosten von der hergestellten Menge mit folgender Funktionsgleichung beschrieben:

$K(x) = 1/9\ x^2 + 2/9\ x + 19/9$

Über die "lineare" Preis-Absatz-Funktion seien diese Angaben bekannt:

$p(1) = 7/4$ und $p(6) = 1/2$

a) Ermitteln Sie die Preis-Absatz-Funktion und die Gleichung der Umsatzkurve.

b) Bestimmen Sie die Gewinnfunktion. Berechnen Sie die Gewinngrenzen und das Gewinnmaximum sowie die Koordinaten des Cournotschen Punktes.

siehe auch *Aufgabe 108*

Kosten- und Preistheorie

Aufgabe 59

Lösung Seite 98

Der Markt für "Elmarit" sei ein Polypol. Bei der Hori & Zont OHG, einem der vielen Hersteller von "Elmarit", werde die Abhängigkeit der Kosten von der hergestellten Menge x mit der folgenden Funktion K beschrieben. K: $K(x) = 0{,}5\,x^3 - 7{,}5\,x^2 + 38\,x + 32$

"Elmarit" wird auf dem Markt zum Preis von 24,5 GE verkauft, so daß die Umsatzfunktion $U(x) = 24{,}5\,x$ lautet.

a) Bilden Sie die Gewinnfunktion G(x), und berechnen Sie das Gewinnmaximum.

b) Erklären Sie, was das Betriebsminimum bedeutet und wie Sie es berechnen.

c) Berechnen Sie das Betriebsoptimum. Erklären Sie den Ansatz, und interpretieren Sie das Ergebnis.

Aufgabe 60

Lösung Seite 101

Der Markt für "Utzolin" sei ein Polypol. Bei einem der vielen Hersteller von "Utzolin" werde die Abhängigkeit der Kosten von der hergestellten Menge x mit der folgenden Funktion K beschrieben.

K: $K(x) = 0{,}125\,x^3 - 3{,}75\,x^2 + 38\,x + 64$

"Utzolin" wird auf dem Markt zum Preis von 24,5 GE verkauft, so daß die Umsatzfunktion $U(x) = 24{,}5\,x$ lautet.

a) Bilden Sie die Gewinnfunktion und berechnen das Gewinnmaximum.

b) Berechnen Sie das Betriebsminimum.

c) Ermitteln Sie das Betriebsoptimum.

Aufgabe 61

Lösung Seite 103

Der Markt für "Impulan" sei ein Polypol. Bei der Pulan AG, einem der vielen Hersteller von "Impulan", werde die Abhängigkeit der Kosten von der hergestellten Menge x mit der folgenden Funktion K beschrieben.

K: $K(x) = 0{,}125\,x^3 - 2{,}25\,x^2 + 14{,}5\,x + 25$

"Impulan" wird auf dem Markt zum Preis von 14,5 GE verkauft, so daß die Umsatzfunktion $U(x) = 14{,}5\,x$ lautet.

a) Bilden Sie die Gewinnfunktion,
und berechnen Sie das Gewinnmaximum.

b) Berechnen Sie das Betriebsminimum.

c) Ermitteln Sie das Betriebsoptimum.

Aufgabe 62

Lösung Seite 105

Bei der Herstellung von "Rakalit" werde die Abhängigkeit der Kosten K(x) von der hergestellten Menge x wie folgt angegeben:

$$K(x) = 0{,}25\ x^3 - 6{,}75\ x^2 + 62\ x + 49$$

"Rakalit" wird auf dem Markt zu dem Preis von 34 GE verkauft.

Berechnen Sie:

a) das Betriebsoptimum,
b) das Minimum der Grenzkosten,
c) die Gewinnschwelle und die Gewinngrenze,
d) den maximalen Gewinn.

Aufgabe 63

Lösung Seite 107

Angenommen für ein bestimmtes Angebotsmonopol wird die Preis-Absatz-Relation mit der Gleichung $p(x) = -10\ x + 68$ beschrieben.

Die Abhängigkeit der Kosten von der hergestellten Menge sei wie folgt angegeben: $K(x) = 2\ x^3 - 18\ x^2 + 60\ x + 32$

a) Bestimmen Sie den sachlich bedingten Definitionsbereich.
b) Ermitteln Sie die Umsatzfunktion, berechnen Sie das Umsatzmaximum.
c) Wie lautet die Gewinnfunktion? Berechnen Sie die Gewinngrenzen.
d) Berechnen Sie das Gewinnmaximum.

Aufgabe 64

Lösung Seite 109

Angenommen für ein bestimmtes Angebotsmonopol wird die Preis-Absatz-Relation mit der Gleichung $p(x) = -3/8\ x + 6{,}5$ beschrieben.

Die Abhängigkeit der Kosten von der hergestellten Menge sei wie folgt angegeben: $K(x) = 1/8\ x^3 - 3/2\ x^2 + 6\ x + 12$

a) Bestimmen Sie den sachlich bedingten Definitionsbereich.
b) Wie lautet die Umsatzfunktion? Berechnen Sie das Umsatzmaximum.
c) Wie lautet die Gewinnfunktion? Berechnen Sie die Gewinngrenzen.
d) Berechnen Sie das Gewinnmaximum.

Aufgabe 65

Lösung Seite 111

Von einer bestimmten Kostenfunktion dritten Grades sei folgendes bekannt:

An der Wendestelle 4 betragen die Grenzkosten 0,04 GE.
Die fixen Kosten betragen 16 GE.
Das Betriebsoptimum liegt bei 10 ME.

Rekonstruieren Sie die Funktionsgleichung.

Aufgabe 66

Lösung Seite 112

Von einer Kostenfunktion dritten Grades sei folgendes bekannt:

(1) Die Grenzkosten sind bei 4 ME mit 0,5 GE minimal.
(2) Im Betriebsoptimum bei 12 ME betragen die Kosten 78 GE.

Rekonstruieren Sie die Funktionsgleichung.

Aufgabe 67

Lösung Seite 113

Von einer Kostenfunktion K mögen die folgenden Angaben vorliegen.

(1) $K''(x) = 0{,}3\,x - 2{,}7$
(2) An der Stelle 10 hat die Kostenkurve die Steigung 1.
(3) Für 10 ME betragen die Gesamtkosten 109 GE.

Rekonstruieren Sie die Kostenfunktion.

Aufgabe 68

Lösung Seite 113

Angenommen über eine Kostenfunktion werden folgende Angaben gemacht:

(1) $K''(x) = 0{,}24\,x - 1{,}92$
(2) An der Stelle 5 hat die Kostenkurve die Steigung 1,4.
(3) Für 5 ME betragen die Gesamtkosten 75 GE.

Rekonstruieren Sie den Term der Kostenfunktion.

Aufgabe 69

Lösung Seite 114

Von einer Kostenfunktion mögen die folgenden Angaben vorliegen.

(1) $K'''(x) = 0{,}3$
(2) Im Wendepunkt W $(6\,|\,30{,}4)$ ist die Steigung der Kostenkurve 1,6.

Rekonstruieren Sie den Term der Kostenfunktion.

Aufgabe 70

Lösung Seite 115

Angenommen es gibt über eine Kostenfunktion die folgenden Angaben.
(1) $K'''(x) = 0{,}3$
(2) Im Wendepunkt W $(9\,|\,108{,}1)$ ist die Steigung der Kostenkurve 0,85.

a) Rekonstruieren Sie die Kostenfunktion.

Der Hersteller verkauft das betreffende Produkt auf dem Markt, neben vielen anderen Herstellern auch, zum Preis von 9,20 GE.

Berechnen Sie
b) das Betriebsoptimum,
c) das Betriebsminimum,
d) die Gewinnschwelle und die Gewinngrenze,
e) den maximalen Gewinn.

Aufgabe 71

Lösung Seite 117

Bei der Herstellung von "Rakalit" sei über die Abhängigkeit der Kosten K(x) von der hergestellten Menge x folgendes bekannt:

(1) Die Fixkosten betragen 54 GE.
(2) Die Kosten für die Herstellung von 2 ME betragen 64 GE.
(3) Die Kosten für die Herstellung von 4 ME betragen 68 GE.
(4) Die Kosten für die Herstellung von 6 ME betragen 69 GE.
(5) Die Kostenfunktion ist eine ganzrationale Funktion 3. Grades.

a) Rekonstruieren Sie aufgrund dieser Angaben die Kostenfunktion.

"Rakalit" wird auf dem Markt zum Preis von 7,4 GE verkauft.

Berechnen Sie
b) das Betriebsoptimum,
c) das Minimum der Grenzkosten,
d) die Gewinnschwelle und die Gewinngrenze,
e) den maximalen Gewinn.

Aufgabe 72

Lösung Seite 120

Teil 1

Angenommen bei der Herstellung eines bestimmten Gutes läßt sich die Abhängigkeit der gesamten Kosten K von der Ausbringungsmenge x mit einer ganzrationalen Funktion dritten Grades beschreiben.

Ermitteln Sie den Term dieser Funktion aufgrund der folgenden Angaben.

(1) Die Fixkosten betragen 100 GE.
(2) Das Betriebsoptimum wird bei 10 ME erreicht.
(3) Der Wendepunkt liegt an der Stelle 5.
(4) Die Steigung der Kostenkurve im Wendepunkt beträgt 10.

Teil 2

Der betreffende Unternehmer stelle ein anderes, beliebig teilbares Gut her, für das er auf dem Markt ein Monopol hat. Die Gesamtkostenfunktion lautet in diesem Fall

$$K(x) = 1/3\ x^3 - 5\ x^2 + 30\ x + 81.$$

Die maximale Ausbringungsmenge liegt bei 12 ME.

Eingehende Marktuntersuchungen haben ergeben, daß mit folgender Preis-Absatz-Funktion zu rechnen ist: $p(x) = -6{,}5\ x + 64{,}5$

Geben Sie die Erlösfunktion und die Gewinnfunktion an.
Berechnen Sie die Gewinnschwelle und die obere Gewinngrenze.
Berechnen Sie den maximalen Gewinn und die Koordinaten des Cournotschen Punktes.

Aufgabe 73

Lösung Seite 122

Bei einem Angebotsmonopol mögen für die Preis-Absatz-Funktion p(x) und die Gesamtkosten K(x) die folgenden Funktionsgleichungen gelten.

$$p(x) = -1/2\ x + 14 \quad \text{und} \quad K(x) = 1/54\ x^3 - 1/2\ x^2 + 5\ x + 54$$

a) Bestimmen Sie den ökonomisch bedingten Definitionsbereich.
b) Berechnen Sie das Minimum der Grenzkosten und das Betriebsoptimum.
c) Berechnen Sie die Gewinngrenzen und das Gewinnmaximum.

Aufgabe 74

Lösung Seite 125

Bei einem Angebotsmonopol mögen für die Preis-Absatz-Funktion p(x) und die Gesamtkosten K(x) die folgenden Funktionsgleichungen gelten.

$$p(x) = -1/2\ x + 9{,}7 \quad \text{und} \quad K(x) = 1/75\ x^3 - 0{,}36\ x^2 + 4\ x + 9$$

a) Bestimmen Sie den ökonomisch bedingten Definitionsbereich.
b) Berechnen Sie das Minimum der Grenzkosten und das Betriebsoptimum.
c) Berechnen Sie die Gewinngrenzen und das Gewinnmaximum.

Aufgabe 75

Lösung Seite 127

Angenommen ein Monopolist erzielt bei einem Absatz von 4 ME einen Umsatz von 14,4 GE und bei einem Absatz von 7 ME einen Umsatz von 12,6 GE. Die Nachfrage wird mit einer linearen Funktion beschrieben.

a) Bestimmen Sie die Umsatzfunktion U und die Nachfragefunktion p.
b) Berechnen Sie die Koordinaten des Umsatzmaximums.

Die Produktion des betreffenden Gutes verursacht Kosten K(x), deren Abhängigkeit von der hergestellten Menge x wie folgt angegeben ist:

$$K(x) = 1/20\ x^2 + 4/5\ x + 8$$

c) Berechnen Sie den maximalen Gewinn. Bei welchem Absatz wird er erzielt?

Aufgabe 76

Lösung Seite 129

Gegeben seien folgende Funktionsterme aus einem Angebotsmonopol:

$$K(x) = 1/24\ x^3 - 1/4\ x^2 + 7/8\ x + 9 \quad \text{und} \quad p(x) = -3/5\ x + 6$$

a) Berechnen Sie die Gewinnschwelle auf zwei Nachkommastellen genau.
b) Berechnen Sie die gewinnmaximale Ausbringungsmenge aufgrund der Bedingungen für den Cournotschen Punkt. Geben Sie die Koordinaten des Cournotschen Punktes an.
c) Berechnen Sie das Betriebsoptimum.

Elastizitäten

Aufgabe 77

Lösung Seite 131

a) Definieren Sie den Begriff Elastizität.

Interpretieren Sie:

b_1) "Die Elastizität von K in bezug auf L ist –2."
b_2) "Die Elastizität von N in bezug auf P ist 3."

Berechnen und formulieren Sie die entsprechende Elastizität:

c_1) Eine 10%-ige Zunahme von M verursacht eine 5%-ige Zunahme von Q.
c_2) Eine 5%-ige Abnahme von R verursacht eine 10%-ige Zunahme von T.

Aufgabe 78

Lösung Seite 132

Bei der Herstellung des Gutes A werde die Abhängigkeit der Herstellungskosten K von der produzierten Menge x mit der Funktion
$K(x) = 1/2\ x + 6$ beschrieben.

Berechnen Sie die Elastizität der Herstellungskosten in bezug auf die produzierte Menge bei einem Zuwachs der Menge um eine Einheit ausgehend von der Menge

a) $x_1 = 8$ ME, b) $x_2 = 12$ ME, c) $x_3 = 20$ ME.

Aufgabe 79

Lösung Seite 134

Bei der Herstellung von "Elastostaten" werde die Abhängigkeit der Herstellungskosten K von der produzierten Menge x mit dieser Funktion beschrieben: $K(x) = 1/5\ x + 9$

Berechnen Sie die Elastizität der Herstellungskosten in bezug auf die produzierte Menge bei einem Zuwachs der Menge um eine Einheit ausgehend von

a) der Menge $x_1 = 5$ ME, b) der Menge $x_2 = 15$ ME.

Aufgabe 80

Lösung Seite 135

Angenommen in einem bestimmten Angebotsmonopol wird die Abhängigkeit des Umsatzes U vom Absatz x mit der folgenden Funktionsgleichung beschrieben. $U(x) = -1/2\ x^2 + 8\ x$

Berechnen Sie die Elastizität des Umsatzes in bezug auf die abgesetzte Menge bei einem Zuwachs des Absatzes um eine marginal kleine Einheit

a) ausgehend von der Menge $x_1 = 6$ ME,
b) ausgehend von der Menge $x_2 = 12$ ME,

und erklären Sie den grundsätzlichen Unterschied der Ergebnisse.

Aufgabe 81

Lösung Seite 136

Ein bestimmter Angebotsmonopolist beschreibe die Abhängigkeit des Umsatzes U vom Absatz x mit der folgenden Funktionsgleichung.

$$U(x) = -1/4\, x^2 + 8\, x$$

Berechnen Sie die Elastizität des Umsatzes in bezug auf die abgesetzte Menge bei einem Zuwachs des Absatzes um eine marginal kleine Einheit

a) ausgehend von der Menge $x_1 = 10$ ME,
b) ausgehend von der Menge $x_2 = 20$ ME,

und erklären Sie den grundsätzlichen Unterschied der Ergebnisse.

Aufgabe 82

Lösung Seite 137

Bei einem bestimmten Gut werde die Abhängigkeit der nachgefragten Menge x vom Preis p mit dieser Funktionsgleichung beschrieben:

$$p(x) = -\,1/2\, x + 16$$

Berechnen Sie die Elastizität der nachgefragten Menge in bezug auf den Preis ausgehend von der Menge

a) $x_1 = 8$ ME, b) $x_2 = 16$ ME, c) $x_3 = 20$ ME.

Aufgabe 83

Lösung Seite 138

Bei der Nachfrage nach einem bestimmten Gut werde der Zusammenhang zwischen dem Preis p des Gutes und der nachgefragten Menge x mit folgender Funktion angegeben:

$$p:\ p(x) = 1/36\, x^2 - x + 9 \qquad D = [0;\, 18]$$

a) Berechnen Sie die Elastizität der nachgefragten Menge in bezug auf den Preis für den Fall, daß die nachgefragte Menge $x_0 = 4$ ist.
b) Bestimmen Sie Preis und Menge, bei denen die Elastizität gleich -1 ist.

Aufgabe 84

Lösung Seite 140

Auf dem Markt für das Gut Be gebe es nur einen Anbieter. Die Nachfrage, der er gegenübersteht, werde mit folgender Funktion dargestellt:

$$p:\ p(x) = -1/3\, x + 5$$

wobei p den Preis und x die nachgefragte Menge bedeuten.

a) Geben Sie die Gleichung der Umsatzfunktion U(x) an, und berechnen Sie die Koordinaten des Umsatzmaximums.
b) Berechnen Sie an den Stellen $x_1 = 6$ und $x_2 = 9$ die Elastizität des Umsatzes in bezug auf die Menge $E_{U;x}$. Interpretieren Sie beide Ergebnisse.

Aufgabe 85

Lösung Seite 141

a) Die Elastizität des y-Wertes in bezug auf den x-Wert sei an einer bestimmten Stelle gleich 0,5. Interpretieren Sie diese Elastizität.

b) Gegeben ist die Funktion $f(x) = 1/2\ x\ (x^2 - 8)$
Berechnen Sie, an welchen Stellen die Elastizität der Funktionswerte in bezug auf die x-Werte gleich -1 ist.

Aufgabe 86

Lösung Seite 142

Von einer Funktion f seien die folgenden Daten gegeben.

Der Graph der Funktion f berührt die x-Achse an der Stelle 2.
Die Gleichung der zweiten Ableitung lautet $f''(x) = 12\ x^2 - 36\ x + 8$.

a) Berechnen Sie die Elastizität des y-Wertes in bezug auf den x-Wert für die Stelle 3. Interpretieren Sie das Ergebnis.

b) Berechnen Sie, an welcher Stelle die Elastizität des y-Wertes in bezug auf den x-Wert gleich -2 ist.

Aufgabe 87

Lösung Seite 143

In dem Beispiel eines Angebotsmonopols sei die Abhängigkeit der Gesamtkosten von der Ausbringungsmenge x mit der Funktion K beschrieben.

K: $K(x) = 1/54\ x^3 - 1/3\ x^2 + 2{,}5\ x + 7$

Die Funktionsgleichung $p(x) = -0{,}5\ x + 6{,}5$ beschreibe die Nachfrage, der der Monopolist allein gegenübersteht.

Berechnen Sie für die Menge, bei der der Gewinn maximal ist, die Elastizität der Gesamtkosten in bezug auf die Menge. Interpretieren Sie das Ergebnis.

Aufgabe 88

Lösung Seite 144

Gegeben sei die Kostenfunktion $K(x) = 1/75\ x^3 - 0{,}32\ x^2 + 3\ x + 15$.

Berechnen Sie die Elastizität der Kosten K in bezug auf die Herstellungsmenge x für den Wendepunkt der Kostenfunktion. Erläutern Sie das Ergebnis.

Aufgabe 89

Lösung Seite 145

Angenommen der Zusammenhang zwischen dem Einkommen Y und den Konsumausgaben C wird mit folgender Funktionsgleichung beschrieben:

$C = 0{,}85\ Y + 3000$

Berechnen und interpretieren Sie die Elastizität der Konsumausgaben in bezug auf das Einkommen für den Fall, daß das Einkommen

a) 20000 GE, b) 40000 GE beträgt.

Aufgabe 90

Lösung Seite 145

Teil A

Bei einem bestimmten Gut werde die Abhängigkeit der nachgefragten Menge x vom Preis p mit dieser Funktionsgleichung beschrieben:

$$p: \; p(x) = -3/4\,x + 15$$

Berechnen Sie die Elastizität der nachgefragten Menge in bezug auf den Preis ausgehend von der Menge

a) $x_1 = 8$ ME, b) $x_2 = 12$ ME, c) $x_3 = 16$ ME.

Teil B

Interpretieren Sie die folgenden Elastizitäten, und geben Sie jeweils an, welche Beziehung zwischen den beiden Gütern besteht.

a) Die Elastizität der Nachfrage des einen Gutes in bezug auf den Preis des anderen Gutes sei −2.

b) Die Elastizität der Nachfrage des einen Gutes in bezug auf den Preis des anderen Gutes sei 2.

Aufgabe 91

Lösung Seite 147

Bei einem bestimmten Hersteller von "Utzolin" werde die Abhängigkeit der Kosten von der hergestellten Menge x mit der folgenden Funktion K beschrieben.

$$K: \; K(x) = 0{,}125\,x^3 - 3{,}75\,x^2 + 38\,x + 64$$

Berechnen Sie, bei welcher Menge die Elastizität der Kosten in bezug auf die Menge den Wert 1 hat.

Aufgabe 92

Lösung Seite 148

Bei der Pulan AG, einem der vielen Hersteller von "Impulan", werde die Abhängigkeit der Kosten von der hergestellten Menge x mit der folgenden Funktion K beschrieben.

$$K: \; K(x) = 0{,}125\,x^3 - 2{,}25\,x^2 + 14{,}5\,x + 25$$

Berechnen Sie, bei welcher Menge die Elastizität der Kosten in bezug auf die Menge gleich 1 ist.

Gebrochenrationale Funktionen

Aufgabe 93 *Lösung Seite 149*

Gegeben sei die folgende Funktion f.

$$f:\ f(x) = \frac{x^3 - 1}{x} \qquad D = R\backslash\{0\}$$

a) Berechnen Sie, welche Steigung die Funktion an der Stelle 2 hat.
b) Berechnen Sie, an welchen Stellen die Funktion die Steigung 3 hat.

Aufgabe 94 *Lösung Seite 150*

Die Funktion f sei gegeben mit dem folgenden Funktionsterm.

$$f(x) = \frac{x^2}{x^4 + 1} \qquad D = R$$

Untersuchen Sie f auf Nullstellen, auf ihr Randverhalten und auf relative Extremwerte.

Aufgabe 95 *Lösung Seite 151*

Gegeben sei die folgende Funktion f.

$$f:\ f(x) = \frac{x^2}{x^2 + 4} \qquad D = R$$

a) Berechnen Sie wenigstens eine Stelle, an der f die Steigung 8/25 hat.
b) Bestimmen Sie die Gleichung einer Tangente an den Funktionsgraphen mit der Steigung m = 8/25.

Aufgabe 96 *Lösung Seite 152*

Gegeben sei die gebrochenrationale Funktion f mit dem folgenden Funktionsterm.

$$f(x) = \frac{2\,x^2 + 10}{x - 2} \qquad D = R\backslash\{2\}$$

Untersuchen Sie f auf relative Extremwerte.

Aufgabe 97

Lösung Seite 153

f sei eine gebrochenrationale Funktion und mit dem folgenden Funktionsterm beschrieben.

$$f(x) = \frac{x^2 - 1}{x^2 - 4x + 3}$$

a) Geben Sie die Definitionsmenge an. Berechnen Sie den Ordinatenachsenabschnitt und die Nullstellen.
b) Untersuchen Sie die Funktion auf ihr Verhalten in der Umgebung der Definitionslücken.
c) Untersuchen Sie die Funktion auf ihr Randverhalten.
d) Untersuchen Sie, ob f relative Extremwerte hat.
e) Skizzieren Sie den Funktionsgraphen.

Aufgabe 98

Lösung Seite 156

Gegeben sei die folgende Funktion f.

$$f:\ f(x) = \frac{x^2 - 4x + 4}{x - 4} \qquad D = \mathbb{R}\backslash\{4\}$$

a) Berechnen Sie den Ordinatenachsenabschnitt und die Nullstellen.
b) Untersuchen Sie f auf ihr Randverhalten.
c) Untersuchen Sie f auf ihr Verhalten an der Definitionslücke.
d) Ermitteln Sie die Gleichung der Geraden g, die durch die relativen Extrempunkte von f verläuft.
e) Berechnen Sie, an welchen Stellen der Graph von f die Steigung −3 hat.
f) Fertigen Sie eine Skizze über den Verlauf des Funktionsgraphen an.

Aufgabe 99

Lösung Seite 158

Gegeben sei die folgende Funktion f.

$$f:\ f(x) = \frac{x^2 + 2x - 8}{x - 4} \qquad D = \mathbb{R}\backslash\{4\}$$

a) Berechnen Sie den Ordinatenachsenabschnitt und die Nullstellen.
b) Untersuchen Sie f auf ihr Randverhalten.
c) Untersuchen Sie f auf ihr Verhalten an der Definitionslücke.
d) Berechnen Sie die Koordinaten der relativen Extremwerte.
e) Berechnen Sie, an welchen Stellen f die Steigung −15 hat.
f) Fertigen Sie eine Skizze über den Verlauf des Funktionsgraphen an.

Aufgabe 100

Lösung Seite 161

f sei eine gebrochenrationale Funktion und mit dem folgenden Funktionsterm beschrieben.

$$f(x) = \frac{(x-2)^2}{x^2+4} \qquad D = R$$

a) Untersuchen Sie die Funktion auf ihr Randverhalten.
b) Berechnen Sie den Ordinatenachsenabschnitt und die Nullstellen.
c) Untersuchen Sie die Funktion auf lokale Extremwerte und auf Wendepunkte.
d) Bestimmen Sie die Gleichung derjenigen Tangente, die den Graphen von f in dem Punkt P $(4 \mid f(4))$ berührt.
e) Bestimmen Sie die Gleichung der Kurventangente, die durch den Punkt Q $(-3 \mid 4)$ verläuft.

Aufgabe 101

Lösung Seite 164

Gegeben sei folgende Funktion f.

$$f\colon\ f(x) = \frac{x^4 - 2x^2 + 1}{x^4 + 0{,}25}$$

Die Extrempunkte des Graphen von f sind die Eckpunkte eines Dreiecks. Berechnen Sie den Flächeninhalt dieses Dreiecks.

Für die zweite Ableitungsfunktion gilt folgende Wertetabelle:

x	−3	−2	−1	0	1	2	3
f''(x)	0,1246...	0,4496...	6,4	−16	6,4	0,4496...	0,1246...

Aufgabe 102

Lösung Seite 166

Gegeben sei die folgende gebrochenrationale Funktion f.

$$f\colon\ f(x) = \frac{4x}{x^4 + 3}$$

Untersuchen Sie, ob die Gerade, die durch die Extrempunkte des Funktionsgraphen führt, auch durch einen Wendepunkt läuft.

Aufgabe 103

Lösung Seite 168

Gegeben sei die folgende Funktion f.

$$f_m\colon\ y = \frac{1}{x - m} + m$$

Dabei ist x die unabhängige Variable und y die abhängige Variable, während m ein Parameter ist, so daß jeder andere Wert von m zu einer anderen Funktion und gleichzeitig auch zu einem anderen Funktionsgraphen führt. Die verschiedenen Werte von m führen zu einer Funktionenschar.

Die Definitionsmenge sei wie folgt angegeben: $D = \{x \mid x > m \wedge x \in R\}$ m sei eine natürliche Zahl.

a) Vervollständigen Sie für den Fall m = 1 die folgende Wertetabelle, und skizzieren Sie den Graphen von f_1.

x	1,2	1,5	2	3	5
y					

b) Vervollständigen Sie für den Fall m = 2 die folgende Wertetabelle, und skizzieren Sie den Graphen von f_2.

x	2,2	2,5	3	4	6
y					

c) Berechnen Sie, an welcher Stelle der Funktionsgraph für m = 1 die Steigung $-1/9 = -0,\overline{1}$ hat.

d) Berechnen Sie die Stelle, an der der Funktionsgraph für m = 2 die Steigung $-1/7 = -0,14285\ldots$ hat.

Aufgabe 104

Lösung Seite 170

Gegeben ist die folgende Funktion f.

$$f:\ f(x) = \frac{x^3 + x + 1}{x} \qquad D = R \setminus \{0\}$$

a) Ermitteln Sie, welche Steigung f an den Stellen −2 und 2 hat.

b) Berechnen Sie, an welcher Stelle der Graph von f die Steigung 1 hat.

Aufgabe 105

Lösung Seite 170

Gegeben ist die folgende Funktion f.

$$f:\ f(x) = \frac{x^2 - 4x + a}{x - 4} \qquad D = R \setminus \{4\} \text{ und } a \neq 0$$

a) Bestimmen Sie a so, daß die Steigung des Funktionsgraphen an der Stelle 1,5 gleich 0,36 ist.

b) Setzen Sie a = 4. Berechnen Sie dann, an welchen Stellen der Graph von f die Steigung 0,84 hat.

Aufgabe 106 *Lösung Seite 171*

Gegeben ist die folgende Funktion f.

$$f:\ f(x) = \frac{x^3 + x + 1}{x^2} \qquad D = \mathbb{R}\setminus\{0\}$$

Berechnen Sie, an welcher Stelle der Graph von f die Steigung 0,5 hat. Ermitteln Sie den Flächeninhalt des Dreiecks, das die Kurventangente, die die Steigung 0,5 hat, mit den Achsen bildet.

Aufgabe 107 *Lösung Seite 173*

f ist eine gebrochenrationale Funktion und mit dem folgenden Funktionsterm beschrieben.

$$f:\ f(x) = \frac{x^4 - 16}{x^2 + 1}$$

a) Geben Sie die Definitionsmenge an. Berechnen Sie den Ordinatenachsenabschnitt und die Nullstellen.

b) Untersuchen Sie die Funktion auf ihr Randverhalten.

c) Untersuchen Sie f auf relative Extremwerte.

d) Skizzieren Sie den Funktionsgraphen.

Aufgabe 108 *Lösung Seite 175*

Die von dem beliebig teilbaren Gut A nachgefragte Menge x sei in der Art vom Preis p des Gutes abhängig, wie es der folgende Funktionsterm angibt.

$$p(x) = \frac{160}{x^2 + 16}$$

a) Berechnen Sie den maximalen Umsatz, den der alleinige Hersteller und Anbieter des Gutes A auf dem Markt erzielen kann.

Bei der Herstellung des Gutes A gelte die folgende Kostenfunktion K.

$$K:\ K(x) = 2x + 12$$

b) Ermitteln Sie die Grenzen der Gewinnzone.

c) Berechnen Sie, an welcher Stelle die notwendige Bedingung für das Gewinnmaximum erfüllt ist.

Produktionsfunktionen

Aufgabe 109

Lösung Seite 177

Bei der Herstellung von "Malkulan", einem bisher unbekannten, beliebig teilbaren Schüttgut, werden die Möglichkeiten, die mittelfristig für die Kombination der Produktionsfaktoren A und B bestehen, mit der folgenden Funktion f beschrieben.

$$f: \qquad y = \frac{1}{x - m} + m$$

Dabei ist x die Variable für die eingesetzte Menge des Produktionsfaktors A und y die Variable für die eingesetzte Menge des Produktionsfaktors B; m ist die Variable für die hergestellte Menge. Deshalb gelte hier: $m \geq 0$.
Für f sei die Definitionsmenge $D = \{x \mid x > m\}_R$

a) Angenommen es wird eine ME Malkulan hergestellt (d. h. $m = 1$). Vervollständigen Sie für diesen Fall die folgende Wertetabelle.

x	1,2	1,5	2	3	5
y					

Skizzieren Sie den Funktionsgraphen (die Isoquante) für $m = 1$.

b) Angenommen es werden 2 ME Malkulan hergestellt (d. h. $m = 2$). Vervollständigen Sie für diesen Fall die folgende Wertetabelle.

x	2,2	2,5	3	4	6
y					

Skizzieren Sie den Funktionsgraphen (die Isoquante) für $m = 2$.

c) Berechnen Sie den Punkt, in dem die Isoquante für $m = 1$ die Steigung $-1/4$ hat, und den Punkt, in dem die Isoquante für $m = 2$ die Steigung $-1/4$ hat.

d) Ermitteln Sie die Ortslinie all der Punkte, in denen die Isoquanten die Steigung $-1/4$ haben. Zeichnen Sie diese Ortslinie in dasselbe Koordinatensystem.

Aufgabe 110

Lösung Seite 180

Wenn "Karkulin", ein bisher unbekanntes, beliebig teilbares Schüttgut, hergestellt wird, werden die Möglichkeiten, die mittelfristig für die Kombination der Produktionsfaktoren A und B bestehen, mit der folgenden Produktionsfunktion f beschrieben.

$$f: \qquad y = \frac{1}{x - m} + m$$

Dabei ist x die Variable für die eingesetzte Menge des Produktionsfaktors A und y die Variable für die eingesetzte Menge des Produktionsfaktors B; m ist die Variable für die hergestellte Menge. Deshalb gelte hier: $m \geq 0$.

Für f sei die Definitionsmenge $D = \{x \mid x > m\}_R$

Der Preis für eine ME des Faktors B sei 16 GE; der Preis für eine ME des Faktors A sei 25 GE.

a) Angenommen es wird 1 ME Karkulin hergestellt (d. h. m = 1). Vervollständigen Sie für diesen Fall die folgende Wertetabelle.

x	1,2	1,5	2	3	5
y					

Berechnen Sie, wieviel Kosten diese Kombinationen verursachen.

b) Ermitteln Sie die Ortslinie der Minimalkostenkombinationen.

c) Berechnen Sie die Minimalkostenkombination für m = 3 und die Minimalkostenkombination für m = 10. Berechnen Sie, wieviel diese Minimalkostenkombinationen kosten. Gehen Sie davon aus, daß die Abhängigkeit der Kosten K von der hergestellten Menge m eine Funktion ersten Grades ist. Bestimmen Sie den Term K(m) dieser Funktion.

Aufgabe 111

Lösung Seite 183

Bei der Herstellung von "Lokalin", einem bisher unbekannten, beliebig teilbaren Schüttgut, werden die Möglichkeiten, die mittelfristig für die Kombination der Produktionsfaktoren A und B bestehen, mit der folgenden Funktion f beschrieben.

$$f: \qquad y = \frac{1}{x - m} + m$$

Dabei ist x die Variable für die eingesetzte Menge des Produktionsfaktors A und y die Variable für die eingesetzte Menge des Produktionsfaktors B; m ist die Variable für die hergestellte Menge. Deshalb gelte hier: $m \geq 0$.

Für f sei die Definitionsmenge $D = \{x \mid x > m\}_R$

Der Preis für eine ME des Faktors B sei 4 GE; der Preis für eine ME des Faktors A sei 9 GE.

a) Angenommen es werden 2 ME Lokalin hergestellt (d. h. m = 2). Vervollständigen Sie für diesen Fall die folgende Wertetabelle.

x	2,2	2,5	3	4	6
y					

Berechnen Sie, wieviel Kosten diese Kombinationen verursachen. Skizzieren Sie den Funktionsgraphen für m = 2, das ist die Isoquante für m = 2.

b) Berechnen Sie die Minimalkostenkombination für m = 2.
c) Ermitteln Sie die Ortslinie der Minimalkostenkombinationen. Zeichnen Sie diese Ortslinie in dasselbe Koordinatensystem (siehe a).
d) Bestimmen Sie die Funktion K(m), die die Herstellungskosten K in Abhängigkeit von der hergestellten Menge m beschreibt.

Aufgabe 112

Lösung Seite 187

Bei der Herstellung von "Balin", einem beliebig teilbaren Schüttgut, werden die Möglichkeiten, die langfristig für die Kombination der Produktionsfaktoren A und B bestehen, mit der folgenden Funktion f beschrieben.

$$f: \qquad y = \frac{m^3}{x^2}$$

Dabei ist x die Variable für die eingesetzte Menge des Produktionsfaktors A und y die Variable für die eingesetzte Menge des Produktionsfaktors B; m ist die Variable für die hergestellte Menge. Deshalb gelte hier: $m \geq 0$.

Für f sei die Definitionsmenge $D = \{x \mid x > 0\}_R$

Der Preis für eine ME des Faktors B sei b GE; der Preis für eine ME des Faktors A sei a GE. ($a > 0$ und $b > 0$)

a) Berechnen Sie die Minimalkostenkombination für die Herstellung von zwei ME Balin.
b) Ermitteln Sie die Ortslinie der Minimalkostenkombinationen.
c) Bestimmen Sie die Funktion K(m), die die Herstellungskosten K in Abhängigkeit von der hergestellten Menge m beschreibt.

Aufgabe 113

Lösung Seite 189

Bei der Herstellung von "Porlat", einem bisher unbekannten, beliebig teilbaren Schüttgut, werden die Möglichkeiten, die langfristig für die Kombination der Produktionsfaktoren A und B bestehen, mit der folgenden Funktion beschrieben.

$$f: \qquad y = \frac{m}{x} + m$$

Dabei ist x die Variable für die eingesetzte Menge des Produktionsfaktors A und y die Variable für die eingesetzte Menge des Produktionsfaktors B; m ist die Variable für die hergestellte Menge. Deshalb gelte hier: $m \geq 0$.

Für f sei die Definitionsmenge $D = \{x \mid x > 0\}_R$

Der Preis für eine ME des Faktors B sei b GE; der Preis für eine ME des Faktors A sei a GE.

a) Skizzieren Sie die Isoquanten für eine ME, für zwei ME und für drei ME Porlat.

b) Berechnen Sie die Minimalkostenkombination für $m = 1$.

c) Ermitteln Sie die Ortslinie der Minimalkostenkombinationen. Wählen Sie dabei für a den Wert 2 und für b den Wert 8. Zeichnen Sie diese Ortslinie in dasselbe Koordinatensystem (siehe a).

e) Bestimmen Sie die Funktion K(m), die die Herstellungskosten K in Abhängigkeit von der hergestellten Menge m beschreibt.

Aufgabe 114

Lösung Seite 192

Bei der Herstellung von "Isopan", einem bisher unbekannten, beliebig teilbaren Schüttgut, werden die Möglichkeiten, die langfristig für die Kombination der Produktionsfaktoren A und B bestehen, mit der folgenden Funktion dargestellt.

$$f: \qquad y = \frac{m\,x^2 + m}{x^2}$$

Dabei ist x die Variable für die eingesetzte Menge des Produktionsfaktors A und y die Variable für die eingesetzte Menge des Produktionsfaktors B; m ist die Variable für die hergestellte Menge. Deshalb gelte hier: $m \geq 0$.

Für f sei die Definitionsmenge $D = \{x \mid x > m\}_R$

Der Preis für eine ME des Faktors B sei 64 GE; der Preis für eine ME des Faktors A sei 8 GE.

a) Skizzieren Sie die Isoquante für $m = 3$.

b) Berechnen Sie die Minimalkostenkombination für $m = 1$.

c) Ermitteln Sie die Ortslinie der Minimalkostenkombinationen. Zeichnen Sie diese Ortslinie in dasselbe Koordinatensystem (siehe a).

d) Bestimmen Sie die Funktion K(m), die die Herstellungskosten K in Abhängigkeit von der hergestellten Menge m beschreibt.

Lösungen der quadratischen Gleichungen und der Gleichungen höheren Grades

Lösung Aufgabe 1

zu a)

$A_1(x)$: $0{,}5\,x^2 - 5\,x + 19 = 0$ | $\cdot 2$

$\Leftrightarrow$ $x^2 - 10\,x + 38 = 0$ | -38

$\Leftrightarrow$ $x^2 - 10\,x = -38$ | quadratische Ergänzung $+(-10/2)^2$

$\Leftrightarrow$ $x^2 - 10\,x + 5^2 = 5^2 - 38$ | linke Seite faktorisieren nach der zweiten binomischen Formel

$\Leftrightarrow$ $(x-5)^2 = -13$

Die Lösungsmenge ist die leere Menge. Denn es gibt in der Menge der reellen Zahlen keine negativen Quadrate.

zu b)

$A_2(x)$: $4\,x^2 + 3\,x + 9/16 = 0$ | $: 4$ (normieren!)

Die Lösungsformel $x = -p/2 \pm \sqrt{(p/2)^2 - q}$ läßt sich nur auf die Normalform einer gemischt quadratischen Gleichung anwenden.

$\Leftrightarrow$ $x^2 + 3/4\,x + 9/64 = 0$ | Lösungsformel

$\Leftrightarrow$ $x = -3/8 \pm \sqrt{9/64 - 9/64}$

$\Leftrightarrow$ $x = -3/8 \pm \sqrt{0} = -3/8$

Diese Gleichung hat nur eine Lösung, weil die Diskriminante, der Radikand unter dem Wurzelzeichen, gleich null ist.
Die Lösungsmenge $L = \{-3/8\}$

zu c)

$A_3(x)$: $x^2 - 4\,x + 1 = 0$

Die Lösungen sind $x_1 = 2 + \sqrt{3}$ und $x_2 = 2 - \sqrt{3}$

Nach dem Satz von Vieta ist das Produkt der beiden Lösungen der Normalform einer gemischt quadratischen Gleichung gleich dem absoluten Glied q und die Summe der beiden Lösungen gleich dem negativen Koeffizienten des linearen Gliedes: $x_1 \cdot x_2 = q$ und $x_1 + x_2 = -p$

$x_1 \cdot x_2 = (2 + \sqrt{3})(2 - \sqrt{3}) = 4 - (\sqrt{3})^2 = 4 - 3 = 1 = q$

$x_1 \cdot x_2 = 1$

$x_1 + x_2 = 2 + \sqrt{3} + 2 - \sqrt{3} = 2 + 2 + \sqrt{3} - \sqrt{3} = 4$

$x_1 + x_2 = 4 = -(-4)$ denn $p = -4$

Zerlegung in Linearfaktoren:

$A_3(x)$: $x^2 - 4\,x + 1 = 0 = [x - (2 + \sqrt{3})] \cdot [x - (2 - \sqrt{3})]$

$= [x - 2 - \sqrt{3}] \cdot [x - 2 + \sqrt{3}]$

Lösung Aufgabe 2

zu a) Lösungsmenge $L = \{5; -3\}$

zu b) Die Normalform lautet: $x^2 - 2x - 15 = 0$

Denn die Summe der beiden Lösungen ergibt den negativen Koeffizienten des linearen Gliedes, das Produkt der beiden Lösungen ergibt das absolute Glied.

zu c) $x^2 - 2x - 15 = 0 \quad | + 15$

$\Leftrightarrow \quad x^2 - 2x = 15 \quad |$ quadratische Ergänzung $+(-2/2)^2$

$\Leftrightarrow \quad x^2 - 2x + 1 = 1 + 15$

linke Seite faktorisieren nach der zweiten binomischen Formel

$\Leftrightarrow \quad (x-1)^2 = 16 \quad | -16$

$\Leftrightarrow \quad (x-1)^2 - 16 = 0 \quad |$ 16 zu einem Quadrat umformen

$\Leftrightarrow \quad (x-1)^2 - 4^2 = 0$

linke Seite faktorisieren nach der dritten binomischen Formel

$\Leftrightarrow \quad [(x-1) + 4] \cdot [(x-1) - 4] = 0$

einer der beiden Faktoren muß gleich null sein

$\Leftrightarrow \quad [(x-1) + 4] = 0$ oder $[(x-1) - 4] = 0$

$\Leftrightarrow \quad x - 1 + 4 = 0$ oder $x - 1 - 4 = 0$

$\Leftrightarrow \quad x = -3 \vee x = 5$ Lösungsmenge $L = \{5; -3\}$

zu d) Zerlegung in Linearfaktoren: $x^2 - 2x - 15 = 0 = (x + 3)(x - 5)$

zu e) $(x - x_1)(x - x_2) = 0 \quad |$ ausmultiplizieren

$\Leftrightarrow \quad x^2 - x_1 \cdot x - x_2 \cdot x + x_1 \cdot x_2 = 0$

aus 2. und 3. Summanden $-x$ ausklammern

$\Leftrightarrow \quad x^2 - (x_1 + x_2)x + x_1 \cdot x_2 = 0$

Wenn $x^2 - (x_1 + x_2)x + x_1 \cdot x_2 = x^2 + px + q$

dann $-(x_1 + x_2) = p$ und $x_1 \cdot x_2 = q$

$$
\begin{aligned}
x_1 + x_2 &= [-p/2 + \sqrt{(p/2)^2 - q}\,] + [-p/2 - \sqrt{(p/2)^2 - q}\,] \\
&= -p/2 + \sqrt{(p/2)^2 - q} - p/2 - \sqrt{(p/2)^2 - q} \\
&= -p/2 - p/2 + \sqrt{(p/2)^2 - q} - \sqrt{(p/2)^2 - q} \\
&= -p/2 - p/2 = -p \\
x_1 + x_2 &= -p
\end{aligned}
$$

$$
\begin{aligned}
x_1 \cdot x_2 &= [-p/2 + \sqrt{(p/2)^2 - q}\,] \cdot [-p/2 - \sqrt{(p/2)^2 - q}\,] \\
&= (p/2)^2 - (\sqrt{(p/2)^2 - q}\,)^2 \\
&= (p/2)^2 - [(p/2)^2 - q] = (p/2)^2 - (p/2)^2 + q = q \\
x_1 \cdot x_2 &= q
\end{aligned}
$$

Die Summe der beiden Lösungen ergibt den negativen Koeffizienten des linearen Gliedes, das Produkt der beiden Lösungen das absolute Glied.

Lösung Aufgabe 3

zu a)

$A_1(x)$: $2x^2 - 6x - 56 = 0$ | : 2 (normieren!)

Denn die Lösungsformel $x = -p/2 \pm \sqrt{(p/2)^2 - q}$ läßt sich nur auf die Normalform einer gemischt quadratischen Gleichung anwenden.

$\Leftrightarrow \quad x^2 - 3x - 28 = 0$ | Lösungsformel

$\Leftrightarrow \quad x = 3/2 \pm \sqrt{9/4 + 28}$

$\Leftrightarrow \quad x = 3/2 \pm \sqrt{30{,}25}$

$\Leftrightarrow \quad x = 3/2 \pm 5{,}5$

$\Leftrightarrow \quad x_1 = 1{,}5 - 5{,}5 = -4 \quad \wedge \quad x_2 = 1{,}5 + 5{,}5 = 7$

Lösungsmenge $L_1 = \{-4; 7\}$

zu b)

$A_2(x)$: $0{,}5x^2 + 12x + 72 = 0$ | · 2 (normieren!)

$\Leftrightarrow \quad x^2 + 24x + 144 = 0$ | Lösungsformel

$\Leftrightarrow \quad x = -12 \pm \sqrt{12^2 - 144}$

$\Leftrightarrow \quad x = -12 \pm \sqrt{0}$

Diese Gleichung hat nur eine Lösung, weil die Diskriminante gleich null ist. Die Lösungsmenge $L_2 = \{-12\}$

zu c)

$A_3(x)$: $4{,}5x^2 - 27x + 63 = 0$ | : 4,5 (normieren!)

$\Leftrightarrow \quad x^2 - 6x + 14 = 0$ | Lösungsformel

$\Leftrightarrow \quad x = 3 \pm \sqrt{3^2 - 14}$

$\Leftrightarrow \quad x = 3 \pm \sqrt{-5}$

Diese Gleichung hat in der Menge der reellen Zahlen keine Lösung, weil die Diskriminante, der Radikand unter dem Wurzelzeichen, negativ ist. Die Lösungsmenge ist die leere Menge. $L_3 = \{\ \}$

Lösung Aufgabe 4

Nach dem Satz von Vieta ist das Produkt der beiden Lösungen der Normalform einer gemischt quadratischen Gleichung gleich dem absoluten Glied q und die Summe der beiden Lösungen gleich dem negativen Koeffizienten des linearen Gliedes p.

$x_1 \cdot x_2 = q$ und $x_1 + x_2 = -p$ bzw. $-(x_1 + x_2) = p$

zu a) $p = -(2 + 3) = -5$ und $q = 2 \cdot 3 = 6$

$\Rightarrow \quad x^2 - 5x + 6 = 0$

zu b) $p = -(10 - 2) = -8$ und $q = 10 \cdot (-2) = -20$

$\Rightarrow \quad x^2 - 8x - 20 = 0$

zu c) $p = -(-0{,}5 - 0{,}75) = 1{,}25$ und $q = (-0{,}5) \cdot (-0{,}75) = 0{,}375$
$\Rightarrow \quad x^2 + 1{,}25\,x + 0{,}375 = 0$

zu d) $p = -(a - 6\,a) = 5\,a$ und $q = a \cdot (-6\,a) = -6\,a^2$
$\Rightarrow \quad x^2 + 5\,a\,x - 6\,a^2 = 0$

zu e) $p = -(-3 + 8) = -5$ und $q = (-3) \cdot 8 = -24$
$\Rightarrow \quad x^2 - 5\,x - 24 = 0$

zu f) $p = -(19 - c)$ und $q = 19 \cdot (-c) = -19\,c$
$\Rightarrow \quad x^2 - (19 - c)\,x - 19\,c = 0$

Lösung Aufgabe 5

Lösungsmöglichkeiten bieten die Lösungsformel $x = -p/2 \pm \sqrt{(p/2)^2 - q}$ und der Satz von Vieta.

Nach dem Satz von Vieta gilt für die Normalform einer gemischt quadratischen Gleichung: Das Produkt der beiden Lösungen ist gleich dem absoluten Glied q, und die Summe der beiden Lösungen ist gleich dem negativen Koeffizienten des linearen Gliedes.

$x_1 \cdot x_2 = q$ und $x_1 + x_2 = -p$ bzw. $-(x_1 + x_2) = p$

Wenn die Normalform einer gemischt quadratischen Gleichung vorliegt, versucht man, das absolute Glied so in zwei Faktoren zu zerlegen, daß deren Summe den negativen Koeffizienten des linearen Gliedes ergibt.

zu a) $x^2 + 6\,x + 5 = 0$ | mit Hilfe des Satzes von Vieta
$5 = 1 \cdot 5$ oder $5 = (-1) \cdot (-5)$ aber nur $(-1) + (-5) = -6 = -p$
$\Rightarrow \quad x_1 = -1$ und $x_2 = -5$
Lösungsmenge $L = \{-1; -5\}$

zu b) $x^2 - 28\,x + 195 = 0$ | Lösungsformel
$\Leftrightarrow \quad x = 14 \pm \sqrt{14^2 - 195}$
$\Leftrightarrow \quad x = 14 \pm \sqrt{1} = 14 \pm 1$
$\Leftrightarrow \quad x_1 = 13 \wedge x_2 = 15$
Lösungsmenge $L = \{13; 15\}$

zu c) $9\,x^2 - 15\,x - 14 = 0$ | : 9 (normieren!)
$\Leftrightarrow \quad x^2 - 15/9\,x - 14/9 = 0$
$\Leftrightarrow \quad x^2 - 5/3\,x - 14/9 = 0$ | Lösungsformel
$\Leftrightarrow \quad x = 5/6 \pm \sqrt{25/36 + 14/9}$
$\Leftrightarrow \quad x = 5/6 \pm \sqrt{25/36 + 56/36}$
$\Leftrightarrow \quad x = 5/6 \pm \sqrt{81/36} = 5/6 \pm 9/6$
$\Leftrightarrow \quad x_1 = -4/6 = -2/3 \wedge x_2 = 14/6 = 7/3$
$\Leftrightarrow \quad x_1 = -2/3 \wedge x_2 = 7/3$
Lösungsmenge $L = \{-2/3; 7/3\}$

zu d) $16x^2 + 120x + 256 = 0$ | : 16 (normieren!)
$\Leftrightarrow \quad x^2 + 15/2\,x + 16 = 0$ | Lösungsformel
$\Leftrightarrow \quad x = -15/4 \pm \sqrt{225/16 - 16}$
$\Leftrightarrow \quad x = -15/4 \pm \sqrt{-31/16}$
Die Diskriminante ist negativ; diese Gleichung hat in der Menge der reellen Zahlen keine Lösung. Lösungsmenge L = { }

zu e) $3x^2 - 12x - 36 = 0$ | : 3 (normieren!)
$\Leftrightarrow \quad x^2 - 4x - 12 = 0$ | Lösungsformel
$\Leftrightarrow \quad x = 2 \pm \sqrt{2^2 + 12}$
$\Leftrightarrow \quad x = 2 \pm \sqrt{16} = 2 \pm 4$
$\Leftrightarrow \quad x_1 = -2 \wedge x_2 = 6$
Lösungsmenge L = {–2; 6}

zu f) $0{,}8x^2 - 1{,}6x - 4{,}2 = 0$ | : 0,8 (normieren!)
$\Leftrightarrow \quad x^2 - 2x - 5{,}25 = 0$ | Lösungsformel
$\Leftrightarrow \quad x = 1 \pm \sqrt{1 + 5{,}25}$
$\Leftrightarrow \quad x = 1 \pm \sqrt{6{,}25}$
$\Leftrightarrow \quad x = 1 \pm 2{,}5$
$\Leftrightarrow \quad x = -1{,}5 \vee x = 3{,}5$
Lösungsmenge L = {–1,5; 3,5}

zu g) $2x^2 + 8x + 3 = 0$ | : 2 (normieren!)
$\Leftrightarrow \quad x^2 + 4x + 3/2 = 0$ | Lösungsformel
$\Leftrightarrow \quad x = -2 \pm \sqrt{4 - 3/2}$
$\Leftrightarrow \quad x = -2 \pm \sqrt{2{,}5}$
$\Leftrightarrow \quad x = -2 \pm 1{,}581...$
$\Leftrightarrow \quad x_1 = -3{,}581... \wedge x_2 = -0{,}418...$
Lösungsmenge L = {–3,581...; –0,418...}

zu h) $3x^2 - 13x + 12 = 0$ | : 3 (normieren!)
$\Leftrightarrow \quad x^2 - 13/3\,x + 4 = 0$ | Lösungsformel
$\Leftrightarrow \quad x = 13/6 \pm \sqrt{169/36 - 4}$
$\Leftrightarrow \quad x = 13/6 \pm \sqrt{169/36 - 144/36} = 13/6 \pm \sqrt{25/36}$
$\Leftrightarrow \quad x = 13/6 \pm 5/6$
$\Leftrightarrow \quad x_1 = 18/6 = 3 \wedge x_2 = 8/6 = 4/3$
Lösungsmenge L = {3; 4/3}

zu i) $0{,}25x^2 = 3x - 5$ | $-3x + 5$
$\Leftrightarrow \quad 0{,}25x^2 - 3x + 5 = 0$ | $\cdot 4$
$\Leftrightarrow \quad x^2 - 12x + 20 = 0$ | mit Hilfe des Satzes von Vieta
$20 = 4 \cdot 5$ oder $20 = (-4) \cdot (-5)$ oder $20 = 2 \cdot 10$
oder $20 = (-2) \cdot (-10)$ oder $20 = 1 \cdot 20$ usw.

Aber nur $2 + 10 = 12 = -p$

$\Leftrightarrow \quad x_1 = 2 \;\wedge\; x_2 = 10$

Lösungsmenge $L = \{2; 10\}$

zu j) $0{,}25\,x^2 + 1{,}2\,x + 0{,}8 = 0 \quad | \cdot 4$

$\Leftrightarrow \quad x^2 + 4{,}8\,x + 3{,}2 = 0 \quad |$ Lösungsformel

$\Leftrightarrow \quad x = -2{,}4 \pm \sqrt{5{,}76 - 3{,}2}$

$\Leftrightarrow \quad x = -2{,}4 \pm \sqrt{2{,}56}$

$\Leftrightarrow \quad x = -2{,}4 \pm 1{,}6$

$\Leftrightarrow \quad x_1 = -4 \;\wedge\; x_2 = -0{,}8$

Lösungsmenge $L = \{-4; -0{,}8\}$

Lösung Aufgabe 6

Aus den vorgegebenen Lösungen lassen sich Linearfaktoren bilden:

$x_1 = 1 \;\Rightarrow\; (x - 1)$

$x_2 = -5 \;\Rightarrow\; (x + 5)$

$x_3 = 2 \;\Rightarrow\; (x - 2)$

Jeder dieser Linearfaktoren nimmt den Wert null an, wenn in x die dazugehörige Lösung eingesetzt wird.

Das Produkt der Linearfaktoren $(x - 1)\,(x + 5)\,(x - 2)$ wird zu einer Gleichung, wenn man es gleich null setzt.

$\Rightarrow \quad (x - 1)\,(x + 5)\,(x - 2) = 0 \qquad$ **(1)**

Damit ist die Aufgabe gelöst. Denn es handelt sich um eine Gleichung, deren Lösungen mit den angegebenen übereinstimmen.

Setzt man nämlich in x den Wert 1 ein, so entsteht die Aussage $(1 - 1)\,(1 + 5)\,(1 - 2) = 0$, die offensichtlich wahr ist. Denn ein Produkt ist dann gleich null, wenn einer seiner Faktoren gleich null ist.

Setzt man in x den Wert –5 ein, so entsteht die Aussage $(-5 - 1)\,(-5 + 5)\,(-5 - 2) = 0$, die ebenfalls wahr ist.

Setzt man in x den Wert 2 ein, so entsteht die Aussage $(2 - 1)\,(2 + 5)\,(2 - 2) = 0$. Auch diese Aussage ist wahr.

Gleichungen der hier gefundenen Art sind leider sehr selten. Aber die Gleichung (1) läßt sich so umformen, daß ihr Vorkommen etwas wahrscheinlicher wird. Dazu werden die Linearfaktoren ausmultipliziert.

$(x - 1)\,(x + 5)\,(x - 2) = 0$

$\Leftrightarrow \quad (x^2 + 5\,x - x - 5)\,(x - 2) = 0$

$\Leftrightarrow \quad (x^2 + 4\,x - 5)\,(x - 2) = 0$

$\Leftrightarrow \quad x^3 - 2\,x^2 + 4\,x^2 - 8\,x - 5\,x + 10 = 0$

$\Leftrightarrow \quad x^3 + 2\,x^2 - 13\,x + 10 = 0$

Sollte Ihnen diese Gleichung noch nicht gefallen, so teilen Sie beide Seiten beispielsweise durch 5.

$\Leftrightarrow \quad 0{,}2\,x^3 + 0{,}4\,x^2 - 2{,}6\,x + 2 = 0$

Lösung Aufgabe 7

Aus den vorgegebenen Lösungen lassen sich vier Linearfaktoren bilden:

$$x_1 = 1 \Rightarrow (x - 1)$$
$$x_2 = -4 \Rightarrow (x + 4)$$
$$x_3 = 2 \Rightarrow (x - 2)$$
$$x_4 = -3 \Rightarrow (x + 3)$$

Jeder dieser vier Linearfaktoren nimmt den Wert null an, wenn in x die jeweilige Lösung eingesetzt wird.

Das Produkt der Linearfaktoren $(x - 1)(x + 4)(x - 2)(x + 3)$ wird dadurch zu einer Gleichung, daß es gleich null gesetzt wird:

$$\Rightarrow \quad (x - 1)(x + 4)(x - 2)(x + 3) = 0 \qquad \textbf{(1)}$$

Damit ist die Aufgabe gelöst. Denn es handelt sich um eine Gleichung, deren Lösungen mit den angegebenen übereinstimmen.

Setzt man nämlich in x den Wert 1 ein, so entsteht die wahre Aussage $(1 - 1)(1 + 4)(1 - 2)(1 + 3) = 0$. Denn ein Produkt ist dann gleich null, wenn einer seiner Faktoren gleich null ist.

Setzt man in x den Wert −4 ein, so entsteht die Aussage $(-4 - 1)(-4 + 4)(-4 - 2)(-4 + 3) = 0$, die auch wahr ist.

Setzt man in x den Wert 2 ein, so entsteht die ebenfalls wahre Aussage $(2 - 1)(2 + 4)(2 - 2)(2 + 3) = 0$.

Setzt man in x den Wert −3 ein, so entsteht die Aussage $(-3 - 1)(-3 + 4)(-3 - 2)(-3 + 3) = 0$. Auch diese Aussage ist wahr.

Gleichungen der hier gefundenen Art kommen leider sehr selten vor. Aber die Gleichung (1) läßt sich so umformen, daß ihr Vorkommen etwas wahrscheinlicher wird. Man multipliziert die Linearfaktoren aus.

$$(x - 1)(x + 4)(x - 2)(x + 3) = 0$$
$$\Leftrightarrow \quad (x^2 + 4x - x - 4)(x^2 + 3x - 2x - 6) = 0$$
$$\Leftrightarrow \quad (x^2 + 3x - 4)(x^2 + x - 6) = 0$$
$$\Leftrightarrow \quad x^4 + x^3 - 6x^2 + 3x^3 + 3x^2 - 18x - 4x^2 - 4x + 24 = 0$$
$$\Leftrightarrow \quad x^4 + 4x^3 - 7x^2 - 22x + 24 = 0$$

Sollte Ihnen diese Gleichung noch nicht gefallen, so multiplizieren Sie beide Seiten beispielsweise mit 0,25.

$$\Leftrightarrow \quad 0{,}25\,x^4 + x^3 - 1{,}75\,x^2 - 5{,}5\,x + 6 = 0$$

Lösung Aufgabe 8

zu a)

Wenn $x_0 = -2$ eine Lösung der Aussageform A(x) ist, dann geht die folgende Polynomdivision ohne Rest auf.

$$
\begin{array}{l}
(x^4 - 9x^3 + 30x^2 - 44x + 24) : (x + 2) = x^3 - 11x^2 + 52x - 148 \quad \text{Rest } 320 \\
-(x^4 + 2x^3) \\
\hline
\quad -11x^3 + 30x^2 - 44x + 24 \\
\quad -(-11x^3 - 22x^2) \\
\hline
\qquad 52x^2 - 44x + 24 \\
\qquad -(52x^2 + 104x) \\
\hline
\qquad\quad -148x + 24 \\
\qquad\quad -(-148x - 296) \\
\hline
\qquad\qquad 320
\end{array}
$$

$x_0 = -2$ ist nicht Lösung dieser Aussageform.

zu b) A(x): $x^4 - 9\,x^3 + 30\,x^2 - 44\,x + 24 = 0$

Lösungsversuch mit Horner-Schema

	1	–9	30	–44	24	
		1	–8	22	–22	
1	1	–8	22	–22	2	keine Lösung
		2	–14	32	–24	
2	1	–7	16	–12	0	$x_1 = 2$
		3	–12	12		
3	1	–4	4	0		$x_2 = 3$

$\Leftrightarrow \quad (x-2)\,(x-3)\,(x^2 - 4\,x + 4) = 0$

$\Leftrightarrow \quad x_1 = 2 \ \wedge \ x_2 = 3 \ \wedge \ x^2 - 4\,x + 4 = 0$

Nebenrechnung: $x^2 - 4\,x + 4 = 0$ | Lösungsformel

$x_{3,4} = 2 \pm \sqrt{2^2 - 4} = 2 \pm 0 = 2$

$\Leftrightarrow \quad (x-2)\,(x-3)\,(x-2)\,(x-2) = 0$

$\Leftrightarrow \quad x_1 = 2 \ \wedge \ x_2 = 3 \ \wedge \ x_3 = 2 \ \wedge \ x_4 = 2$

Lösungsmenge L = {2; 3}

zu c) A(x): $x^4 + 5\,x^3 + x^2 - 25\,x - 30 = 0$

Lösungsversuch mit Horner-Schema

	1	5	1	–25	–30	
		1	6	7	–18	
1	1	6	7	–18	–48	Rest < 0
		2	14	30	10	
2	1	7	15	5	–20	Rest < 0
		3	24	75	150	Lösung zwischen 2 und 3
3	1	8	25	50	120	Rest > 0

	1	5	1	-25	-30	
		2,1	14,91	33,411	17,6631	Lösung zwischen 2,1 und 3
2,1	1	7,1	15,91	8,411	-12,33690	Rest < 0
		2,2	15,84	37,048	26,505...	Lösung zwischen 2,2 und 3
2,2	1	7,2	16,84	12,048	-3,494...	Rest < 0
		2,3	16,79	40,917	36,609...	Lösung zwischen 2,2 u. 2,3
2,3	1	7,3	17,79	15,917	6,609...	Rest > 0

Die gewünschte Lösung liegt zwischen 2,2 und 2,3; sie beginnt mit 2,2...

Lösung Aufgabe 9

Die Bedingung für Nullstellen der Gewinnfunktion ist: $G(x) = 0$

$\Rightarrow \quad -0{,}032\, x^4 + 0{,}32\, x^3 + 4\, x - 40 = 0 \quad | : (-0{,}032)$

$\Leftrightarrow \quad x^4 - 10\, x^3 - 125\, x + 1250 = 0$

Wenn $x_0 = 5$ eine Lösung dieser Gleichung ist, so ist $(x - 5)$ der erste Linearfaktor. Dann kann das Restpolynom mit Hilfe der folgenden Polynomdivision, die ohne Rest aufgehen muß, ermittelt werden.

$$(x^4 - 10\, x^3 - 125\, x + 1250) : (x - 5) = \ldots$$

Diese Polynomdivision läßt sich mit Hilfe des Horner-Schemas ausführen.

	1	-10	0	-125	1250	
		5	-25	-125	-1250	
5	1	-5	-25	-250	0	$x_0 = 5$

$$(x^4 - 10\, x^3 - 125\, x + 1250) : (x - 5) = x^3 - 5\, x^2 - 25\, x - 250$$

$\Leftrightarrow \quad (x - 5)\,(x^3 - 5\, x^2 - 25\, x - 250) = 0$

$\Leftrightarrow \quad (x - 5) = 0 \text{ oder } (x^3 - 5\, x^2 - 25\, x - 250) = 0$

Untersuchung des Restpolynoms $x^3 - 5\, x^2 - 25\, x - 250 = 0$ mit Hilfe des Horner-Schemas:

	1	-5	-25	-250	
		10	50	250	
10	1	5	25	0	$x_1 = 10$

$\Leftrightarrow \quad (x - 5) = 0 \text{ oder } (x - 10)\,(x^2 + 5\, x + 25) = 0$

$\Leftrightarrow \quad (x - 5) = 0 \text{ oder } (x - 10) = 0 \text{ oder } (x^2 + 5\, x + 25) = 0$

Lösung des Restpolynoms $x^2 + 5\, x + 25 = 0$ mit der Lösungsformel:

$$x = -2{,}5 \pm \sqrt{2{,}5^2 - 25}$$

$$x = -2{,}5 \pm \sqrt{-18{,}75}$$

Diskriminante ist negativ; keine weitere Lösung.

Die Gewinnzone liegt zwischen 5 Mengeneinheiten (ME) und 10 ME.

Lösung Aufgabe 10

zu $A_1(x)$: $-2x^3 + 8x^2 + 22x - 60 = 0$ | : (–2)

$\Leftrightarrow$ $x^3 - 4x^2 - 11x + 30 = 0$

Lösungsversuch mit Horner-Schema

	1	–4	–11	–30	
		2	–4	–30	
2	1	–2	–15	0	$x_1 = 2$
		–3	15		
–3	1	–5	0		$x_2 = -3$
		5	15		
5	1	0			$x_3 = 5$

$\Leftrightarrow$ $(x - 2)(x + 3)(x - 5) = 0$ Lösungsmenge $L_1 = \{2; -3; 5\}$

Wenn bei dieser Aufgabe die erste Lösung gefunden ist, bleibt ein quadratisches Restpolynom übrig, so daß die zwei weiteren Lösungen auch gefunden werden können, wenn das Restpolynom mit Hilfe der Lösungsformel untersucht wird.

Hinweis:

Die gefundenen Lösungen können auf zweierlei Art überprüft werden.

Zuerst die einfache Art: Wenn man eine "richtige" Lösung in die Aussageform einsetzt, ergibt sich eine wahre Aussage, z. B. "0 = 0".

Die aufwendigere Art:
Multipliziert man die drei Linearfaktoren aus, so findet man die Gleichung wieder, die man gelöst hat, nämlich $x^3 - 4x^2 - 11x + 30 = 0$, die nur noch auf beiden Seiten mit –2 multipliziert werden muß.

Wenn man alle drei Linearfaktoren gleichzeitig im Kopf miteinander multiplizieren könnte, dann müßte man zuletzt –2 mal 3 mal –5 rechnen, wobei sich 30 ergibt, was mit dem absoluten Glied des Gleichungsterms übereinstimmt.

Man multipliziert ja nur deshalb –2 mal 3 mal –5, weil 2, –3 und 5 die Lösungen der Gleichung sind. Man kann also dem absoluten Glied des Gleichungsterms schon ansehen, was sich als Produkt der Lösungen ergeben muß, wobei man mit dem Vorzeichen unterschiedliche Erfahrungen machen wird.

zu $A_2(x)$: $-4x^4 - 6x^3 + 18x^2 + 20x = 0$ | : (–2)

$\Leftrightarrow$ $2x^4 + 3x^3 - 9x^2 - 10x = 0$ | x ausklammern

$\Leftrightarrow$ $x(2x^3 + 3x^2 - 9x - 10) = 0$

$\Leftrightarrow$ $x_1 = 0 \wedge 2x^3 + 3x^2 - 9x - 10 = 0$

Nebenrechnung: $2x^3 + 3x^2 - 9x - 10 = 0$

Lösungsversuch mit Horner-Schema
Die vermuteten Lösungen müssen Faktoren von 10 bzw. –10 sein.

	2	3	–9	–10
		4	14	10
2	2	7	5	0

$x_2 = 2$

Die weiteren Lösungen sind Faktoren von 5 bzw. –5.

	2	7	5
		–2	5
–1	2	5	0

$x_3 = -1$

Die letzte Lösung ist ein Faktor von 5 bzw. –5.

	2	5
		–5
–2,5	2	0

$x_4 = -2{,}5$

$\Leftrightarrow \quad x_1 = 0 \ \wedge \ (x-2)(x+1)(x+2{,}5) = 0$
$\Leftrightarrow \quad x(x-2)(x+1)(x+2{,}5) = 0$
Lösungsmenge $L_2 = \{0; 2; -1; -2{,}5\}$

zu $A_3(x)$: $2x^4 - 15x^3 + 18x^2 + 64x - 96 = 0$
Lösungsversuch mit Horner-Schema
Die vermuteten Lösungen müssen Faktoren von 96 bzw. –96 sein.

	2	–15	18	64	–96
		8	–28	–40	96
4	2	–7	–10	24	0

$x_1 = 4$

Weitere Lösungen sind Faktoren von 24 bzw. –24.

	2	–7	–10	24
		8	4	–24
4	2	1	–6	0

$x_2 = 4$

Weitere Lösungen sind Faktoren von 6 bzw. –6.

	2	1	–6
		–4	6
–2	2	–3	0

$x_3 = -2$

Die letzte Lösung ist ein Faktor von 3 bzw. –3.

	2	–3
		3
1,5	2	0

$x_4 = 1{,}5$

$\Leftrightarrow \quad (x-4)(x-4)(x+2)(x-1{,}5) = 0$
Lösungsmenge $L_3 = \{4; -2; 1{,}5\}$

Lösung Aufgabe 11

zu a) $2x^5 + 36x^4 + 222x^3 + 484x^2 - 24x - 720 = 0 \quad | :2$

$\Leftrightarrow \quad x^5 + 18x^4 + 111x^3 + 242x^2 - 12x - 360 = 0$

Lösungsversuch mit Horner-Schema

	1	18	111	242	−12	−360	
		1	19	130	372	360	
1	1	19	130	372	360	0	$x_1 = 1$
		−2	−34	−192	−360		
−2	1	17	96	180	0		$x_2 = -2$
		−5	−60	−180			
−5	1	12	36	0			$x_3 = -5$
		−6	−36				
−6	1	6	0				$x_4 = -6$
		−6					
−6	1	0					$x_5 = -6$

$\Leftrightarrow \quad (x-1)(x+2)(x+5)(x+6)(x+6) = 0$

Lösungsmenge L = {1; −2; −5; −6}

zu b) $2x^5 - 13x^4 - 14x^3 + 205x^2 - 300x = 0 \quad |$ x ausklammern

$\Leftrightarrow \quad x(2x^4 - 13x^3 - 14x^2 + 205x - 300) = 0$

$\Leftrightarrow \quad x_1 = 0 \ \wedge \ 2x^4 - 13x^3 - 14x^2 + 205x - 300 = 0$

Nebenrechnung: $2x^4 - 13x^3 - 14x^2 + 205x - 300 = 0$

Lösungsversuch mit Horner-Schema

	2	−13	−14	205	−300	
		6	−21	−105	300	
3	2	−7	−35	100	0	$x_2 = 3$
		10	15	−100		
5	2	3	−20	0		$x_3 = 5$
		−8	20			
−4	2	−5	0			$x_4 = -4$
		−5				
2,5	2	0				$x_5 = 2{,}5$

$\Leftrightarrow \quad x(x-3)(x-5)(x+4)(x-2{,}5) = 0$

Lösungsmenge L = {0; 3; 5; −4; 2,5}

zu c) $x^4 + 4x^3 - 28x^2 - 64x + 192 = 0$

Lösungsversuch mit Horner-Schema

	1	4	−28	−64	192	
		2	12	−32	−192	
2	1	6	−16	−96	0	$x_1 = 2$

	1	6	−16	−96	
		4	40	96	
4	1	10	24	0	$x_2 = 4$
		−4	−24		
−4	1	6	0		$x_3 = -4$
		−6			
−6	1	0			$x_4 = -6$

$\Leftrightarrow \quad (x - 2)(x - 4)(x + 4)(x + 6) = 0$

Lösungsmenge L = {2; 4; −4; −6}

zu d) $2x^3 + 11x^2 + 13x + 4 = 0$

Lösungsversuch mit Horner-Schema

	2	11	13	4	
		−2	−9	−4	
−1	2	9	4	0	$x_1 = -1$
		−8	−4		
−4	2	1	0		$x_2 = -4$
		−1			
−0,5	2	0			$x_3 = -0{,}5$

$\Leftrightarrow \quad (x + 1)(x + 4)(x + 0{,}5) = 0$

Lösungsmenge L = {−1; −4; −0,5}

zu e) $4x^3 + 6x^2 - 28x - 30 = 0$

Lösungsversuch mit Horner-Schema

	4	6	−28	−30	
		−4	−2	30	
−1	4	2	−30	0	$x_1 = -1$
		−12	30		
−3	4	−10	0		$x_2 = -3$
		10			
2,5	4	0			$x_3 = 2{,}5$

$\Leftrightarrow \quad (x + 1)(x + 3)(x - 2{,}5) = 0$

Lösungsmenge L = {−1; −3; 2,5}

Lösung Aufgabe 12

zu a) $x^4 - 26x^2 + 25 = 0$

Da die Potenzen von x hier ausschließlich gerade Exponenten haben, ist die Substitution von x^2 durch z möglich.

$\Rightarrow \quad z^2 - 26z + 25 = 0 \qquad |$ Satz von Vieta

$\Leftrightarrow \quad z_1 = 1 \quad \wedge \quad z_2 = 25$

denn $1 + 25 = 26 = -p$ und $1 \cdot 25 = 25 = q$

Resubstitution von z durch x^2

$\Rightarrow \quad x^2 = 1 \quad \vee \quad x^2 = 25$

$\Leftrightarrow \quad x = -1 \quad \vee \quad x = 1 \quad \vee \quad x = -5 \quad \vee \quad x = 5$

Lösungsmenge = $\{-5; -1; 1; 5\}$

zu b) $x^4 - 5x^2 - 36 = 0$

Substitution von x^2 durch z

$\Rightarrow \quad z^2 - 5z - 36 = 0$ | Satz von Vieta

$\Leftrightarrow \quad z_1 = -4 \quad \wedge \quad z_2 = 9$

denn $-4 + 9 = 5 = -p$ und $(-4) \cdot 9 = -36 = q$

$z_1 = -4 \quad \Rightarrow \quad x^2 = -4$ $\quad x^2$ kann nicht gleich -4 sein.

$z_2 = 9 \quad \Rightarrow \quad x^2 = 9 \quad \Leftrightarrow \quad x = -3 \quad \vee \quad x = 3$

Lösungsmenge = $\{-3; 3\}$

zu c) $x^6 - 4x^4 - x^2 + 4 = 0$ | Substitution von x^2 durch z

$\Rightarrow \quad z^3 - 4z^2 - z + 4 = 0$

Lösungsversuch mit Horner-Schema

	1	−4	−1	4	
		1	−3	−4	
1	1	−3	−4	0	$z_1 = 1$

$\Leftrightarrow \quad (z-1)(z^2 - 3z - 4) = 0$

$\Leftrightarrow \quad (z-1) = 0 \quad \vee \quad z^2 - 3z - 4 = 0$

Nebenrechnung: $z^2 - 3z - 4 = 0$ | Lösungsformel

$z = 1{,}5 \pm \sqrt{1{,}5^2 + 4}$

$z = 1{,}5 \pm \sqrt{6{,}25}$

$z = 1{,}5 \pm 2{,}5$

$z_2 = 4 \quad \wedge \quad z_3 = -1$

$\Leftrightarrow \quad (z-1)(z-4)(z+1) = 0$

$z_1 = 1 \quad \Rightarrow \quad x^2 = 1 \quad \Leftrightarrow \quad x = -1 \quad \vee \quad x = 1$

$z_2 = 4 \quad \Rightarrow \quad x^2 = 4 \quad \Leftrightarrow \quad x = -2 \quad \vee \quad x = 2$

$z_3 = -1 \Rightarrow \quad x^2 = -1$ $\quad x^2$ kann nicht gleich -1 sein.

Lösungsmenge = $\{-2; -1; 1; 2\}$

Lösungen der Aufgaben zu den Grundlagen der Differentialrechnung

Lösung Aufgabe 13

zu a)

Mit Hilfe der ersten Ableitungsfunktion läßt sich für jeden beliebigen x-Wert aus der Definitionsmenge berechnen, welche Steigung die Funktion bei diesem x-Wert hat.

zu b)

Die Ableitungsfunktionen:
$f'(x) = 4x^3 - 21x^2 + 30x - 13$
$f''(x) = 12x^2 - 42x + 30$
$f'''(x) = 24x - 42$
$f''''(x) = 24$
$f'''''(x) = 0$

zu c)

Die Steigung von f wird mit $f'(x)$ beschrieben.
$f'(1) = 4 - 21 + 30 - 13 = 0$
An der Stelle 1 hat f die Steigung 0.
$f'(-1) = -4 - 21 - 30 - 13 = -68$
An der Stelle −1 hat f die Steigung −68.

zu d)

Die Steigung der zweiten Ableitungsfunktion wird von $f'''(x)$ beschrieben.
$f'''(x) = 24x - 42$ und $f'''(x) = 6 \Rightarrow 24x - 42 = 6 \Leftrightarrow x = 2$
An der Stelle 2 hat die zweite Ableitungsfunktion die Steigung 6.

zu e)

Der Graph der dritten Ableitungsfunktion ist eine Gerade mit der Steigung 24 und dem Ordinatenachsenabschnitt −42.

Lösung Aufgabe 14

zu a)

Die angegebenen Punkte liegen dann auf dem Graphen von f, wenn ihr y-Wert mit dem Funktionswert von f an der jeweiligen Stelle übereinstimmt.
So liegt Punkt P dann auf dem Funktionsgraphen, wenn $f(2) = 6$ ist.
$f(2) = -0{,}5 \cdot 2^2 + 4 \cdot 2 = 6 \qquad \Rightarrow \; P \in f$ (P ist Element von f)
Punkt Q liegt dann auf dem Funktionsgraphen, wenn $f(3) = 7{,}5$ ist.
$f(3) = -0{,}5 \cdot 3^2 + 4 \cdot 3 = 7{,}5 \qquad \Rightarrow \; Q \in f$
Punkt R liegt dann auf dem Funktionsgraphen, wenn $f(6) = 6$ ist.
$f(6) = -0{,}5 \cdot 6^2 + 4 \cdot 6 = 6 \qquad \Rightarrow \; R \in f$

zu b)

Über die Steigung des Graphen gibt die erste Ableitungsfunktion f ' Auskunft.

$f'(x) = -x + 4 \Rightarrow f'(2) = 2$ und $f'(3) = 1$ und $f'(6) = -2$

zu c)

Eine Tangente ist eine Gerade, die dieselbe Steigung hat wie der Funktionsgraph in dem Punkt, in dem sie ihn berührt.

Der Term einer Tangente lautet allgemein: $t(x) = a\,x + b$

1. Die Tangente t_1 an den Graphen in Punkt P
   $t_1(x) = a\,x + b$ und $a = f'(2) = 2 \Rightarrow t_1(x) = 2\,x + b$
   $t_1(2) = 6 \Rightarrow 6 = 2 \cdot 2 + b \Leftrightarrow b = 2$
   Die Tangentengleichung lautet: $t_1(x) = 2\,x + 2$
2. Die Tangente t_2 an den Graphen in Punkt Q
   $t_2(x) = a\,x + b$ und $a = f'(3) = 1 \Rightarrow t_2(x) = x + b$
   $t_2(3) = 7{,}5 \Rightarrow 7{,}5 = 3 + b \Leftrightarrow b = 4{,}5$
   Die Tangentengleichung lautet: $t_2(x) = x + 4{,}5$
3. Die Tangente t_3 an den Graphen in Punkt R
   $t_3(x) = a\,x + b$ und $a = f'(6) = -2 \Rightarrow t_3(x) = -2\,x + b$
   $t_3(6) = 6 \Rightarrow 6 = -2 \cdot 6 + b \Leftrightarrow b = 18$
   Die Tangentengleichung lautet: $t_3(x) = -2\,x + 18$

zu d)

1. Berechnung der Stelle mit der Steigung −3
   $f'(x) = -3$ und $f'(x) = -x + 4 \Rightarrow -3 = -x + 4 \Leftrightarrow x = 7$
   An der Stelle 7 hat der Graph von f die Steigung −3.
2. Berechnung des Punktes S, in dem die gesuchte Tangente t_4 den Graphen von f berührt
   $f(7) = -0{,}5 \cdot 7^2 + 4 \cdot 7 = 3{,}5 \Rightarrow S\,(7|3{,}5)$
3. Ermittlung der Gleichung der Tangente t_4
   $t_4(x) = a\,x + b$ und $a = -3 \Rightarrow t_4(x) = -3\,x + b$
   $t_4(7) = 3{,}5 \Rightarrow 3{,}5 = -3 \cdot 7 + b \Leftrightarrow b = 24{,}5$

Die Tangentengleichung lautet: $t_4(x) = -3\,x + 24{,}5$

Lösung Aufgabe 15

1. Berechnung der Stellen, an denen der Funktionsgraph die Steigung 4 hat
   $f'(x) = 4 \;\wedge\; f'(x) = 1/4\,x^2 - x - 1{,}25$
   $\Rightarrow 4 = 1/4\,x^2 - x - 1{,}25 \qquad | -4$
   $\Leftrightarrow 0 = 1/4\,x^2 - x - 5{,}25 \qquad | \cdot 4$
   $\Leftrightarrow 0 = x^2 - 4\,x - 21 \qquad |$ Lösungsformel
   $\Leftrightarrow x = 2 \pm \sqrt{4 + 21}$

$\Leftrightarrow\ x = 2 \pm \sqrt{25}$
$\Leftrightarrow\ x = 2 \pm 5$
$\Leftrightarrow\ x_1 = -3 \ \wedge\ x_2 = 7$

An den Stellen −3 und 7 hat der Graph von f die Steigung 4.

2. Berechnung der Punkte P und Q, in denen die gesuchten Tangenten t_1 und t_2 den Graphen von f berühren
   $f(-3) = 1/12 \cdot (-3)^3 - 0{,}5 \cdot (-3)^2 - 1{,}25 \cdot (-3) + 9 = 6 \Rightarrow P(-3|6)$
   $f(7) = 1/12 \cdot 7^3 - 0{,}5 \cdot 7^2 - 1{,}25 \cdot 7 + 9 = 4{,}\overline{3} \Rightarrow Q(7|4{,}\overline{3})$
3. Ermittlung der Gleichung der Tangente t_1, die den Graph im Punkt P berührt
   $t_1(x) = a\,x + b \ \wedge\ a = 4 \ \wedge\ t_1(x) = 4\,x + b$
   $t_1(-3) = 6 \Rightarrow 6 = 4 \cdot (-3) + b \Leftrightarrow b = 18$
   Die Tangentengleichung lautet: $t_1(x) = 4\,x + 18$
4. Ermittlung der Gleichung der Tangente t_2, die den Graph im Punkt Q berührt
   $t_2(x) = a\,x + b \ \wedge\ a = 4 \ \wedge\ t_2(x) = 4\,x + b$
   $t_2(7) = 4{,}\overline{3} \Rightarrow 4{,}\overline{3} = 4 \cdot 7 + b \Leftrightarrow b = -23{,}\overline{6}$
   Die Tangentengleichung lautet: $t_2(x) = 4\,x - 23{,}\overline{6}$

Lösung Aufgabe 16

zu a)

Gefragt ist, welche Steigung der Funktionsgraph an der Stelle 0 hat, welchen Funktionswert also die erste Ableitungsfunktion an der Stelle 0 hat.

$f'(x) = 1/10\,x^5 - 1/10\,x^2 + 1/10\,x - 1 \Rightarrow f'(0) = -1$

Der Graph schneidet die y-Achse mit der Steigung −1.

zu b)

Über die Steigung des Graphen der dritten Ableitungsfunktion gibt die vierte Ableitungsfunktion f'''' Auskunft.

$f'(x) = 1/10\,x^5 - 1/10\,x^2 + 1/10\,x - 1$
$f''(x) = 1/2\,x^4 - 1/5\,x + 1/10$
$f'''(x) = 2\,x^3 - 1/5$
$f''''(x) = 6\,x^2$

Gesucht ist die Stelle, an der $f''''(x) = 24$ ist.

$\Rightarrow 6\,x^2 = 24 \Leftrightarrow x^2 = 4 \Leftrightarrow x^2 - 4 = 0$
$\Leftrightarrow (x + 2)(x - 2) = 0 \Leftrightarrow x = -2$ oder $x = 2$

An den Stellen −2 und 2 hat der Graph der dritten Ableitung die Steigung 24.

Lösung Aufgabe 17

Tangente mit der Steigung 2

1. Berechnung der Stelle mit der Steigung 2
   $f'(x) = 2$ und $f'(x) = -x + 4 \Rightarrow 2 = -x + 4 \Leftrightarrow x = 2$
   An der Stelle 2 hat der Graph von f die Steigung 2.
2. Berechnung des Punktes P_1, in dem die gesuchte Tangente t_1 den Graphen von f berührt
   $f(2) = -0{,}5 \cdot 2^2 + 4 \cdot 2 - 4 = 2 \Rightarrow P_1\,(2|2)$
3. Ermittlung der Gleichung der Tangente t_1
   $t_1(x) = a\,x + b$ und $a = 2$ und $t_1(x) = 2\,x + b$
   $t_1(2) = 2 \Rightarrow 2 = 2 \cdot 2 + b \Leftrightarrow b = -2$

Die Tangentengleichung lautet: $t_1(x) = 2\,x - 2$

Tangente mit der Steigung –2

1. Berechnung der Stelle mit der Steigung -2
   $f'(x) = -2$ und $f'(x) = -x + 4 \Rightarrow -2 = -x + 4 \Leftrightarrow x = 6$
   An der Stelle 6 hat der Graph von f die Steigung –2.
2. Berechnung des Punktes P_2, in dem die gesuchte Tangente t_2 den Graphen von f berührt:
   $f(6) = -0{,}5 \cdot 6^2 + 4 \cdot 6 - 4 = 2 \Rightarrow P_2\,(6|2)$
3. Ermittlung der Gleichung der Tangente t_2
   $t_2(x) = a\,x + b$ und $a = -2$ und $t_2(x) = -2\,x + b$
   $t_2(6) = 2 \Rightarrow 2 = -2 \cdot 6 + b \Leftrightarrow b = 14$

Die Tangentengleichung lautet: $t_2(x) = -2\,x + 14$

Dreiecksberechnung

1. Die auf der x-Achse liegenden Eckpunkte des Dreiecks A und B entsprechen den Nullstellen der Tangenten.
   $t_1(x) = 0$ und $t_1(x) \Rightarrow 2\,x - 2 = 0 \Leftrightarrow x = 1$
   $t_2(x) = 0$ und $t_2(x) \Rightarrow -2\,x + 14 = 0 \Leftrightarrow x = 7$
   Das Dreieck hat die Eckpunkte A (1|0) und B (7|0).
2. Berechnung des Eckpunktes C
   C ist der Schnittpunkt der Tangenten.
   $t_1(x) = t_2(x) \Rightarrow 2x - 2 = -2x + 14 \Leftrightarrow x = 4$
   $t_1(4) = t_2(4) = 2 \cdot 4 - 2 = 6 \Rightarrow C\,(4|6)$
3. Flächeninhalt D des Dreiecks: $D = \dfrac{g \cdot h}{2}$

   g, die Grundlinie des Dreiecks, ist die Strecke zwischen den Punkten A und B. Die Länge von $g = 7 - 1 = 6$
   h ist die Höhe des Dreiecks. Die Länge von h ist gleich dem y-Wert von C, also gleich 6. $D = \dfrac{6 \cdot 6}{2} = 18$

Das Dreieck ist 18 FE (Flächeneinheiten) groß.

Lösung Aufgabe 18

zu a) Ordinatenachsenabschnitt

$x = 0 \;\wedge\; f(x) \;\Rightarrow\; f(0) = 6{,}4$

Der Graph von f schneidet die y-Achse in Höhe von 6,4.

zu b) Nullstellen

$f(x) = 0 \;\wedge\; f(x)$

$\Rightarrow\; 0{,}05\,x^3 - 0{,}6\,x^2 + 1{,}8\,x + 6{,}4 = 0 \qquad | : 0{,}05$

$\Leftrightarrow\; x^3 - 12\,x^2 + 36\,x + 128 = 0$

Lösungsversuch mit Horner-Schema

	1	−12	36	128
		−2	28	−128
−2	1	−14	64	0

$x_1 = -2$

$\Leftrightarrow\; (x + 2)(x^2 - 14\,x + 64) = 0$

$\Leftrightarrow\; x_1 = -2 \;\wedge\; x^2 - 14\,x + 64 = 0$

Nebenrechnung: $x^2 - 14\,x + 64 = 0 \qquad |$ Lösungsformel

$x = 7 \pm \sqrt{49 - 64}$

Diskriminante negativ; keine weitere Lösung.

$\Leftrightarrow\; (x + 2)(x^2 - 14\,x + 64) = 0$

f hat an der Stelle −2 eine einfache Nullstelle; der Graph von f schneidet die x-Achse an der Stelle −2.

zu c) Randverhalten

Untersuchung der Funktionswerte für sehr kleine und für sehr große x-Werte.

$\lim\limits_{x\to\infty} f(x) = \lim\limits_{x\to\infty} 0{,}05\,x^3 - 0{,}6\,x^2 + 1{,}8\,x + 6{,}4 =$

$\lim\limits_{x\to\infty} x^3\,(0{,}05 - 0{,}6/x + 1{,}8/x^2 + 6{,}4/x^3) = \infty$

Denn nach dem Ausklammern von x^3 streben die Brüche, in deren Nenner die Variable x vorkommt, gegen null, wenn x gegen unendlich strebt.

Analog dazu gilt: $\lim\limits_{x\to-\infty} f(x) = -\infty$

Der Graph kommt aus dem negativ Unendlichen und verschwindet ins positiv Unendliche.

zu d) Relative Extremwerte

Notwendige Bedingung für relative Extremwerte: $f'(x) = 0$

$f'(x) = 0{,}15\,x^2 - 1{,}2\,x + 1{,}8$

$\Rightarrow\; 0{,}15\,x^2 - 1{,}2\,x + 1{,}8 = 0 \qquad | : 0{,}15$

$\Leftrightarrow\; x^2 - 8\,x + 12 = 0 \qquad |$ Satz von Vieta

$\Leftrightarrow\; x_2 = 2 \;\wedge\; x_3 = 6$ denn $2 \cdot 6 = 12 = q$ und $2 + 6 = 8 = -p$

An den Stellen 2 und 6 ist die notwendige Bedingung erfüllt.

Hinreichende Bedingung für einen Hochpunkt an der Stelle 2: $f''(2) < 0$
$f''(x) = 0{,}3\,x - 1{,}2 \;\Rightarrow\; f''(2) = 0{,}6 - 1{,}2 = -0{,}6 < 0$
Hochpunkt H $(2 \mid f(2))$ $\quad f(2) = 8 \quad$ H $(2 \mid 8)$

Hinreichende Bedingung für einen Tiefpunkt an der Stelle 6: $f''(6) > 0$
$f''(6) = 1{,}8 - 1{,}2 = 0{,}6 > 0$
Tiefpunkt T $(6 \mid f(6))$ $\quad f(6) = 6{,}4 \quad$ T $(6 \mid 6{,}4)$

zu e) Wendepunkte

Die notwendige Bedingung für Wendepunkte ist: $f''(x) = 0$
$f''(x) = 0{,}3\,x - 1{,}2 \;\Rightarrow\; 0{,}3\,x - 1{,}2 = 0 \mid :0{,}3$
$\Leftrightarrow x - 4 = 0 \;\Leftrightarrow\; x_4 = 4$

Hinreichende Bedingung für einen Wendepunkt an der Stelle 4 ist, daß $f'''(4)$ ungleich 0 ist. $f'''(x) = 0{,}3 \;\Rightarrow\; f'''(4) = 0{,}3 \neq 0$
$\Rightarrow$ Wendepunkt W $(4 \mid f(4))$ $\quad f(4) = 7{,}2 \quad$ W $(4 \mid 7{,}2)$

zu f) Sattelpunkte

Der Wendepunkt W ist kein Sattelpunkt, weil der Funktionsgraph an der Wendestelle 4 nicht die Steigung 0 hat. Andernfalls wäre diese Stelle bei der Untersuchung auf relative Extremwerte (siehe d) aufgefallen.

zu g) Skizze

Links ist die Funktion f, rechts gleichzeitig auch die erste Ableitungsfunktion dargestellt.

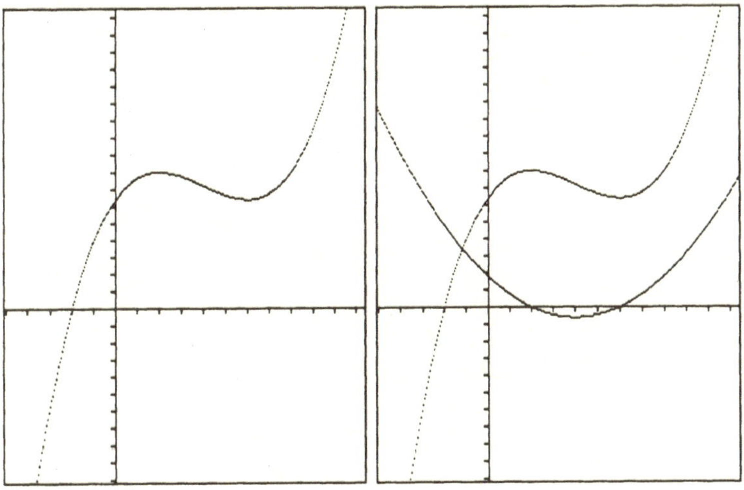

Lösung Aufgabe 19

Die Tangentengleichung lautet allgemein: $t(x) = a\,x + b$
Da f(5) nicht gleich −7 ist, liegt P nicht auf dem Graphen von f. $f(5) = 9$
Für den Berührungspunkt Q gilt: $f(x) = t(x)$ und $f'(x) = t'(x) = a$

$f(x) = t(x) \Rightarrow a\,x + b = 0{,}5\,x^3 - 2{,}5\,x^2 + x + 4$ **(1)**
$f'(x) = 1{,}5\,x^2 - 5\,x + 1$
$f'(x) = t'(x) = a \Rightarrow a = 1{,}5\,x^2 - 5\,x + 1$ **(2)**
Für den Punkt P gilt: $t(5) = -7 \Rightarrow -7 = 5\,a + b$
$\Leftrightarrow b = -5\,a - 7$ **(3)**
$(1) \wedge (3) \Rightarrow a\,x - 5\,a - 7 = 0{,}5\,x^3 - 2{,}5\,x^2 + x + 4 \quad | +7$
$\Leftrightarrow a\,x - 5\,a = 0{,}5\,x^3 - 2{,}5\,x^2 + x + 11$
$\Leftrightarrow a\,(x - 5) = 0{,}5\,x^3 - 2{,}5\,x^2 + x + 11$ **(4)**
$(2) \Leftrightarrow a = 1{,}5\,x^2 - 5\,x + 1 \quad |\cdot (x-5) \wedge x \neq 5$
$\Leftrightarrow a\,(x - 5) = (1{,}5\,x^2 - 5\,x + 1)(x - 5)$
$\Leftrightarrow a\,(x - 5) = 1{,}5\,x^3 - 5\,x^2 + 26\,x - 7{,}5\,x^2 - 5$
$\Leftrightarrow a\,(x - 5) = 1{,}5\,x^3 - 12{,}5\,x^2 + 26\,x - 5$ **(5)**

Der Ausdruck für a (x − 5) aus Zeile (4) kann mit dem aus Zeile (5) gleichgesetzt werden.

$(4) \wedge (5) \Rightarrow$
$0{,}5\,x^3 - 2{,}5\,x^2 + x + 11 = 1{,}5\,x^3 - 12{,}5\,x^2 + 26\,x - 5$
$\Leftrightarrow x^3 - 10\,x^2 + 25\,x - 16 = 0$

Lösungsversuch mit Horner-Schema

	1	−10	25	−16
		1	−9	16
1	1	−9	16	0

$x_1 = 1$

$\Leftrightarrow (x - 1)\,(x^2 - 9\,x + 16) = 0$

Nebenrechnung: $x^2 - 9\,x + 16 = 0$ | Lösungsformel
$x = 4{,}5 \pm \sqrt{4{,}5^2 - 16}$
$x = 4{,}5 \pm 2{,}06\ldots$
$x_2 = 2{,}438\ldots \wedge x_3 = 6{,}561\ldots$

Es gibt drei Kurventangenten, die durch den Punkt P führen; die eine berührt die Kurve an der Stelle 1, die andere an der Stelle x_2 und die dritte an der Stelle x_3. Gesucht ist diejenige, deren Berührungspunkt ganzzahlige Koordinaten hat.

Berührungspunkt $Q\,(1\,|\,f(1))$ und $f(1) = 3 \Rightarrow Q\,(1\,|\,3)$
$f'(1) = t'(1) = a \wedge f'(1) = -2{,}5 \Rightarrow t(x) = -2{,}5\,x + b$
$(3) \Leftrightarrow b = -5\,a - 7 \Rightarrow b = 5{,}5$ denn $a = -2{,}5$

Die Tangentengleichung lautet also $t(x) = -2{,}5\,x + 5{,}5$.

Lösung Aufgabe 20

zu a) Ordinatenachsenabschnitt

$x = 0 \quad \wedge \quad f(x) \quad \Rightarrow \quad f(0) = 4$

Der Graph von f schneidet die y-Achse in Höhe von 4.

zu b) Nullstellen

$f(x) = 0 \quad \wedge \quad f(x) \quad \Rightarrow \quad x^4 - 7x^3 + 15x^2 - 13x + 4 = 0$

Lösungsversuch mit Horner-Schema

	1	−7	15	−13	4	
		1	−6	9	−4	
1	1	−6	9	−4	0	$x_1 = 1$
		1	−5	4		
1	1	−5	4	0		$x_2 = 1$

$\Leftrightarrow (x-1)(x-1)(x^2 - 5x + 4) = 0$

$\Leftrightarrow x_1 = 4 \quad \wedge \quad x^2 = 7 \quad \wedge \quad x^2 - 5x + 4 = 0$

Nebenrechnung: $x^2 - 5x + 4 = 0$ | Satz von Vieta

$x_3 = 4 \quad \wedge \quad x_4 = 1$

$\Leftrightarrow (x-1)(x-1)(x-1)(x-4) = 0$

$\Leftrightarrow x_{1,2,3} = 1 \quad \wedge \quad x_4 = 4$

f hat an der Stelle 1 eine dreifache Nullstelle und an der Stelle 4 eine einfache Nullstelle. Der Funktionsgraph berührt die x-Achse an der Stelle 1 und schneidet sie dort gleichzeitig, "schneidet sie waagerecht".

zu c) Randverhalten

$\lim_{x \to \infty} f(x) = \lim_{x \to \infty} x^4 - 7x^3 + 15x^2 - 13x + 4 =$

$\lim_{x \to \infty} x^4 (1 - 7/x + 15/x^2 - 13/x^3 + 4/x^4) = \infty$

Analog dazu gilt: $\lim_{x \to -\infty} f(x) = \infty$

Der Graph kommt aus dem positiv Unendlichen und verschwindet ins positiv Unendliche.

zu d) Relative Extremwerte

Notwendige Bedingung für relative Extremwerte ist: $f'(x) = 0$

$f'(x) = 4x^3 - 21x^2 + 30x - 13$

$\Rightarrow 4x^3 - 21x^2 + 30x - 13 = 0$

Lösungsversuch mit Horner-Schema

	4	−21	30	−13	
		4	−17	13	
1	4	−17	13	0	$x_5 = 1$

$\Leftrightarrow (x - 1)(4x^2 - 17x + 13) = 0$
$\Leftrightarrow x_5 = 1 \;\wedge\; 4x^2 - 17x + 13 = 0$

Nebenrechnung:
$4x^2 - 17x + 13 = 0 \quad | :4$
$x^2 - 17/4\,x + 13/4 = 0 \quad |$ Lösungsformel
$x = 17/8 \pm \sqrt{289/64 - 13/4}$
$x = 17/8 \pm \sqrt{81/64} = 17/8 \pm 9/8$
$x_6 = 1 \;\wedge\; x_7 = 3{,}25$

$\Leftrightarrow x_{5,6} = 1 \;\wedge\; x_7 = 3{,}25$

An den Stellen 1 und 3,25 ist die notwendige Bedingung für relative Extremwerte erfüllt.
Hinreichende Bedingung für einen Tiefpunkt an der Stelle 1: $f''(1) > 0$
$f''(x) = 12x^2 - 42x + 30 \Rightarrow f''(1) = 12 - 42 + 30 = 0$
Diese hinreichende Bedingung für einen Tiefpunkt an der Stelle 1 ist nicht erfüllt. Eine andere hinreichende Bedingung für einen Tiefpunkt an der Stelle 1 ist, daß $f'(x)$ an der Stelle 1 einen Vorzeichenwechsel von minus nach plus hat.

$f'(x) = 4x^3 - 21x^2 + 30x - 13$
$\Rightarrow f'(0{,}9) = -0{,}094$ und $f'(1{,}1) = -0{,}086$

Auch diese hinreichende Bedingung ist nicht erfüllt.
An der Stelle 1 liegt kein Tiefpunkt, aber auch kein Hochpunkt.

Hinreichende Bedingung für einen Tiefpunkt an der Stelle 3,25 ist:
$f''(3{,}25) > 0$; und $f''(x) = 12x^2 - 42x + 30$
$\Rightarrow f''(3{,}25) = 20{,}25 > 0$
$\Rightarrow$ Tiefpunkt $T(3{,}25 \mid f(3{,}25))$ $f(3{,}25) = -8{,}542\ldots$
Tiefpunkt $T(3{,}25 \mid -8{,}542\ldots)$

zu e) Wendepunkte

Die notwendige Bedingung für Wendepunkte ist: $f''(x) = 0$
$f''(x) = 12x^2 - 42x + 30$
$\Rightarrow 12x^2 - 42x + 30 = 0 \quad | :12$
$\Leftrightarrow x^2 - 3{,}5x + 2{,}5 = 0 \quad |$ Lösungsformel
$\Leftrightarrow x = 1{,}75 \pm \sqrt{3{,}0625 - 2{,}5} = 1{,}75 \pm 0{,}75$
$\Leftrightarrow x_8 = 1 \;\wedge\; x_9 = 2{,}5$

Hinreichende Bedingung für einen Wendepunkt an der Stelle 1: $f'''(1) \neq 0$
$f'''(x) = 24x - 42 \quad \Rightarrow \quad f'''(1) = -18$
$\Rightarrow$ Wendepunkt $W_1(1 \mid 0)$ Denn $f(1) = 0$ (siehe Nullstellen)

Hinreichende Bedingung für einen Wendepunkt an der Stelle 2,5 ist:
$f'''(2{,}5) \neq 0 \quad \Rightarrow \quad f'''(2{,}5) = 18$
$\Rightarrow$ Wendepunkt $W_2(2{,}5 \mid f(2{,}5))$ $f(2{,}5) = -5{,}0625$ $W_2(2{,}5 \mid -5{,}0625)$

zu f) Sattelpunkte

Der Wendepunkt W_1 ist ein Sattelpunkt, weil an der Wendestelle 1 der Funktionsgraph die Steigung 0 hat (siehe oben, notwendige Bedingung für relative Extremwerte). Wendepunkt W_2 ist kein Sattelpunkt.

zu g) Skizze

Die linke Graphik zeigt den Graphen von f, die rechte gleichzeitig auch den Graphen der ersten Ableitungsfunktion f '.

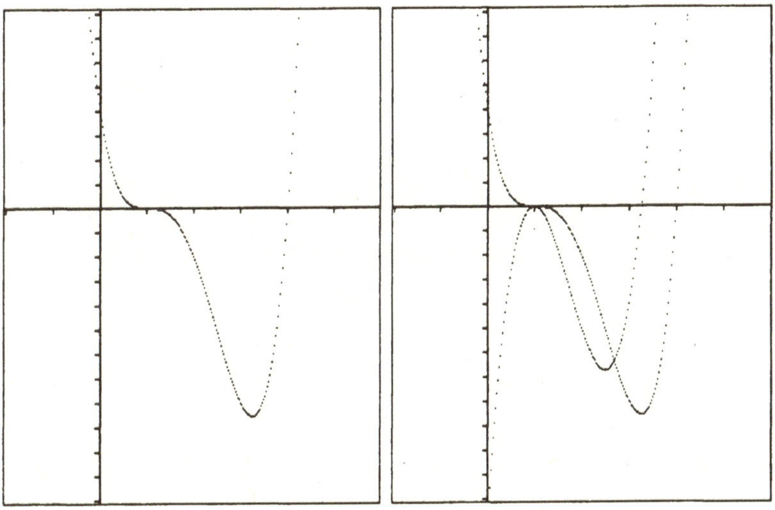

Lösung Aufgabe 21

zu a)

Notwendige Bedingung für relative Extremwerte ist: $f'(x) = 0$

$f'(x) = 0{,}0625\, x^4 - 0{,}375\, x^3 - 0{,}1875\, x^2 + 3{,}5\, x - 3$

$\Rightarrow\; 0{,}0625\, x^4 - 0{,}375\, x^3 - 0{,}1875\, x^2 + 3{,}5\, x - 3 = 0 \;\mid\; : 0{,}0625$

$\Leftrightarrow\; x^4 - 6\, x^3 - 3\, x^2 + 56\, x - 48 = 0$

Lösungsversuch mit Horner-Schema

	1	−6	−3	56	−48	
		4	−8	−44	48	
4	1	−2	−11	12	0	$x_1 = 4$
		4	8	−12		
4	1	2	−3	0		$x_2 = 4$

$\Leftrightarrow\; (x - 4)(x - 4)(x^2 + 2\, x - 3) = 0$

$\Leftrightarrow x_1 = 4 \quad \wedge \quad x_2 = 4 \quad \vee \quad x^2 + 2x - 3 = 0$

Nebenrechnung: $x^2 + 2x - 3 = 0$ | Satz von Vieta

$x = -3 \quad \vee \quad x = 1$

$\Leftrightarrow x_1 = 4 \quad \wedge \quad x_2 = 4 \quad \wedge \quad x_3 = -3 \quad \wedge \quad x_4 = 1$

An den Stellen –3, 1 und 4 ist die notwendige Bedingung für relative Extremwerte erfüllt.

Hinreichende Bedingung für einen Hochpunkt an der Stelle –3: $f''(-3) < 0$
$f''(x) = 0{,}25\,x^3 - 1{,}125\,x^2 - 0{,}375\,x + 3{,}5$
$f''(-3) = -6{,}75 - 10{,}125 + 1{,}125 + 3{,}5 = -12{,}25 < 0$
Hochpunkt H $(-3\,|\,f(-3))$ $\quad f(-3) = 15{,}00625$

Hinreichende Bedingung für einen Tiefpunkt an der Stelle 1: $f''(1) > 0$
$f''(1) = 0{,}25 - 1{,}125 - 0{,}375 + 3{,}5 = 2{,}25 > 0$
Tiefpunkt T $(1\,|\,f(1))$ $\quad f(1) = -2{,}19375$

Hinreichende Bedingung für einen Hochpunkt an der Stelle 4: $f''(4) < 0$
$f''(4) = 16 - 18 - 1{,}5 + 3{,}5 = 0$
Diese hinreichende Bedingung für einen Hochpunkt an der Stelle 4 ist nicht erfüllt.

Eine andere hinreichende Bedingung für einen Hochpunkt an der Stelle 4 ist, daß $f'(x)$ an der Stelle 4 einen Vorzeichenwechsel von plus nach minus hat. $f'(3{,}9) = 0{,}0125062\ldots$ und $f'(4{,}1) = 0{,}0137562\ldots$

Auch diese hinreichende Bedingung ist nicht erfüllt.
An der Stelle 4 liegt kein Hochpunkt, aber auch kein Tiefpunkt.

zu b)

Die notwendige Bedingung für Wendepunkte ist an der Stelle 4 erfüllt. Denn $f''(4) = 0$ (siehe oben).

Hinreichende Bedingung für einen Wendepunkt an der Stelle 4: $f'''(4) \neq 0$
$f'''(x) = 0{,}75\,x^2 - 2{,}25\,x - 0{,}375$
$\Rightarrow f'''(4) = 12 - 9 - 0{,}375 = 2{,}625$

An der Stelle 4 ist ein Wendepunkt.
Da $f'(4) = 0$ ist (siehe oben, notwendige Bedingung für Extremwerte), hat der Graph von f in diesem Wendepunkt die Steigung 0. Ein Wendepunkt, in dem die Steigung des Graphen gleich null ist, heißt Sattelpunkt.

Lösung Aufgabe 22

zu a) Relative Extremwerte

Notwendige Bedingung für relative Extremwerte ist: $f'(x) = 0$
$f'(x) = -3\,x^2 + 6\,x \Rightarrow -3\,x^2 + 6\,x = 0 \Leftrightarrow x^2 - 2\,x = 0$
$\Leftrightarrow x\,(x-2) = 0 \Leftrightarrow x = 0 \quad \vee \quad x = 2$
An den Stellen 0 und 2 ist die notwendige Bedingung erfüllt.

Hinreichende Bedingung für einen Tiefpunkt an der Stelle 0: $f''(0) > 0$
$f''(x) = -6x + 6 \Rightarrow f''(0) = 6 > 0$
Tiefpunkt T $(0|0)$; denn $f(0) = 0$

Hinreichende Bedingung für einen Hochpunkt an der Stelle 2: $f''(2) < 0$
$f''(2) = -12 + 6 = -6 < 0$
An der Stelle 2 liegt der Hochpunkt H $(2|4)$; denn $f(2) = 4$.

Ermittlung der Geradengleichung

Die Gleichung lautet allgemein $g(x) = a\,x + b$
$T \Rightarrow g(0) = 0 \Rightarrow b = 0 \Rightarrow g(x) = a\,x$
$H \Rightarrow g(2) = 4 \Rightarrow 4 = 2\,a \Rightarrow a = 2$
Die Geradengleichung lautet also: $g(x) = 2\,x$

zu b) Wendepunkte

Die notwendige Bedingung für Wendepunkte ist: $f''(x) = 0$
$f''(x) = -6x + 6 \Rightarrow -6x + 6 = 0 \Leftrightarrow x = 1$

Hinreichende Bedingung für einen Wendepunkt an der Stelle 1: $f'''(1) \neq 0$
$f'''(x) = -6 \Rightarrow f'''(1) = -6 \Rightarrow$ Wendepunkt W $(1|2)$; denn $f(1) = 2$
Im Wendepunkt W hat der Graph die Steigung 3; denn $f'(1) = 3$.

Lösung Aufgabe 23

Lösungsweg:

a) Untersuchung auf Wendepunkte
b) Bestimmung der Wendetangenten
c) Dreiecksberechnung

zu a) Wendepunkte

Die notwendige Bedingung für Wendepunkte ist: $f''(x) = 0$

$f'(x) = 1/4\,x^3 - 3/4\,x^2 - 9/4\,x + 11/4$

$f''(x) = 3/4\,x^2 - 3/2\,x - 9/4$

$\Rightarrow 3/4\,x^2 - 3/2\,x - 9/4 = 0 \qquad | : 3/4$

$\Leftrightarrow x^2 - 2\,x - 3 = 0 \qquad |$ Lösungsformel

$\Leftrightarrow x = 1 \pm \sqrt{1 + 3} = 1 \pm 2$

$\Leftrightarrow x_1 = -1 \wedge x_2 = 3$

Hinreichende Bedingung für einen Wendepunkt an der Stelle -1:
$f'''(-1) \neq 0$; und $f'''(x) = 3/2\,x - 3/2 \Rightarrow f'''(-1) = -3 \neq 0$

$\Rightarrow$ Wendepunkt $W_1(-1|f(-1))$ $f(-1) = 0$ (siehe Aufgabentext)
Wendepunkt $W_1\,(-1|0)$

Hinreichende Bedingung für einen Wendepunkt an der Stelle 3: $f'''(3) \neq 0$
$f'''(x) = 3/2\,x - 3/2 \Rightarrow f'''(3) = 3$

$\Rightarrow$ Wendepunkt $W_2\,(3|f(3))$ $f(3) = 0$ (siehe Aufgabentext)
Wendepunkt $W_2\,(3|0)$

zu b) Wendetangenten t_1 und t_2

t_1 lautet allgemein: $t_1(x) = a\,x + b$
dabei gilt: $a = f'(-1) = -1/4 - 3/4 + 9/4 + 11/4 = 4$
$\Rightarrow\ t_1(x) = 4\,x + b$
$W_1 \Rightarrow\ t_1(-1) = 0 \ \Rightarrow\ 0 = -4 + b \ \Leftrightarrow\ b = 4$
Also: $t_1(x) = 4\,x + 4$

t_2 lautet allgemein: $t_2(x) = a\,x + b$
dabei gilt: $a = f'(3) = 27/4 - 27/4 - 27/4 + 11/4 = -4$
$\Rightarrow\ t_2(x) = -4\,x + b$
$W_2 \Rightarrow\ t_2(3) = 0 \ \Rightarrow\ 0 = (-4) \cdot 3 + b \ \Leftrightarrow\ b = 12$
Also: $t_2(x) = -4\,x + 12$

Die folgende Graphik zu Aufgabe 23 zeigt links den Graphen von f, rechts gleichzeitig auch die Wendetangenten und das besagte Dreieck.

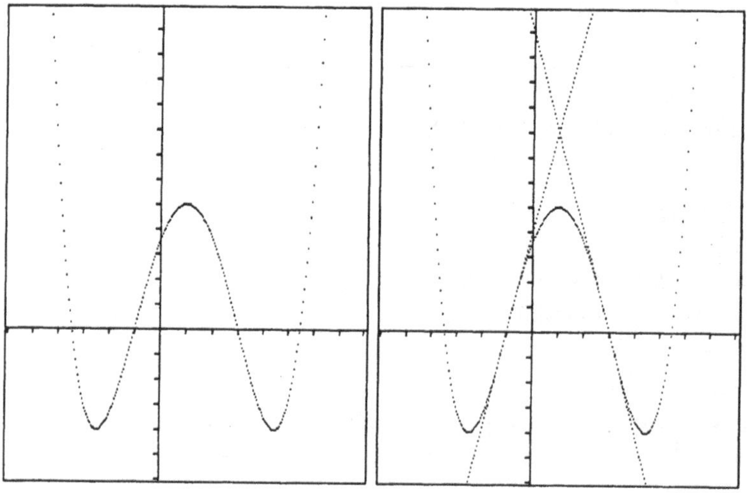

zu c) Dreiecksberechnung

1. Die auf der x-Achse liegenden Eckpunkte A und B des Dreiecks entsprechen den Nullstellen der Tangenten.
   $t_1(-1) = 0$ und $t_2(3) = 0$ (Die Wendepunkte liegen auf der x-Achse)
   Das Dreieck hat die Eckpunkte A $(-1\,|\,0)$ und B $(3\,|\,0)$.

2. Berechnung des dritten Eckpunktes C
   C ist der Schnittpunkt der Tangenten.
   $t_1(x) = t_2(x) \ \Rightarrow\ 4\,x + 4 = -4\,x + 12$
   $\Leftrightarrow\ x_C = 1 \ \wedge\ y_C = 4 \cdot 1 + 4 = 8 \ \Rightarrow\ C\,(1\,|\,8)$

3. Flächeninhalt D des Dreiecks: $D = (g \cdot h) : 2$
g, die Grundlinie des Dreiecks, ist die Strecke zwischen den Punkten A und B. Die Länge von $g = 3 - (-1) = 4$. h ist die Höhe des Dreiecks. Die Länge von h ist gleich dem y-Wert von C, also gleich 8.
$D = (4 \cdot 8) : 2 = 16$

Das Dreieck ist 16 FE groß.

Lösung Aufgabe 24

Die Tangentengleichung lautet allgemein $t(x) = a\,x + b$

Die Tangente verläuft durch den Punkt P auf der y-Achse.

$P\,(0|-10) \;\Rightarrow\; t(0) = -10 \;\Rightarrow\; b = -10$ **(1)**

$t(x) = a\,x - 10$

In dem noch unbekannten Berührungspunkt B müssen die beiden folgenden Bedingungen erfüllt sein: $t(x) = f(x)$ und $t'(x) = f'(x)$

$t(x) = f(x) \;\Rightarrow\; a\,x - 10 = 0{,}03125\,x^3 + 0{,}375\,x^2 - 8 \quad | +10$

$\Leftrightarrow\; a\,x = 0{,}03125\,x^3 + 0{,}375\,x^2 + 2$ **(2)**

$t'(x) = f'(x) \;\wedge\; f'(x) = 0{,}09375\,x^2 + 0{,}75\,x \;\wedge\; t'(x) = a$

$\Rightarrow\; a = 0{,}09375\,x^2 + 0{,}75\,x \quad | \cdot x \;\wedge\; x \neq 0$

$\Rightarrow\; a\,x = 0{,}09375\,x^3 + 0{,}75\,x^2$ **(3)**

Der Ausdruck für a x aus (3) und derjenige aus (2) können gleichgesetzt werden:

$\Rightarrow\; 0{,}09375\,x^3 + 0{,}75\,x^2 = 0{,}03125\,x^3 + 0{,}375\,x^2 + 2$

$\Leftrightarrow\; 0{,}0625\,x^3 + 0{,}375\,x^2 - 2 = 0 \quad | \cdot 16$

$\Leftrightarrow\; x^3 + 6\,x^2 - 32 = 0$

Lösungsversuch mit Horner-Schema

	1	6	0	−32
		−4	−8	−32
−4	1	2	−8	0

$x_1 = -4$

$\Leftrightarrow\; (x + 4)\,(x^2 + 2\,x - 8) = 0$

Nebenrechnung: $x^2 + 2\,x - 8 = 0 \quad |$ Lösungsformel

$x = -1 \pm \sqrt{1 + 8} = -1 \pm 3$

$x_2 = -4 \;\wedge\; x_3 = 2$

$\Leftrightarrow\; (x + 4)\,(x - 2)\,(x + 4) = 0$

Es gibt zwei Kurventangenten, die durch den Punkt P führen, nämlich eine, die die Kurve an der Stelle −4 berührt, und eine andere, die die Kurve an der Stelle 2 berührt. Da *eine* Kurventangente gesucht ist, die durch den Punkt P verläuft, genügt es, beispielsweise diejenige zu ermitteln, die den Graphen von f an der Stelle −4 berührt.

Der Berührungspunkt B hat die Koordinaten (−4|−4). Denn f(−4) = −4.
Der Graph hat im Punkt B die Steigung f'(−4) = −1,5.
Dies ist auch die Steigung der Tangente. Also: $t_1(x) = -1{,}5\,x - 10$

Die andere Tangente berührt den Graphen von f im Punkt C (2|−6,25)
Der Graph hat im Punkt C die Steigung f'(2) = 1,875
Die andere Tangente lautet also: $t_2(x) = 1{,}875\,x - 10$

Lösung Aufgabe 25

Lösungsweg:

a) Untersuchung auf relative Extremwerte
b) Bestimmung der Geraden g durch die Extrempunkte
c) Ermittlung des Wendepunktes
d) Überprüfung, ob der Wendepunkt auf der Geraden g liegt

zu a) Relative Extremwerte

Notwendige Bedingung für relative Extremwerte ist: f'(x) = 0

$f'(x) = -3/16\,x^2 - 3/2\,x$

$\Rightarrow -3/16\,x^2 - 3/2\,x = 0 \quad | \cdot 16$

$\Leftrightarrow -3\,x^2 - 24\,x = 0 \quad | : (-3)$

$\Leftrightarrow x^2 + 8\,x = 0$

$\Leftrightarrow x\,(x + 8) = 0$

$\Leftrightarrow x = 0 \;\vee\; x = -8$

An den Stellen −8 und 0 ist die notwendige Bedingung für relative Extremwerte erfüllt.

Hinreichende Bedingung für einen Tiefpunkt an der Stelle −8: f"(−8) > 0
$f''(x) = -3/8\,x - 3/2 \;\Rightarrow\; f''(-8) = 3 - 3/2 = 3/2 > 0$
Tiefpunkt T an der Stelle −8. f(−8) = 32 − 48 + 16 = 0
Tiefpunkt T (−8|0)

Hinreichende Bedingung für einen Hochpunkt an der Stelle 0: f"(0) < 0
f"(0) = −3/2 < 0 Hochpunkt H an der Stelle 0. f(0) = 16
Hochpunkt H (0|16)

zu b) Gerade g

Der Term der Geraden g lautet allgemein g(x) = a x + b
Tiefpunkt T (−8|0) $\Rightarrow$ 0 = −8 a + b
Hochpunkt H (0|16) $\Rightarrow$ 16 = b
$\Rightarrow 0 = -8\,a + 16 \;\Leftrightarrow\; a = 2 \;\Rightarrow\; g(x) = 2\,x + 16$

zu c) Wendepunkt

Die notwendige Bedingung für Wendepunkte ist: f"(x) = 0

$f''(x) = -3/8\,x - 3/2$

$\Rightarrow -3/8\,x - 3/2 = 0 \quad | : (-3/8)$

$\Leftrightarrow x + 4 = 0 \;\Leftrightarrow\; x = -4$

Hinreichende Bedingung für einen Wendepunkt an der Stelle −4:
$f'''(-4) \neq 0$
$f'''(x) = -3/8 \;\Rightarrow\; f'''(-4) = -3/8$
$\Rightarrow$ Wendepunkt W $(-4 \mid f(-4))$ $f(-4) = 4 - 12 + 16 = 8$
Wendepunkt W $(-4 \mid 8)$

zu d) Führt die Gerade g durch W?

Die Gerade g führt dann durch W, wenn $g(-4) = 8$
$g(-4) = 2\,(-4) + 16 = 8$

Der Wendepunkt W liegt auf der Geraden, die durch die Extrempunkte verläuft.

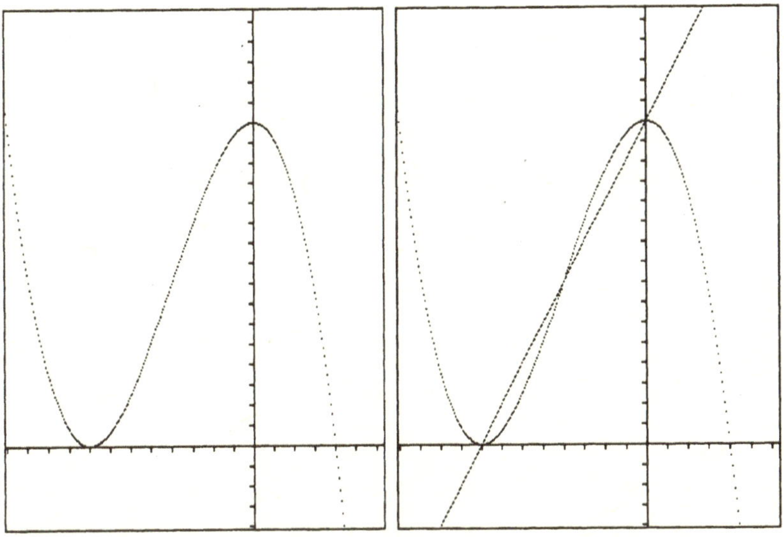

Die obige Darstellung zeigt links den Funktionsgraphen, rechts zusätzlich die besagte Gerade.

Lösungen der Aufgaben zum Rekonstruieren von Funktionen

Lösung Aufgabe 26

Der Term einer Funktion dritten Grades lautet allgemein:
$f(x) = a\,x^3 + b\,x^2 + c\,x + d$
Daraus folgen die Ableitungen:
$f'(x) = 3\,a\,x^2 + 2\,b\,x + c \Rightarrow f''(x) = 6\,a\,x + 2\,b \Rightarrow f'''(x) = 6\,a$

Wenn sich die Graphen der ersten und der zweiten Ableitung an der Stelle 4 berühren, so haben beide an dieser Stelle denselben Funktionswert, also $f'(4) = f''(4)$, und dieselbe Steigung, also $f''(4) = f'''(4)$. Denn f'' gibt die Steigung des Graphen von f' an und f''' die des Graphen von f''.

$$f'(4) = f''(4) \quad \Rightarrow \quad 48\,a + 8\,b + c = 24\,a + 2\,b \qquad |\; -24\,a - 2\,b$$
$$\Leftrightarrow \quad 24\,a + 6\,b + c = 0 \qquad \textbf{(1)}$$

$$f''(4) = f'''(4) \quad \Rightarrow \quad 24\,a + 2\,b = 6\,a \qquad |\; -6\,a$$
$$\Leftrightarrow \quad 18\,a + 2\,b = 0 \qquad |\; :2$$
$$\Leftrightarrow \quad 9\,a + b = 0 \qquad \textbf{(2)}$$

Weiterhin gilt: $f(1) = 4{,}25$
$$\Rightarrow \quad a + b + c + d = 4{,}25 \qquad \textbf{(3)}$$

Schließlich: $f(3) = 6$
$$\Rightarrow \quad 27\,a + 9\,b + 3\,c + d = 6 \qquad \textbf{(4)}$$

Die Konjunktion $(4) \wedge (3) \wedge (1) \wedge (2)$ ergibt:

$$\begin{array}{rrrrl|l}
27\,a + & 9\,b + & 3\,c + & d = & 6 & + \\
a + & b + & c + & d = & 4{,}25 & - \\
24\,a + & 6\,b + & c & = & 0 & \cdot 2 \\
9\,a + & b & & = & 0 &
\end{array}$$

$$\Leftrightarrow \begin{array}{rrrrl|l}
27\,a + & 9\,b + & 3\,c + & d = & 6 & \\
26\,a + & 8\,b + & 2\,c & = & 1{,}75 & - \\
48\,a + & 12\,b + & 2\,c & = & 0 & + \\
9\,a + & b & & = & 0 & \cdot 4
\end{array}$$

$$\Leftrightarrow \begin{array}{rrrrl|l}
27\,a + & 9\,b + & 3\,c + & d = & 6 & \\
26\,a + & 8\,b + & 2\,c & = & 1{,}75 & \\
22\,a + & 4\,b & & = & -1{,}75 & - \\
36\,a + & 4\,b & & = & 0 & +
\end{array}$$

$$\Leftrightarrow \begin{array}{rrrrl|l}
27\,a + & 9\,b + & 3\,c + & d = & 6 & \\
26\,a + & 8\,b + & 2\,c & = & 1{,}75 & \\
22\,a + & 4\,b & & = & -1{,}75 & \\
14\,a & & & = & 1{,}75 & :14
\end{array}$$

Mit dem letzten Schritt ist der Parameter a = 0,125 ermittelt. Die übrigen Parameter lassen sich durch "Rückwärtseinsetzen" finden.

$\Leftrightarrow \quad a = 0{,}125$ und $b = -1{,}125$ und $c = 3{,}75$ und $d = 1{,}5$

Demnach lautet die Funktion:

$f(x) = 0{,}125\,x^3 - 1{,}125\,x^2 + 3{,}75\,x + 1{,}5$

Lösung Aufgabe 27

Der Term einer Funktion dritten Grades lautet allgemein:

$f(x) = a\,x^3 + b\,x^2 + c\,x + d$

Daraus folgen die Ableitungen:

$f'(x) = 3\,a\,x^2 + 2\,b\,x + c$ und $f''(x) = 6\,a\,x + 2\,b$

Punkt A $(0|12) \;\Rightarrow\; f(0) = 12 \;\Rightarrow\; d = 12$

$\Rightarrow \quad f(x) = a\,x^3 + b\,x^2 + c\,x + 12$

Punkt W $(3|-6) \;\Rightarrow\; f(3) = -6$

$f(3) = -6$ und $f(x)$

$\Rightarrow \quad -6 = 27\,a + 9\,b + 3\,c + 12 \qquad |\,-12$

$\Leftrightarrow \quad 27\,a + 9\,b + 3\,c = -18 \qquad |\,:3$

$\Leftrightarrow \quad 9\,a + 3\,b + c = -6 \qquad$ **(1)**

*Wende*punkt W $(3|-6) \;\Rightarrow\; f''(3) = 0$

$f''(3) = 0$ und $f''(x)$

$\Rightarrow \quad 0 = 18\,a + 2\,b \qquad |\,:2$

$\Leftrightarrow \quad 9\,a + b = 0 \qquad$ **(2)**

Waagerechte Tangente an der Stelle 2 $\;\Rightarrow\; f'(2) = 0$

$f'(2) = 0$ und $f'(x)$

$\Rightarrow \quad 12\,a + 4\,b + c = 0 \qquad$ **(3)**

Die Konjunktion $(1) \wedge (3) \wedge (2)$ ergibt:

$$\begin{array}{rrrrrrrrl} & 9a & + & 3b & + & c & = & -6 & | \; - \\ & 12a & + & 4b & + & c & = & 0 & | \; + \\ & 9a & + & b & & & = & 0 & \\ \hline \Leftrightarrow & 9a & + & 3b & + & c & = & -6 & \\ & 3a & + & b & & & = & 6 & | \; - \\ & 9a & + & b & & & = & 0 & | \; + \\ \hline \Leftrightarrow & 9a & + & 3b & + & c & = & -6 & \\ & 3a & + & b & & & = & 6 & \\ & 6a & & & & & = & -6 & | \; :6 \\ \hline \end{array}$$

$\Leftrightarrow \quad a = -1$ und $b = 9$ und $c = -24$

Also lautet der gesuchte Funktionsterm: $f(x) = -x^3 + 9\,x^2 - 24\,x + 12$

Lösung Aufgabe 28

Der Term einer Funktion dritten Grades lautet allgemein:
$f(x) = a\,x^3 + b\,x^2 + c\,x + d$
Daraus folgen die Ableitungen:
$f'(x) = 3\,a\,x^2 + 2\,b\,x + c$ und $f''(x) = 6\,a\,x + 2b$

Punkt W $(1|4) \;\Rightarrow\; f(1) = 4$
$f(1) = 4$ und $f(x)$
$\Rightarrow\;\; a + b + c + d = 4$ **(1)**

*Wende*punkt W $(1|4) \Rightarrow f''(1) = 0$
$f''(1) = 0$ und $f''(x)$
$\Rightarrow\;\; 6\,a + 2\,b = 0$ **(2)**

W ist *Sattel*punkt $\Rightarrow f'(1) = 0$
$f'(1) = 0$ und $f'(x)$
$\Rightarrow\;\; 3\,a + 2\,b + c = 0$ **(3)**

An der Stelle 2 die Steigung 1 $\;\Rightarrow\; f'(2) = 1$
$f'(2) = 1$ und $f'(x)$
$\Rightarrow\;\; 12\,a + 4\,b + c = 1$ **(4)**

Die Konjunktion (1) ∧ (3) ∧ (4) ∧ (2) ergibt:

$$
\begin{array}{rrrrrrrrl}
a & + & b & + & c & + & d & = 4 & \\
3\,a & + & 2\,b & + & c & & & = 0 & |\; - \\
12\,a & + & 4\,b & + & c & & & = 1 & |\; + \\
6\,a & + & 2\,b & & & & & = 0 & \\
\hline
\Leftrightarrow \quad a & + & b & + & c & + & d & = 4 & \\
3\,a & + & 2\,b & + & c & & & = 0 & \\
9\,a & + & 2\,b & & & & & = 1 & |\; + \\
6\,a & + & 2\,b & & & & & = 0 & |\; - \\
\hline
\Leftrightarrow \quad a & + & b & + & c & + & d & = 4 & \\
3\,a & + & 2\,b & + & c & & & = 0 & \\
9\,a & + & 2\,b & & & & & = 1 & \\
3\,a & & & & & & & = 1 & |\; :3 \\
\hline
\end{array}
$$

$\Leftrightarrow\;\; a = 1/3$ und $b = -1$ und $c = 1$ und $d = 11/3$

Mithin lautet der gesuchte Funktionsterm: $f(x) = 1/3\,x^3 - x^2 + x + 11/3$

Lösung Aufgabe 29

Der Term einer ganzrationalen Funktion fünften Grades lautet allgemein:
$f(x) = a\,x^5 + b\,x^4 + c\,x^3 + d\,x^2 + e\,x + f$
Daraus folgen die Ableitungen:
$f'(x) = 5\,a\,x^4 + 4\,b\,x^3 + 3\,c\,x^2 + 2\,d\,x + e$
$f''(x) = 20\,a\,x^3 + 12\,b\,x^2 + 6\,c\,x + 2\,d$

Punkt S (0|−4) ⇒ f(0) = −4 ⇒ f = −4
*Wende*punkt S (0|−4) ⇒ f''(0) = 0 ⇒ d = 0
*Sattel*punkt S (0|−4) ⇒ f'(0) = 0 ⇒ e = 0

Zwischenergebnis:
$f(x) = a\,x^5 + b\,x^4 + c\,x^3 - 4$
$f'(x) = 5\,a\,x^4 + 4\,b\,x^3 + 3\,c\,x^2$
$f''(x) = 20\,a\,x^3 + 12\,b\,x^2 + 6\,c\,x$

Punkt H (−6|0) ⇒ f(−6) = 0
f(−6) = 0 und f(x)
$\Rightarrow\ -7776\,a + 1296\,b - 216\,c - 4 = 0 \quad | :4$
$\Leftrightarrow\ -1944\,a + 324\,b - 54\,c - 1 = 0 \quad | +1$
$\Leftrightarrow\ -1944\,a + 324\,b - 54\,c = 1 \qquad (1)$

Hochpunkt H (−6|0) ⇒ f'(−6) = 0
f'(−6) = 0 und f'(x)
$\Rightarrow\ 6480\,a - 864\,b + 108\,c = 0 \quad | :2$
$\Leftrightarrow\ 3240\,a - 432\,b + 54\,c = 0 \qquad (2)$

Tiefpunkt an der Stelle 6 ⇒ f'(6) = 0
f'(6) = 0 und f'(x)
$\Rightarrow\ 6480\,a + 864\,b + 108\,c = 0 \quad | :2$
$\Leftrightarrow\ 3240\,a + 432\,b + 54\,c = 0 \qquad (3)$

Die Konjunktion (1) ∧ (2) ∧ (3) führt zum folgenden Gleichungssystem.

$$\begin{array}{rrrrrrrl} & -1944\,a & + & 324\,b & - & 54\,c & = & 1 \quad \quad | + \\ & 3240\,a & - & 432\,b & + & 54\,c & = & 0 \quad | + \quad | + \\ & 3240\,a & + & 432\,b & + & 54\,c & = & 0 \quad | - \\ \hline \Leftrightarrow & -1944\,a & + & 324\,b & - & 54\,c & = & 1 \\ & 1296\,a & - & 108\,b & & & = & 1 \\ & & & -864\,b & & & = & 0 \quad | :(-864) \\ \hline \end{array}$$

⇔ b = 0 und a = 1/1296 und c = −5/108

Also lautet die gesuchte Funktion: $f(x) = 1/1296\,x^5 - 5/108\,x^3 - 4$

Lösung Aufgabe 30

Der Term einer ganzrationalen Funktion vierten Grades lautet allgemein:
$f(x) = a\,x^4 + b\,x^3 + c\,x^2 + d\,x + e$
Daraus folgen die Ableitungen:
$f'(x) = 4\,a\,x^3 + 3\,b\,x^2 + 2\,c\,x + d$
$f''(x) = 12\,a\,x^2 + 6\,b\,x + 2\,c$

Doppelte Nullstelle bei $x_1 = 3$ ⇒ f(3) = 0 und f'(3) = 0
f(3) = 0 und f(x) ⇒ $81\,a + 27\,b + 9\,c + 3\,d + e = 0$ **(1)**
f'(3) = 0 und f'(x) ⇒ $108\,a + 27\,b + 6\,c + d = 0$ **(2)**

Wende*punkt* W (1 | 4) $\Rightarrow$ $f(1) = 4$

$f(1) = 4$ und $f(x)$ $\Rightarrow$ $a + b + c + d + e = 4$ **(3)**

*Wende*punkt W (1 | 4) $\Rightarrow$ $f''(1) = 0$

$f''(1) = 0$ und $f''(x)$ $\Rightarrow$ $12\,a + 6\,b + 2\,c = 0$ **(4)**

An der Stelle $x_2 = -1$ gilt: $f''(-1) = 0$

$f''(-1) = 0$ und $f''(x)$ $\Rightarrow$ $12\,a - 6\,b + 2\,c = 0$ **(5)**

Die Konjunktion (1) $\wedge$ (3) $\wedge$ (2) $\wedge$ (4) $\wedge$ (5) ergibt:

$$\begin{array}{rcrcrcrcrcr|l}
81\,a & + & 27\,b & + & 9\,c & + & 3\,d & + & e & = & 0 & + \\
a & + & b & + & c & + & d & + & e & = & 4 & - \\
108\,a & + & 27\,b & + & 6\,c & + & d & & & = & 0 & \\
12\,a & + & 6\,b & + & 2\,c & & & & & = & 0 & \\
12\,a & - & 6\,b & + & 2\,c & & & & & = & 0 &
\end{array}$$

Die Aufgabe verlangt *nicht* die folgende Lösung dieses Gleichungssystems.

$$\Leftrightarrow \quad \begin{array}{rcrcrcrcrcr|l}
81\,a & + & 27\,b & + & 9\,c & + & 3\,d & + & e & = & 0 & \\
80\,a & + & 26\,b & + & 8\,c & + & 2\,d & & & = & -4 & :2 \\
108\,a & + & 27\,b & + & 6\,c & + & d & & & = & 0 & \\
12\,a & + & 6\,b & + & 2\,c & & & & & = & 0 & \\
12\,a & - & 6\,b & + & 2\,c & & & & & = & 0 &
\end{array}$$

$$\Leftrightarrow \quad \begin{array}{rcrcrcrcrcr|l}
81\,a & + & 27\,b & + & 9\,c & + & 3\,d & + & e & = & 0 & \\
40\,a & + & 13\,b & + & 4\,c & + & d & & & = & -2 & - \\
108\,a & + & 27\,b & + & 6\,c & + & d & & & = & 0 & + \\
12\,a & + & 6\,b & + & 2\,c & & & & & = & 0 & \\
12\,a & - & 6\,b & + & 2\,c & & & & & = & 0 &
\end{array}$$

$$\Leftrightarrow \quad \begin{array}{rcrcrcrcrcr|l}
81\,a & + & 27\,b & + & 9\,c & + & 3\,d & + & e & = & 0 & \\
40\,a & + & 13\,b & + & 4\,c & + & d & & & = & -2 & \\
68\,a & + & 14\,b & + & 2\,c & & & & & = & 2 & + \\
12\,a & + & 6\,b & + & 2\,c & & & & & = & 0 & - \\
12\,a & - & 6\,b & + & 2\,c & & & & & = & 0 & -
\end{array}$$

$$\Leftrightarrow \quad \begin{array}{rcrcrcrcrcr|l}
81\,a & + & 27\,b & + & 9\,c & + & 3\,d & + & e & = & 0 & \\
40\,a & + & 13\,b & + & 4\,c & + & d & & & = & -2 & \\
68\,a & + & 14\,b & + & 2\,c & & & & & = & 2 & \\
56\,a & + & 8\,b & & & & & & & = & 2 & - \\
56\,a & + & 20\,b & & & & & & & = & 2 & +
\end{array}$$

$$\Leftrightarrow \quad \begin{array}{rcrcrcrcrcr}
81\,a & + & 27\,b & + & 9\,c & + & 3\,d & + & e & = & 0 \\
40\,a & + & 13\,b & + & 4\,c & + & d & & & = & -2 \\
68\,a & + & 14\,b & + & 2\,c & & & & & = & 2 \\
56\,a & + & 8\,b & & & & & & & = & 2 \\
 & & 12\,b & & & & & & & = & 0
\end{array}$$

$\Leftrightarrow$ $b = 0$ und $a = 1/28$ und $c = -3/14$ und $d = -18/7$ und $e = 6{,}75$

Also lautet die Funktion: $f(x) = 1/28\,x^4 - 3/14\,x^2 - 18/7\,x + 6{,}75$

Lösung Aufgabe 31

Der Term einer ganzrationalen Funktion vierten Grades lautet allgemein:
$f(x) = a\,x^4 + b\,x^3 + c\,x^2 + d\,x + e$

Daraus folgt die erste Ableitungsfunktion:
$f'(x) = 4\,a\,x^3 + 3\,b\,x^2 + 2\,c\,x + d$

Hoch*punkt* H $(-3\,|\,25) \;\Rightarrow\; f(-3) = 25$
$f(-3) = 25 \;\wedge\; f(x) \;\Rightarrow\; 81\,a - 27\,b + 9\,c - 3\,d + e = 25$ **(1)**

*Hoch*punkt H $(-3\,|\,25) \;\Rightarrow\; f'(-3) = 0$
$f'(-3) = 0 \;\wedge\; f'(x) \;\Rightarrow\; -108\,a + 27\,b - 6\,c + d = 0$ **(2)**

An der Stelle 6 gilt: $f'(6) = -9$
$f'(6) = -9 \;\wedge\; f'(x) \;\Rightarrow\; 864\,a + 108\,b + 12\,c + d = -9$ **(3)**

Anhand der Parabelgleichung lassen sich die Koordinaten des Berührungspunktes P und die Steigung der Graphen im Punkt P berechnen.
Berührungspunkt $P\,(-9\,|\,p(-9))$ und $p(-9) = 40{,}5 - 45 + 5{,}5 = 1$
$\Rightarrow\; P\,(-9\,|\,1)$

In P ist die Steigung des gesuchten Funktionsgraphen gleich $p'(-9)$
$p'(x) = x + 5 \;\Rightarrow\; p'(-9) = -9 + 5 = -4$

Berührungs*punkt* $P\,(-9\,|\,1) \;\Rightarrow\; f(-9) = 1$
$f(-9) = 1 \;\wedge\; f(x) \;\Rightarrow\; 6561\,a - 729\,b + 81\,c - 9\,d + e = 1$ **(4)**

*Berührung*spunkt $P\,(-9\,|\,1) \;\Rightarrow\; f'(-9) = -4$
$f'(-9) = -4 \;\wedge\; f'(x) \;\Rightarrow\; -2916\,a + 243\,b - 18\,c + d = -4$ **(5)**

Das Gleichungssystem ergibt sich demnach wie folgt:
(1) ∧ (4) ∧ (2) ∧ (3) ∧ (5)

$$\Leftrightarrow \begin{array}{rrrrrrrrrrrl} 81\,a & - & 27\,b & + & 9\,c & - & 3\,d & + & e & = & 25 & \big|\; - \\ 6561\,a & - & 729\,b & + & 81\,c & - & 9\,d & + & e & = & 1 & \big|\; + \\ -108\,a & + & 27\,b & - & 6\,c & + & d & & & = & 0 & \\ 864\,a & + & 108\,b & + & 12\,c & + & d & & & = & -9 & \\ -2916\,a & + & 243\,b & - & 18\,c & + & d & & & = & -4 & \end{array}$$

Die Aufgabe verlangt *nicht* die folgende Lösung des Gleichungssystems.

$$\Leftrightarrow \begin{array}{rrrrrrrrrrrl} 81\,a & - & 27\,b & + & 9\,c & - & 3\,d & + & e & = & 25 & \\ 6480\,a & - & 702\,b & + & 72\,c & - & 6\,d & & & = & -24 & \big|\; :6 \\ -108\,a & + & 27\,b & - & 6\,c & + & d & & & = & 0 & \\ 864\,a & + & 108\,b & + & 12\,c & + & d & & & = & -9 & \\ -2916\,a & + & 243\,b & - & 18\,c & + & d & & & = & -4 & \end{array}$$

$$\Leftrightarrow \begin{array}{rrrrrrrrrrrl} 81\,a & - & 27\,b & + & 9\,c & - & 3\,d & + & e & = & 25 & \\ 1080\,a & - & 117\,b & + & 12\,c & - & d & & & = & -4 & \big|\; + \\ -108\,a & + & 27\,b & - & 6\,c & + & d & & & = & 0 & \big|\; + \\ 864\,a & + & 108\,b & + & 12\,c & + & d & & & = & -9 & \big|\; + \\ -2916\,a & + & 243\,b & - & 18\,c & + & d & & & = & -4 & \big|\; + \end{array}$$

$$\begin{array}{lrcl|l}
\Leftrightarrow & 81a - 27b + 9c - 3d + e & = & 25 & \\
 & 1080a - 117b + 12c - d & = & -4 & \\
 & 972a - 90b + 6c & = & -4 & \cdot(-4) \\
 & 1944a - 9b + 24c & = & -13 & \\
 & -1836a + 126b - 6c & = & -8 & \cdot(-4) \\
\hline
\Leftrightarrow & 81a - 27b + 9c - 3d + e & = & 25 & \\
 & 1080a - 117b + 12c - d & = & -4 & \\
 & -3888a + 360b - 24c & = & 16 & + \\
 & 1944a - 9b + 24c & = & -13 & + \\
 & 7344a - 504b + 24c & = & 32 & + \\
\hline
\Leftrightarrow & 81a - 27b + 9c - 3d + e & = & 25 & \\
 & 1080a - 117b + 12c - d & = & -4 & \\
 & -3888a + 360b - 24c & = & 16 & \\
 & -1944a + 351b & = & 3 & :3\cdot 2 \\
 & 3456a - 144b & = & 48 & :8\cdot 3 \\
\hline
\Leftrightarrow & 81a - 27b + 9c - 3d + e & = & 25 & \\
 & 1080a - 117b + 12c - d & = & -4 & \\
 & -3888a + 360b - 24c & = & 16 & \\
 & -1296a + 234b & = & 2 & + \\
 & 1296a - 54b & = & 18 & + \\
\hline
\Leftrightarrow & 81a - 27b + 9c - 3d + e & = & 25 & \\
 & 1080a - 117b + 12c - d & = & -4 & \\
 & -3888a + 360b - 24c & = & 16 & \\
 & -1296a + 234b & = & 2 & \\
 & 180b & = & 20 & :180 \\
\hline
\end{array}$$

$\Leftrightarrow$ $b = 1/9$ und $a = 1/54$ und $c = -2$ und $d = -13$ und $e = 5{,}5$

Also lautet die gesuchte Funktion f:
$f(x) = 1/54\,x^4 + 1/9\,x^3 - 2\,x^2 - 13\,x + 5{,}5$

Lösung Aufgabe 32

Der Term einer ganzrationalen Funktion dritten Grades lautet allgemein:
$f(x) = a\,x^3 + b\,x^2 + c\,x + d$

Da der y–Achsenabschnitt gleich 1 ist, gilt: $f(0) = 1 \;\Rightarrow\; d = 1$
$\Rightarrow\;\; f(x) = a\,x^3 + b\,x^2 + c\,x + 1$
$\Rightarrow\;\; f'(x) = 3\,a\,x^2 + 2\,b\,x + c \;\Rightarrow\; f''(x) = 6\,a\,x + 2\,b$

Aus $S\,(4|5) \;\Rightarrow\; f(4) = 5$ und $f'(4) = 0$ und $f''(4) = 0$
$f(4) = 5 \;\wedge\; f(x)$

$$\begin{array}{ll|l}
\Rightarrow & 64a + 16b + 4c + 1 = 5 & -1 \\
\Leftrightarrow & 64a + 16b + 4c = 4 & :4 \\
\Leftrightarrow & 16a + 4b + c = 1 & \qquad \textbf{(1)}
\end{array}$$

$f'(4) = 0 \;\wedge\; f'(x) \;\Rightarrow\; 48\,a + 8\,b + c = 0$ **(2)**

$f''(4) = 0$ und $f''(x) \Rightarrow 24a + 2b = 0$ **(3)**

Das Gleichungssystem ist die Konjunktion (1) $\wedge$ (2) $\wedge$ (3).

$$\Leftrightarrow \begin{array}{rcrcrcr|l} 16a & + & 4b & + & c & = & 1 & - \\ 48a & + & 8b & + & c & = & 0 & + \\ 24a & + & 2b & & & = & 0 & \cdot 2 \end{array}$$

$$\Leftrightarrow \begin{array}{rcrcrcr|l} 16a & + & 4b & + & c & = & 1 & \\ 32a & + & 4b & & & = & -1 & - \\ 48a & + & 4b & & & = & 0 & + \end{array}$$

$$\Leftrightarrow \begin{array}{rcrcrcr|l} 16a & + & 4b & + & c & = & 1 & \\ 32a & + & 4b & & & = & -1 & \\ 16a & & & & & = & 1 & :16 \end{array}$$

$\Leftrightarrow \quad a = 1/16$ und $b = -3/4$ und $c = 3$

Der Funktionsterm lautet also: $f(x) = 1/16\,x^3 - 3/4\,x^2 + 3x + 1$

Lösung Aufgabe 33

Der Term einer ganzrationalen Funktion dritten Grades lautet allgemein:

$f(x) = a x^3 + b x^2 + c x + d$

$\Rightarrow \quad f'(x) = 3 a x^2 + 2 b x + c$

$\Rightarrow \quad f''(x) = 6 a x + 2 b$

Aus H $(4|6) \Rightarrow f(4) = 6$ und $f'(4) = 0$

$f(4) = 6 \wedge f(x) \Rightarrow 64a + 16b + 4c + d = 6$ **(1)**

$f'(4) = 0 \wedge f'(x) \Rightarrow 48a + 8b + c = 0$ **(2)**

Aus T $(-1|2) \Rightarrow f(-1) = 2$ und $f'(-1) = 0$

$f(-1) = 2 \wedge f(x) \Rightarrow -a + b - c + d = 2$ **(3)**

$f'(-1) = 0 \wedge f'(x) \Rightarrow 3a - 2b + c = 0$ **(4)**

Das Gleichungssystem ist die Konjunktion (1) $\wedge$ (3) $\wedge$ (2) $\wedge$ (4).

$$\Leftrightarrow \begin{array}{rcrcrcrcr|l} 64a & + & 16b & + & 4c & + & d & = & 6 & + \\ -a & + & b & - & c & + & d & = & 2 & - \\ 48a & + & 8b & + & c & & & = & 0 & \cdot 5 \\ 3a & - & 2b & + & c & & & = & 0 & \cdot 5 \end{array}$$

$$\Leftrightarrow \begin{array}{rcrcrcrcr|l} 64a & + & 16b & + & 4c & + & d & = & 6 & \\ 65a & + & 15b & + & 5c & & & = & 4 & - \\ 240a & + & 40b & + & 5c & & & = & 0 & + \\ 15a & - & 10b & + & 5c & & & = & 0 & + \end{array}$$

$$\Leftrightarrow \begin{array}{rcrcrcrcr|l} 64a & + & 16b & + & 4c & + & d & = & 6 & \\ 65a & + & 15b & + & 5c & & & = & 4 & \\ 175a & + & 25b & & & & & = & -4 & + \\ -50a & - & 25b & & & & & = & -4 & + \end{array}$$

$$\Leftrightarrow \begin{array}{rcrcrcrcl} 64\,a & + & 16\,b & + & 4\,c & + & d & = & 6 \\ 65\,a & + & 15\,b & + & 5\,c & & & = & 4 \\ 175\,a & + & 25\,b & & & & & = & -4 \\ 125\,a & & & & & & & = & -8 \quad |:125 \end{array}$$

$\Leftrightarrow \quad a = -8/125 = -0{,}064 \wedge b = 0{,}288 \wedge c = 0{,}768 \wedge d = 2{,}416$

Der Funktionsterm lautet also:
$f(x) = -0{,}064\,x^3 + 0{,}288\,x^2 + 0{,}768\,x + 2{,}416$

Lösung Aufgabe 34

Rekonstruktion des Funktionsterms
Aus der zweiten Ableitungsfunktion läßt sich durch Integration auf die erste schließen:
$f'(x) = 3\,x^2 - 12\,x + c$

Aus dem Hochpunkt folgt: $f'(1) = 0$
$f'(1) = 0 \;\wedge\; f'(x) \;\Rightarrow\; 0 = 3 - 12 + c \;\Leftrightarrow\; c = 9$
$f'(x) = 3\,x^2 - 12\,x + 9$

Aus der ersten Ableitungsfunktion läßt sich durch Integration auf die Funktion schließen: $f(x) = x^3 - 6\,x^2 + 9\,x + d$

Aus dem Hochpunkt folgt: $f(1) = 4$
$f(1) = 4 \;\wedge\; f(x) \;\Rightarrow\; 4 = 1 - 6 + 9 + d \;\Leftrightarrow\; d = 0$

Der Funktionsterm lautet also:
$f(x) = x^3 - 6\,x^2 + 9\,x \Rightarrow f'(x) = 3\,x^2 - 12\,x + 9 \;\Rightarrow\; f''(x) = 6\,x - 12$

Untersuchung auf Wendepunkte
Notwendige Bedingung dafür ist: $f''(x) = 0$
$\Rightarrow \quad 6\,x - 12 = 0 \;\Leftrightarrow\; x_1 = 2$

Hinreichende Bedingung für einen Wendepunkt an der Stelle 2: $f'''(2) \neq 0$
$f'''(x) = 6 \;\Rightarrow\; f'''(2) = 6 \neq 0$

$f(2) = 2 \;\Rightarrow\;$ Wendepunkt W $(2|2)$

Der Graph von f hat in W die Steigung $f'(2) = -3$.

Ermittlung der Tangentengleichung
Die Tangentengleichung lautet allgemein: $t(x) = a\,x + b$
Dabei gilt: $a = f'(2) = -3 \;\Rightarrow\; t(x) = -3\,x + b$

Da die Tangente durch W verlaufen muß, gilt: $t(2) = 2$
$\Rightarrow \quad 2 = -3 \cdot 2 + b \;\Leftrightarrow\; b = 8$

Die Tangentengleichung lautet also: $t(x) = -3\,x + 8$

Lösung Aufgabe 35

Aus der dritten Ableitungsfunktion $f'''(x) = 1/2$ läßt sich teilweise die zweite Ableitungsfunktion rekonstruieren:

$\Rightarrow \quad f''(x) = 1/2\, x + c$

Aus dem Sattelpunkt folgt wegen der notwendigen Bedingung für Wendepunkte: $f''(2) = 0$

$f''(2) = 0 \;\wedge\; f''(x) \quad \Rightarrow \quad 0 = 1/2 \cdot 2 + c \quad \Leftrightarrow \quad c = -1$

$\Rightarrow \quad f''(x) = 1/2\, x - 1$

Aus der zweiten Ableitungsfunktion läßt sich auf die erste schließen:

$f'(x) = 1/4\, x^2 - x + d$

Aus dem Sattelpunkt folgt: $f'(2) = 0$

$f'(2) = 0 \;\wedge\; f'(x) \quad \Rightarrow \quad 0 = 1/4 \cdot 2^2 - 2 + d \quad \Leftrightarrow \quad d = 1$

$f'(x) = 1/4\, x^2 - x + 1$

Aus der ersten Ableitungsfunktion läßt sich auf die Funktion schließen:

$f(x) = 1/12\, x^3 - 1/2\, x^2 + x + e$

Aus dem Sattelpunkt folgt: $f(2) = 4$

$f(2) = 4 \;\wedge\; f(x) \quad \Rightarrow \quad 4 = 1/12 \cdot 2^3 - 1/2 \cdot 2^2 + 2 + e$

$\Leftrightarrow \quad e = 10/3 = 3{,}\overline{3}$

Der Funktionsterm lautet also: $f(x) = 1/12\, x^3 - 1/2\, x^2 + x + 3{,}\overline{3}$

Lösungen der Aufgaben zu den einfachen Monopolsituationen

Lösung Aufgabe 36

zu a)

Der Umsatz ist definitionsgemäß der zu Verkaufspreisen bewertete Absatz, rechnerisch also das Produkt Menge mal Preis.

Also: $U(x) = x \cdot p(x) \quad \Rightarrow \quad U(x) = x\,(-1/5\,x + 10)$

Umsatzfunktion $\quad U(x) = -1/5\,x^2 + 10\,x$

Der Gewinn ist definitionsgemäß die Differenz Umsatz minus Kosten.

Also: $G(x) = U(x) - K(x) \quad \Rightarrow \quad G(x) = -1/5\,x^2 + 10\,x - (2\,x + 60)$

Gewinnfunktion $\quad G(x) = -1/5\,x^2 + 8\,x - 60$

zu b)

Die Grenzen der Gewinnzone sind die Nullstellen der Gewinnfunktion.

$\Rightarrow \quad G(x) = 0$

$\Rightarrow \quad -1/5\,x^2 + 8\,x - 60 = 0 \qquad | \cdot (-5)$

$\Leftrightarrow \quad x^2 - 40\,x + 300 = 0 \qquad |$ Lösungsformel

$\Leftrightarrow \quad x = 20 \pm \sqrt{400 - 300} = 20 \pm 10$

$\Leftrightarrow \quad x_1 = 10 \;\wedge\; x_2 = 30$

Die *Gewinnzone* liegt zwischen 10 ME und 30 ME.

zu c)

Umsatzmaximum

Notwendige Bedingung für ein Maximum von U(x) ist: $U'(x) = 0$

$U'(x) = -2/5\,x + 10 \quad \Rightarrow \quad -2/5\,x + 10 = 0 \quad \Leftrightarrow \quad x = 25$

Hinreichende Bedingung für ein Maximum an der Stelle 25 ist:

$U''(25) < 0$; und $U''(x) = -2/5 \quad \Rightarrow \quad U''(25) = -2/5 < 0$

Umsatzmaximum bei 25 ME in Höhe von 125 GE. Denn $U(25) = 125$

Gewinn im Umsatzmaximum $\quad \Rightarrow \quad G(25) = U(25) - K(25)$

$U(25) = 125$ und $K(25) = 110 \quad \Rightarrow \quad G(25) = 15$

Im Umsatzmaximum beträgt der Gewinn 15 GE.

zu d)

Gewinnmaximum

Notwendige Bedingung für ein Maximum von G(x) ist: $G'(x) = 0$

$G'(x) = -2/5\,x + 8 \quad \Rightarrow \quad -2/5\,x + 8 = 0 \quad \Leftrightarrow \quad x = 20$

Hinreichende Bedingung für ein Maximum an der Stelle 20 ist:

$G''(20) < 0$; und $G''(x) = -2/5 \quad \Rightarrow \quad G''(20) = -2/5 < 0$

Gewinnmaximum bei 20 ME in Höhe von 20 GE. Denn $G(20) = 20$

Lösung Aufgabe 37

zu a)

Der Umsatz ist definitionsgemäß der zu Verkaufspreisen bewertete Absatz, also das Produkt Menge mal Preis. Also: $U(x) = x \cdot p(x)$

$\Rightarrow \quad U(x) = x\,(-1/5\,x + 2) \quad \Leftrightarrow$ *Umsatzfunktion:* $U(x) = -1/5\,x^2 + 2\,x$

Notwendige Bedingung für ein Maximum von U(x) ist: $U'(x) = 0$
$U'(x) = -2/5\,x + 2 \quad \Rightarrow \quad -2/5\,x + 2 = 0 \quad \Leftrightarrow \quad x = 5$
Hinreichende Bedingung für ein Maximum an der Stelle 5 ist:
$U''(5) < 0$; und $U''(x) = -2/5 \quad \Rightarrow \quad U''(5) = -2/5 < 0$
Umsatzmaximum bei 5 ME in Höhe von 5 GE. Denn $U(5) = 5$

zu b)

Der Gewinn ist definitionsgemäß die Differenz Umsatz minus Kosten.
Also: $G(x) = U(x) - K(x) \quad \Rightarrow \quad G(x) = -1/5\,x^2 + 2\,x - (2/5\,x + 3)$
Gewinnfunktion: $G(x) = -1/5\,x^2 + 8/5\,x - 3$

Die Gewinngrenzen entsprechen den Nullstellen der Gewinnfunktion.

$\Rightarrow \quad G(x) = 0$

$\Rightarrow \quad -1/5\,x^2 + 8/5\,x - 3 = 0 \qquad | \cdot (-5)$

$\Leftrightarrow \quad x^2 - 8\,x + 15 = 0 \qquad |$ Lösungsformel

$\Leftrightarrow \quad x = 4 \pm \sqrt{16 - 15} \quad \Leftrightarrow \quad x = 4 \pm 1$

$\Leftrightarrow \quad x_1 = 3 \ \wedge \ x_2 = 5$

Die *Gewinnzone* liegt zwischen 3 ME und 5 ME.

Lösung Aufgabe 38

zu a)

Die Umsatzfunktion ergibt sich aus $U(x) = x \cdot p(x)$
und $p(x) = -1/4\,x + 4 \quad \Rightarrow \quad U(x) = x\,(-1/4\,x + 4)$
$\Leftrightarrow$ Umsatzfunktion $U(x) = -1/4\,x^2 + 4\,x$

Umsatzmaximum

Notwendige Bedingung für ein Maximum von U(x) ist: $U'(x) = 0$
$U'(x) = -1/2\,x + 4 \quad \Rightarrow \quad -1/2\,x + 4 = 0 \quad \Leftrightarrow \quad x = 8$
Hinreichende Bedingung für ein Maximum an der Stelle 8 ist:
$U''(8) < 0$; und $U''(x) = -1/2 \quad \Rightarrow \quad U''(8) = -1/2 < 0$
Umsatzmaximum bei 8 ME in Höhe von 16 GE. Denn $U(8) = 16$

Gewinnfunktion

Der Gewinn ergibt sich aus $G(x) = U(x) - K(x)$.
Die Kostenfunktion ergibt sich unmittelbar aus der Angabe (2).
$\Rightarrow \quad K(x) = 3/4\,x + 7{,}5$
$\Rightarrow \quad G(x) = -1/4\,x^2 + 4\,x - (3/4\,x + 7{,}5)$
Gewinnfunktion $G(x) = -0{,}25\,x^2 + 3{,}25\,x - 7{,}5$

Gewinn im Umsatzmaximum: $G(8) = -0{,}25 \cdot 8^2 + 3{,}25 \cdot 8 - 7{,}5 = 2{,}5$

$U(x) = x \cdot p(x) \Rightarrow p(x) = U(x)/x \Rightarrow p(x) = -1/4\,x + 4 \Rightarrow p(8) = 2$
Im Umsatzmaximum beträgt der Gewinn 2,5 GE, der Preis 2 GE.

zu b) Gewinngrenzen

Die Gewinngrenzen oder die Grenzen der Gewinnzone sind die Nullstellen der Gewinnfunktion: $G(x) = 0$

$$\Rightarrow \quad -0{,}25\,x^2 + 3{,}25\,x - 7{,}5 = 0 \qquad | \cdot (-4)$$
$$\Leftrightarrow \quad x^2 - 13\,x + 30 = 0 \qquad | \text{ Lösungsformel}$$
$$\Leftrightarrow \quad x = 6{,}5 \pm \sqrt{42{,}25 - 30} = 6{,}5 \pm \sqrt{12{,}25}$$
$$\Leftrightarrow \quad x = 6{,}5 \pm 3{,}5$$
$$\Leftrightarrow \quad x_1 = 3 \ \wedge \ x_2 = 10$$

Die Gewinnzone liegt zwischen 3 ME und 10 ME.

zu c) Graphische Darstellung

Die linke Darstellung zeigt die Umsatzkurve und die Kostengerade, die rechte zusätzlich noch den Graphen der Gewinnfunktion.

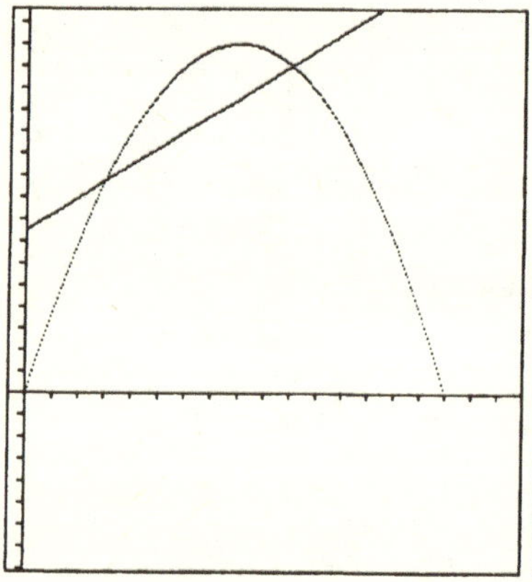
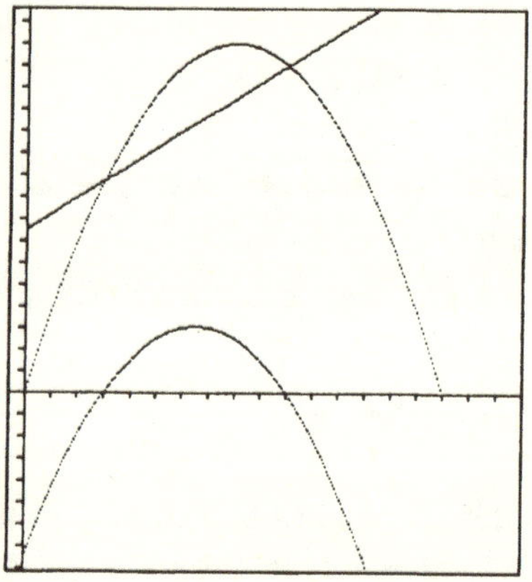

Lösung Aufgabe 39

Umsatzfunktion

Da $U(x) = x \cdot p(x)$ ist, folgt aus der gegebenen Preis-Absatz-Funktion:
$\Rightarrow \quad U(x) = -3/4\,x^2 + 12\,x$

Kostenfunktion

Gewinngrenze bei 2 ME bedeutet: $K(2) = U(2)$
Durch Einsetzen von 2 in U(x) ergibt sich $U(2) = 21 \Rightarrow K(2) = 21$

Gewinngrenze bei 12 ME bedeutet: $K(12) = U(12)$
Die Einsetzung von 12 in U(x) ergibt $U(12) = 36 \Rightarrow K(12) = 36$

Die Kostenfunktion lautet allgemein $K(x) = a\,x + b$

$$K(2) = 21 \quad \Rightarrow \quad 21 = 2\,a + b \qquad | -$$
$$K(12) = 36 \quad \Rightarrow \quad 36 = 12\,a + b \qquad | +$$

$\Leftrightarrow \quad 21 = 2a + b \quad \wedge \quad 15 = 10a$

$\Leftrightarrow \quad a = 1{,}5 \quad \wedge \quad b = 18$

Die Kostenfunktion lautet $K(x) = 1{,}5\,x + 18$.

Gewinnfunktion

$G(x) = U(x) - K(x)$

$\Rightarrow \quad G(x) = -3/4\,x^2 + 12\,x - (1{,}5\,x + 18)$

$\Leftrightarrow \quad G(x) = -3/4\,x^2 + 10{,}5\,x - 18$

Notwendige Bedingung für ein Maximum von G(x) ist: $G'(x) = 0$

$G'(x) = -3/2\,x + 10{,}5 \quad \Rightarrow \quad -3/2\,x + 10{,}5 = 0 \quad \Leftrightarrow \quad x = 7$

Hinreichende Bedingung für ein Maximum an der Stelle 7: $G''(7) < 0$

$G''(x) = -3/2 \quad \Rightarrow \quad G''(7) = -3/2 < 0$

Gewinnmaximum bei 7 ME in Höhe von 18,75 GE. Denn $G(7) = 18{,}75$

Lösung Aufgabe 40

Preis-Absatz-Funktion und Umsatzfunktion

Die Preis-Absatz-Funktion lautet allgemein $p(x) = a\,x + b$

$p(6) = 3 \quad \Rightarrow \quad 3 = 6a + b \quad | +$

$p(12) = 1 \quad \Rightarrow \quad 1 = 12a + b \quad | -$

$\Leftrightarrow \quad 3 = 6a + b \quad \wedge \quad -2 = 6a$

$\Leftrightarrow \quad a = -1/3 \quad \wedge \quad b = 5$

Die Preis-Absatz-Funktion lautet $p(x) = -1/3\,x + 5$.

$U(x) = x \cdot p(x) \quad \Rightarrow \quad$ Umsatzfunktion: $U(x) = -1/3\,x^2 + 5\,x$

Kostenfunktion

Die Kostenfunktion lautet allgemein $K(x) = a\,x + b$

Gewinngrenze bei 3 ME bedeutet: $U(3) = K(3)$

Die Einsetzung von 3 in U(x) ergibt $U(3) = 12 \quad \Rightarrow \quad K(3) = 12$

Gewinngrenze bei 9 ME bedeutet: $U(9) = K(9)$

Die Einsetzung von 9 in U(x) ergibt $U(9) = 18 \quad \Rightarrow \quad K(9) = 18$

$K(3) = 12 \quad \Rightarrow \quad 12 = 3a + b \quad | -$

$K(9) = 18 \quad \Rightarrow \quad 18 = 9a + b \quad | +$

$\Leftrightarrow \quad 12 = 3a + b \quad \wedge \quad 6 = 6a$

$\Leftrightarrow \quad a = 1 \quad \wedge \quad b = 9$

Die Kostenfunktion lautet $K(x) = x + 9$.

Gewinnfunktion

$G(x) = U(x) - K(x) = -1/3\,x^2 + 5\,x - (x + 9)$

$G(x) = -1/3\,x^2 + 4\,x - 9$

Notwendige Bedingung für ein Maximum von G(x) ist: $G'(x) = 0$

$G'(x) = -2/3\,x + 4 \quad \Rightarrow \quad -2/3\,x + 4 = 0 \quad \Leftrightarrow \quad x = 6$

Hinreichende Bedingung für ein Maximum an der Stelle 6 ist: $G''(6) < 0$

$G''(x) = -2/3 \quad \Rightarrow \quad G''(6) = -2/3 < 0$

Gewinnmaximum bei 6 ME in Höhe von 3 GE. Denn $G(6) = 3$

Lösung Aufgabe 41

Preis-Absatz-Funktion und Umsatzfunktion

Aus Angabe (2) ergibt sich die folgende Überlegung: Wenn der Umsatz 10 GE beträgt und der Absatz 2 ME ausmacht, dann ist offensichtlich der Preis 5 GE/ME; denn 2 ME mal 5 GE/ME ist ein Umsatz von 10 GE.
$\Rightarrow \quad p(2) = 5$

Wenn weiterhin der Umsatz bei einem Absatz von 10 ME ebenfalls 10 GE beträgt, dann ist offensichtlich der Preis 1 GE/ME; denn 10 ME mal 1 GE/ME ergibt einen Umsatz von 10 GE.
$\Rightarrow \quad p(10) = 1$

Laut Angabe (1) ist die Preis-Absatz-Funktion eine Funktion ersten Grades; sie lautet allgemein $p(x) = a\,x + b$

$$\begin{array}{llllll} U(2) = 10 & \Rightarrow & p(2) = 5 \Rightarrow & 5 = 2a + b & \big| & - \\ U(10) = 10 & \Rightarrow & p(10) = 1 \Rightarrow & 1 = 10a + b & \big| & + \end{array}$$

$$\begin{array}{ll} \Leftrightarrow & 5 = 2a + b \\ \wedge & -4 = 8a \\ \Leftrightarrow & a = -1/2 \ \wedge \ b = 6 \end{array}$$

Die Preis-Absatz-Funktion lautet $p(x) = -1/2\,x + 6$
$U(x) = x \cdot p(x) \quad \Rightarrow \quad$ Umsatzfunktion: $U(x) = -1/2\,x^2 + 6\,x$

Die *Kostenfunktion* lautet allgemein $K(x) = a\,x + b$

$$\begin{array}{lllll} K(3) = 13{,}5 \Rightarrow & 13{,}5 = 3a + b & \big| & - \\ K(7) = 17{,}5 \Rightarrow & 17{,}5 = 7a + b & \big| & + \end{array}$$

$$\begin{array}{ll} \Leftrightarrow & 13{,}5 = 3a + b \\ \wedge & 4 = 4a \\ \Leftrightarrow & a = 1 \ \wedge \ b = 10{,}5 \end{array}$$

Die Kostenfunktion lautet $K(x) = x + 10{,}5$.

Gewinnfunktion $\quad G(x) = U(x) - K(x) = -1/2\,x^2 + 6\,x - (x + 10{,}5)$
$\Leftrightarrow \quad G(x) = -1/2\,x^2 + 5\,x - 10{,}5$

Gewinnmaximum

Notwendige Bedingung für ein Maximum von G(x) ist: $G'(x) = 0$
$G'(x) = -x + 5 \quad \Rightarrow \quad -x + 5 = 0 \quad \Leftrightarrow \quad x = 5$
Hinreichende Bedingung für ein Maximum an der Stelle 5 ist:
$G''(5) < 0$; und $G''(x) = -1 \Rightarrow G''(5) = -1 < 0$
Gewinnmaximum bei 5 ME in Höhe von 2 GE. Denn $G(5) = 2$

Gewinngrenzen

$G(x) = 0 \ \wedge \ G(x)$

$$\begin{array}{lll} \Rightarrow & -1/2\,x^2 + 5\,x - 10{,}5 = 0 & \big| \cdot (-2) \\ \Leftrightarrow & x^2 - 10\,x + 21 = 0 & \big| \text{ Satz von Vieta} \end{array}$$

$\Leftrightarrow \quad x_1 = 3 \ \wedge \ x_2 = 7 \quad$ denn $3 + 7 = 10 = -p$ und $3 \cdot 7 = 21 = q$
Die Gewinnzone liegt zwischen 3 und 7 ME.

Lösung Aufgabe 42

Die Preis-Absatz-Funktion lautet allgemein p(x) = a x + b

$$U(3) = 9 \quad \Rightarrow \quad p(3) = 3 \Rightarrow \quad 3 = 3a + b \quad | +$$
$$U(12) = 0 \quad \Rightarrow \quad p(12) = 0 \Rightarrow \quad 0 = 12a + b \quad | -$$

$$\Leftrightarrow \quad 3 = 3a + b$$
$$\wedge \quad -3 = 9a$$
$$\Leftrightarrow \quad a = -1/3 \quad \wedge \quad b = 4$$

Preis-Absatz-Funktion $p(x) = -1/3\ x + 4$

$U(x) = x \cdot p(x) \Rightarrow$ *Umsatzfunktion:* $U(x) = -1/3\ x^2 + 4\ x$

In der folgenden *graphischen Darstellung* sind links die Preis-Absatz-Gerade und die Umsatzkurve zu sehen, rechts zusätzlich die ansteigende Kostengerade und der nach unten geöffnete Graph der Gewinnfunktion.

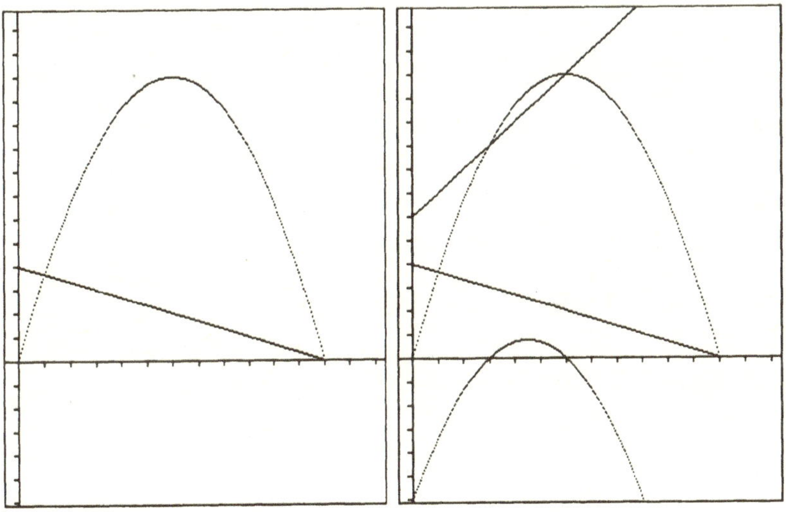

Kostenfunktion

Die Kostenfunktion lautet allgemein K(x) = a x + b

$$K(3) = 9 \quad \Rightarrow \quad 9 = 3a + b \quad | -$$
$$K(6) = 12 \quad \Rightarrow \quad 12 = 6a + b \quad | +$$

$$\Leftrightarrow \quad 9 = 3a + b \quad \wedge \quad 3 = 3a$$
$$\Leftrightarrow \quad a = 1 \quad \wedge \quad b = 6$$

Die Kostenfunktion lautet K(x) = x + 6.

Gewinnfunktion $G(x) = U(x) - K(x) \Rightarrow G(x) = -1/3\ x^2 + 4\ x - (x + 6)$

$\Leftrightarrow \quad G(x) = -1/3\ x^2 + 3\ x - 6$

Gewinnmaximum

Notwendige Bedingung für ein Maximum von G(x) ist: G'(x) = 0

$G'(x) = -2/3\ x + 3 \quad \Rightarrow \quad -2/3\ x + 3 = 0 \quad \Leftrightarrow \quad x = 4{,}5$

Hinreichende Bedingung für ein Maximum an der Stelle 4,5 ist:
$G''(4,5) < 0$; und $G''(x) = -2/3 \;\Rightarrow\; G''(4,5) = -3/2 < 0$
Gewinnmaximum bei 4,5 ME in Höhe von 0,75 GE. Denn $G(4,5) = 0,75$

Gewinngrenzen $G(x) = 0$ und $G(x)$

$$\Rightarrow \quad -1/3\,x^2 + 3\,x - 6 = 0 \qquad | : (-1/3)$$
$$\Leftrightarrow \quad x^2 - 9\,x + 18 = 0 \qquad | \text{ Satz von Vieta}$$
$$\Leftrightarrow \quad x_1 = 3 \;\wedge\; x_2 = 6 \quad \text{denn } 3 + 6 = 9 = -p \text{ und } 3 \cdot 6 = 18 = q$$

Die Gewinnzone liegt zwischen 3 und 6 ME.

Lösung Aufgabe 43

Preis-Absatz-Funktion und Umsatzfunktion

Die Preis-Absatz-Funktion lautet allgemein $p(x) = a\,x + b$

$$p(6) = 4 \;\Rightarrow\; 4 = 6\,a + b \qquad | -$$
$$p(12) = 1 \;\Rightarrow\; 1 = 12\,a + b \qquad | +$$
$$\Leftrightarrow \quad 4 = 6\,a + b \;\wedge\; -3 = 6\,a$$
$$\Leftrightarrow \quad a = -1/2 \;\wedge\; b = 7$$

Die Preis-Absatz-Funktion lautet $p(x) = -1/2\,x + 7$.
$U(x) = x \cdot p(x) \;\Rightarrow\;$ Umsatzfunktion: $U(x) = -1/2\,x^2 + 7\,x$

Kostenfunktion

Gewinngrenze bei 4 ME bedeutet: $U(4) = K(4)$
Die Einsetzung von 4 in $U(x)$ ergibt $U(4) = 20 \quad \Rightarrow \; K(4) = 20$
Gewinngrenze bei 8 ME bedeutet: $U(8) = K(8)$

Die Einsetzung von 8 in $U(x)$ ergibt $U(8) = 24 \quad \Rightarrow \; K(8) = 24$
Die Kostenfunktion lautet allgemein $K(x) = a\,x + b$

$$K(4) = 20 \;\Rightarrow\; 20 = 4\,a + b \qquad | -$$
$$K(8) = 24 \;\Rightarrow\; 24 = 8\,a + b \qquad | +$$
$$\Leftrightarrow \quad 20 = 4\,a + b \;\wedge\; 4 = 4\,a$$
$$\Leftrightarrow \quad a = 1 \;\wedge\; b = 16$$

Die Kostenfunktion lautet $K(x) = x + 16$.

Gewinnfunktion

$G(x) = U(x) - K(x)$
$\Rightarrow \quad G(x) = -1/2\,x^2 + 7\,x - (x + 16) \;\Leftrightarrow\; G(x) = -1/2\,x^2 + 6\,x - 16$

Gewinnmaximum

Notwendige Bedingung für ein Maximum von $G(x)$ ist: $G'(x) = 0$
$G'(x) = -x + 6 \;\Rightarrow\; -x + 6 = 0 \;\Leftrightarrow\; x = 6$
Hinreichende Bedingung für ein Maximum an der Stelle 6 ist:
$G''(6) < 0$; und $G''(x) = -1 \;\Rightarrow\; G''(6) = -1 < 0$
Gewinnmaximum bei 6 ME in Höhe von 2 GE. Denn $G(6) = 2$

Lösung Aufgabe 44

Preis-Absatz-Funktion und Umsatzfunktion

Die Preis-Absatz-Funktion lautet allgemein $p(x) = a\,x + b$

$$\begin{array}{llll} p(3) = 6 & \Rightarrow & 6 = 3a + b & \vert + \\ p(9) = 2 & \Rightarrow & 2 = 9a + b & \vert - \\ & \Leftrightarrow & 6 = 3a + b \;\wedge\; -4 = 6a & \\ & \Leftrightarrow & a = -2/3 \;\wedge\; b = 8 & \end{array}$$

Die Preis-Absatz-Funktion lautet $p(x) = -2/3\,x + 8$

$U(x) = x \cdot p(x) \;\Rightarrow\;$ Umsatzfunktion: $U(x) = -2/3\,x^2 + 8\,x$

Kostenfunktion

Die Kostenfunktion lautet allgemein $K(x) = a\,x + b$

$$\begin{array}{llll} K(2) = 13,\overline{3} & \Rightarrow & 13,\overline{3} = 2a + b & \vert - \\ K(8) = 21,\overline{3} & \Rightarrow & 21,\overline{3} = 8a + b & \vert + \\ & \Leftrightarrow & 13,\overline{3} = 2a + b \;\wedge\; 8 = 6a & \\ & \Leftrightarrow & a = 4/3 \;\wedge\; b = 10,\overline{6} & \end{array}$$

Die Kostenfunktion lautet $K(x) = 1,\overline{3}\,x + 10,\overline{6}$.

Gewinnfunktion

$G(x) = U(x) - K(x) = -2/3\,x^2 + 8\,x - (1,\overline{3}\,x + 10,\overline{6})$

$G(x) = -2/3\,x^2 + 6,\overline{6}\,x - 10,\overline{6}$

Gewinnmaximum

Notwendige Bedingung für ein Maximum von $G(x)$ ist: $G'(x) = 0$

$G'(x) = -4/3\,x + 6,\overline{6} \;\Rightarrow\; -4/3\,x + 6,\overline{6} = 0 \;\Leftrightarrow\; x = 5$

Hinreichende Bedingung für ein Maximum an der Stelle 5 ist:

$G''(5) < 0$; und $G''(x) = -4/3 \;\Rightarrow\; G''(5) = -4/3 < 0$

Gewinnmaximum bei 5 ME in Höhe von 6 GE. Denn $G(5) = 6$

Gewinngrenzen

$G(x) = 0 \;\wedge\; G(x)$

$$\begin{array}{lll} \Rightarrow & -2/3\,x^2 + 6,\overline{6}\,x - 10,\overline{6} = 0 & \vert : (-2/3) \\ \Leftrightarrow & x^2 - 10\,x + 16 = 0 & \vert \text{ Satz von Vieta} \\ \Leftrightarrow & x_1 = 2 \;\wedge\; x_2 = 8 & \text{denn } 2 + 8 = 10 = -p \text{ und } 2 \cdot 8 = 16 = q \end{array}$$

Die Gewinnzone liegt zwischen 2 und 8 ME.

Lösung Aufgabe 45

zu a) Gewinnfunktion

Da die Preis-Absatz-Funktion $p(x)$ und die Kostenfunktion $K(x)$ Funktionen ersten Grades sind, sind die Umsatzfunktion $U(x)$ und die Gewinnfunktion $G(x)$ Funktionen zweiten Grades.

$G(x)$ lautet allgemein $G(x) = a\,x^2 + b\,x + c \;\Rightarrow\; G'(x) = 2\,a\,x + b$

Angabe (1) bedeutet, daß $G(0) = -3$, so daß $c = -3$ ist.

$\Rightarrow\; G(x) = a\,x^2 + b\,x - 3$

Angabe (2) gibt das Gewinnmaximum an $\Rightarrow$ $G'(4) = 0$ und $G(4) = 1$

Aus $G(x)$ und $G(4) = 1$ $\Rightarrow$ $1 = 16a + 4b - 3$

$\Leftrightarrow$ $4 = 16a + 4b$ $\Leftrightarrow$ $1 = 4a + b$ **(1)**

Aus $G'(x)$ und $G'(4) = 0 \Rightarrow$ $0 = 8a + b$ **(2)**

$$(1) \wedge (2) \quad \Leftrightarrow \quad \begin{array}{rl} & 1 = 4a + b \\ \wedge & 0 = 8a + b \end{array} \quad \left| \begin{array}{l} + \\ - \end{array} \right.$$

$$\Leftrightarrow \quad 1 = 4a + b \quad \wedge \quad 1 = -4a$$

$$\Leftrightarrow \quad a = -1/4 \quad \wedge \quad b = 2$$

Die Gewinnfunktion lautet $G(x) = -1/4\, x^2 + 2x - 3$.

In der folgenden *Graphik* (zu Aufgabenteil b) sind links die Preis-Absatz-Gerade und die Umsatzkurve zu sehen, rechts zusätzlich die ansteigende Kostengerade und der nach unten geöffnete Graph der Gewinnfunktion.

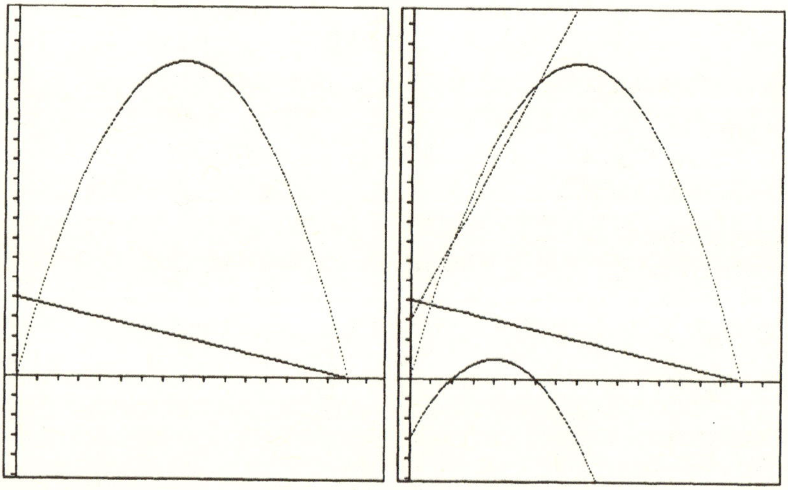

Kostenfunktion

Die Kostenfunktion $K(x)$ ersten Grades lautet allgemein: $K(x) = ax + b$
Angabe (1) läßt auf die fixen Kosten schließen, d. h. $K(0) = 3$ $\Rightarrow$ $b = 3$
$\Rightarrow$ $K(x) = ax + 3$

Der Preis im Gewinnmaximum läßt den Umsatz bei 4 ME erkennen:
$U(4) = 3 \cdot 4 = 12$
Wenn $U(4) = 12$ und $G(4) = 1$, dann $K(4) = 11$
$K(x) \wedge K(4) = 11$ $\Rightarrow$ $11 = 4a + 3$ $\Leftrightarrow$ $a = 2$
Die Kostenfunktion lautet $K(x) = 2x + 3$.

Umsatzfunktion

Da $G(x) = U(x) - K(x)$, $\Rightarrow$ $U(x) = G(x) + K(x)$
$\Rightarrow$ $U(x) = -1/4\, x^2 + 2x - 3 + 2x + 3 = -1/4\, x^2 + 4x$
Umsatzfunktion $U(x) = -1/4\, x^2 + 4x$

Preis-Absatz-Funktion

Da $U(x) = x \cdot p(x)$, $\Rightarrow$ $p(x) = U(x)/x$

$\Rightarrow$ Preis-Absatz-Funktion $p(x) = -1/4\,x + 4$

zu b) Graphische Darstellung (siehe oben)

Lösung Aufgabe 46

zu a)

Die *Gewinnfunktion* lautet allgemein $G(x) = a\,x^2 + b\,x + c$.

Aus den fixen Kosten kann auf den Verlust geschlossen werden, der dann entsteht, wenn der Absatz gleich null ist: $\Rightarrow$ $G(0) = -3$ $\Rightarrow$ $c = -3$

$\Rightarrow$ $G(x) = a\,x^2 + b\,x - 3$

Aus den Gewinngrenzen folgt: $G(2) = 0$ und $G(6) = 0$

$$\begin{array}{lllr|l} G(2) = 0 & \Rightarrow & 0 = & 4\,a + 2\,b - 3 & +3 \\ G(6) = 0 & \Rightarrow & 0 = & 36\,a + 6\,b - 3 & +3 \\ & \Leftrightarrow & 3 = & 4\,a + 2\,b & \cdot 3 \\ & \wedge & 3 = & 36\,a + 6\,b & \\ & \Leftrightarrow & 9 = & 12\,a + 6\,b & - \\ & \wedge & 3 = & 36\,a + 6\,b & + \end{array}$$

$$\Leftrightarrow \quad 9 = 12\,a + 6\,b \quad \wedge \quad -6 = 24\,a$$

$$\Leftrightarrow \quad a = -1/4 = -0{,}25 \quad \wedge \quad b = 2$$

Hier lautet die Gewinnfunktion $G(x) = -0{,}25\,x^2 + 2\,x - 3$.

zu b)

Die *Kostenfunktion* lautet allgemein $K(x) = a\,x + b$

Die fixen Kosten bedeuten $K(0) = 3$ $\Rightarrow$ $b = 3$ $\Rightarrow$ $K(x) = a\,x + 3$

Wenn der Umsatz bei 2 ME gleich 4 GE ist und die Gewinnschwelle bei 2 ME liegt, dann sind bei 2 ME die Kosten ebenfalls gleich 4 GE.

$\Rightarrow$ $K(2) = 4$ $\Rightarrow$ $4 = 2\,a + 3$ $\Leftrightarrow$ $a = 0{,}5$

Kostenfunktion: $K(x) = 0{,}5\,x + 3$

zu c)

Da $G(x) = U(x) - K(x)$ $\Rightarrow$ $U(x) = G(x) + K(x)$

$\Rightarrow$ $U(x) = -0{,}25\,x^2 + 2\,x - 3 + 0{,}5\,x + 3$

Umsatzfunktion $U(x) = -0{,}25\,x^2 + 2{,}5\,x$

Da $U(x) = x \cdot p(x)$ $\Rightarrow$ $p(x) = U(x)/x \Rightarrow$

Preis-Absatz-Funktion $p(x) = -0{,}25\,x + 2{,}5$

zu d)

Notwendige Bedingung für ein Maximum von U(x) ist: $U'(x) = 0$

$U'(x) = -0{,}5\,x + 2{,}5$ $\Rightarrow$ $-0{,}5\,x + 2{,}5 = 0$ $\Leftrightarrow$ $x = 5$

Hinreichende Bedingung für ein Maximum an der Stelle 5 ist:

$U''(5) < 0$; und $U''(x) = -0{,}5$ $\Rightarrow$ $U''(5) = -0{,}5 < 0$

Umsatzmaximum bei 5 ME in Höhe von 6,25 GE. Denn $U(5) = 6{,}25$

Der *Gewinn im Umsatzmaximum* ergibt sich als
$G(5) = U(5) - K(5) = 6{,}25 - 5{,}5 = 0{,}75$
Vom maximalen Umsatz bleiben also 0,75 GE als Gewinn.

Lösung Aufgabe 47

zu a)

Der Umsatz ist definitionsgemäß der zu Verkaufspreisen bewertete Absatz, also das Produkt Menge mal Preis. $\Rightarrow$ $U(x) = x \cdot p(x)$
$\Rightarrow$ $U(x) = x\,(-1/4\,x + 4)$ $\Rightarrow$ Umsatzfunktion $U(x) = -1/4\,x^2 + 4\,x$

Der Gewinn ist definitionsgemäß die Differenz Umsatz minus Kosten.
Also: $G(x) = U(x) - K(x) = -1/4\,x^2 + 4\,x - (3/4\,x + 7{,}5)$
$\Rightarrow$ Gewinnfunktion $G(x) = -1/4\,x^2 + 3\,1/4\,x - 7{,}5$

Umsatzmaximum
Notwendige Bedingung für ein Maximum von U(x) ist: $U'(x) = 0$
$U'(x) = -1/2\,x + 4$ $\Rightarrow$ $-1/2\,x + 4 = 0$ $\Leftrightarrow$ $x = 8$
Hinreichende Bedingung für ein Maximum an der Stelle 8 ist:
$U''(8) < 0$; und $U''(x) = -1/2$ $\Rightarrow$ $U''(8) = -1/2 < 0$
Umsatzmaximum bei 8 ME in Höhe von 16 GE. Denn $U(8) = 16$

Gewinn im Umsatzmaximum $\Rightarrow$ $G(8) = U(8) - K(8)$
$U(8) = 16$ und $K(8) = 13{,}5$ $\Rightarrow$ $G(8) = 2{,}5$
Im Umsatzmaximum beträgt der Gewinn 2,5 GE.
Der Preis ist dann 2 GE; denn $p(8) = 2$

zu b)

Notwendige Bedingung für das Gewinnmaximum ist: $G'(x) = 0$
$G'(x) = -1/2\,x + 13/4$ $\Rightarrow$ $-1/2\,x + 13/4$ $\Leftrightarrow$ $x = 6{,}5$
Hinreichende Bedingung für das Maximum bei 6,5 ME: $G''(6{,}5) < 0$
$G''(x) = -1/2$ $\Rightarrow$ $G''(6{,}5) = -1/2 < 0$

Das Gewinnmaximum wird bei 6,5 ME des betreffenden Gutes erzielt. Der Gewinn beträgt dann 3,0625 GE und ist deutlich höher als im Umsatzmaximum.

Lösung Aufgabe 48

zu a)

Die *Kostenfunktion* K(x) ersten Grades lautet allgemein: $K(x) = a\,x + b$
Die Angabe (1) läßt auf die fixen Kosten schließen, so daß $K(0) = 13{,}\overline{3}$
$\Rightarrow$ $b = 13{,}\overline{3}$ $\Rightarrow$ $K(x) = a\,x + 13{,}\overline{3}$
Laut (3) gilt: $K(10) = 30$ $\Rightarrow$ $30 = 10\,a + 13{,}\overline{3}$ $\Leftrightarrow$ $a = 1{,}\overline{6}$
Kostenfunktion $K(x) = 1{,}\overline{6}\,x + 13{,}\overline{3}$

Die *Umsatzfunktion* U(x) ist wegen der "linearen" Preis-Absatz-Funktion eine Funktion 2. Grades; sie lautet allgemein: $U(x) = a\,x^2 + b\,x + c$
Da $U(0) = 0$ $\Rightarrow$ $c = 0$ $\Rightarrow$ $U(x) = a\,x^2 + b\,x$

Laut (2) gilt: U(4) = K(4) und U(10) = K(10)
$K(4) = 1,\overline{6} \cdot 4 + 13,\overline{3} = 20$ und $K(10) = 30$
$\Rightarrow$ U(4) = 20 und U(10) = 30

$$\begin{array}{lllr|l} U(4) = 20 & \Rightarrow & 20 = & 16\,a + 4\,b & :4 \\ U(10) = 30 & \Rightarrow & 30 = & 100\,a + 10\,b & :10 \end{array}$$

$$\begin{array}{llr|l} \Leftrightarrow & 5 = & 4\,a + b & - \\ \wedge & 3 = & 10\,a + b & + \end{array}$$

$$\Leftrightarrow \quad 5 = 4\,a + b \quad \wedge \quad -2 = 6\,a$$
$$\Leftrightarrow \quad a = -0,\overline{3} \quad \wedge \quad b = 6,\overline{3}$$

Umsatzfunktion $U(x) = -0,\overline{3}\,x^2 + 6,\overline{3}\,x$

$U(x) = x \cdot p(x) \quad \Rightarrow \quad p(x) = U(x)/x \quad \Rightarrow$
Preis-Absatz-Funktion $p(x) = -0,\overline{3}\,x + 6,\overline{3}$

$G(x) = U(x) - K(x) = -0,\overline{3}\,x^2 + 6,\overline{3}\,x - (1,\overline{6}\,x + 13,\overline{3})$
Gewinnfunktion $G(x) = -0,\overline{3}\,x^2 + 4,\overline{6}\,x - 13,\overline{3}$

zu b)
Die folgende Graphik zeigt links die Preis-Absatz-Gerade und die Umsatzkurve, rechts zusätzlich die ansteigende Kostengerade und den nach unten geöffneten Graphen der Gewinnfunktion.

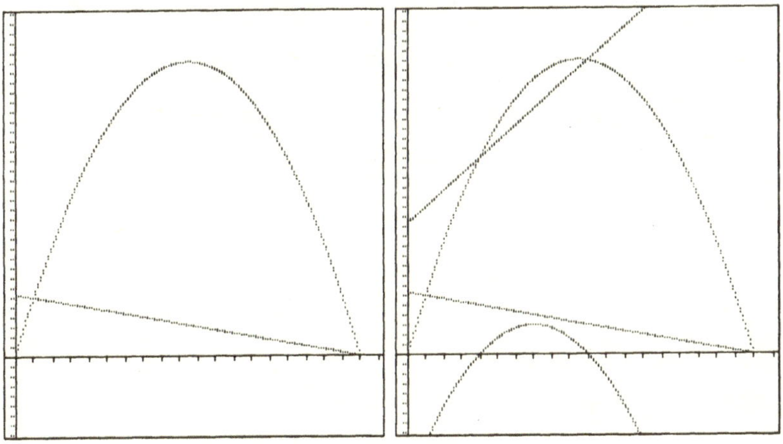

Lösung Aufgabe 49

Preis-Absatz-Funktion und Umsatzfunktion

Das Umsatzmaximum entspricht dem Scheitelpunkt der Umsatzkurve. Die Scheitelpunktform einer quadratischen Funktion lautet allgemein:
$U(x) = a\,(x - x_s)^2 + y_s$
Hier gilt: $x_s = 5$ und $y_s = 25 \quad \Rightarrow \quad U(x) = a\,(x - 5)^2 + 25$
Außerdem gilt: $U(0) = 0 \quad \Rightarrow \quad 0 = a\,(0 - 5)^2 + 25 \quad \Rightarrow \quad a = -1$

$\Rightarrow \quad U(x) = -(x-5)^2 + 25 = -(x^2 - 10x + 25) + 25$
$\Rightarrow \quad U(x) = -x^2 + 10x$
$U(x) = x \cdot p(x) \quad \Rightarrow \quad p(x) = U(x) : x$
Preis-Absatz-Funktion $p(x) = -x + 10$

Kostenfunktion
Gewinnschwelle bei 3 ME bedeutet: $K(3) = U(3)$
Die Einsetzung von 3 in U(x) ergibt $U(3) = 21 \quad \Rightarrow K(3) = 21$
Gewinngrenze bei 6 ME bedeutet: $K(6) = U(6)$
Die Einsetzung von 6 in U(x) ergibt $U(6) = 24 \quad \Rightarrow K(6) = 24$
Die Kostenfunktion lautet allgemein: $K(x) = a x + b$

$$\begin{array}{lll|l} K(3) = 21 & \Rightarrow & 21 = 3a + b & - \\ K(6) = 24 & \Rightarrow & 24 = 6a + b & + \end{array}$$

$$\Leftrightarrow \quad 21 = 3a + b \quad \wedge \quad 3 = 3a$$
$$\Leftrightarrow \quad a = 1 \quad \wedge \quad b = 18$$

Kostenfunktion $K(x) = x + 18$

Gewinnfunktion
$G(x) = U(x) - K(x) \quad \Rightarrow \quad G(x) = -x^2 + 10x - (x + 18)$
$\Leftrightarrow \quad G(x) = -x^2 + 9x - 18$

Gewinnmaximum
Notwendige Bedingung für ein Maximum von G(x) ist: $G'(x) = 0$
$G'(x) = -2x + 9 \quad \Rightarrow \quad -2x + 9 = 0 \quad \Leftrightarrow \quad x = 4{,}5$
Hinreichende Bedingung für ein Maximum an der Stelle 4,5 ist:
$G''(4{,}5) < 0$; und $G''(x) = -2 \quad \Rightarrow \quad G''(4{,}5) = -2 < 0$
Gewinnmaximum bei 4,5 ME in Höhe von 2,25 GE. Denn $G(4{,}5) = 2{,}25$

Lösung Aufgabe 50

zu a)

Preis-Absatz-Funktion und Umsatzfunktion
Gemäß Angabe (3) lautet die Preis-Absatz-Funktion allgemein:
$p(x) = a x + b$

$$\begin{array}{lll|l} \text{Aus Angabe (1)} \Rightarrow p(4) = 3 & \Rightarrow & 3 = 4a + b & - \\ \text{Aus Angabe (2)} \Rightarrow p(10) = 1{,}5 & \Rightarrow & 1{,}5 = 10a + b & + \end{array}$$

$$\Leftrightarrow \quad 3 = 4a + b \quad \wedge \quad -1{,}5 = 6a$$

$$\Leftrightarrow \quad a = -1/4 \quad \wedge \quad b = 4$$

Preis-Absatz-Funktion: $p(x) = -1/4\, x + 4$
$U(x) = x \cdot p(x) \quad \Rightarrow \quad U(x) = x(-1/4\, x + 4) \quad \Rightarrow$
Umsatzfunktion: $U(x) = -1/4\, x^2 + 4x$

Kostenfunktion
Aus Angabe (1) $\Rightarrow K(4) = U(4)$
Die Einsetzung von 4 in U(x) ergibt $U(4) = 12 \quad \Rightarrow K(4) = 12$

Aus Angabe (2) $\Rightarrow$ K(10) = U(10)
Die Einsetzung von 10 in U(x) ergibt U(10) = 15 $\Rightarrow$ K(10) = 15

Die Kostenfunktion K(x) ersten Grades lautet allgemein: K(x) = a x + b

$$\begin{array}{lcll} K(4) = 12 & \Rightarrow & 12 = 4a + b & \Big| - \\ K(10) = 15 & \Rightarrow & 15 = 10a + b & \Big| + \end{array}$$

$$\Leftrightarrow \quad 12 = 4a + b \quad \wedge \quad 3 = 6a$$

$$\Leftrightarrow \quad a = 1/2 \quad \wedge \quad b = 10$$

Kostenfunktion: K(x) = 1/2 x + 10

Gewinnfunktion
Definitionsgemäß gilt für die Gewinnfunktion G(x) = U(x) – K(x)
$G(x) = -1/4\, x^2 + 4\, x - (1/2\, x + 10)$
$\Leftrightarrow \; G(x) = -1/4\, x^2 + 3\; 1/2\, x - 10$

zu b) Gewinnmaximum
Notwendige Bedingung für ein Maximum von G(x) ist: G'(x) = 0
$G'(x) = -0{,}5\, x + 3{,}5 \Rightarrow -0{,}5\, x + 3{,}5 = 0 \;\Leftrightarrow\; x = 7$
Hinreichende Bedingung für ein Maximum an der Stelle 7 ist:
$G''(7) < 0$; und $G''(x) = -0{,}5 \;\Rightarrow\; G''(7) = -0{,}5 < 0$
Gewinnmaximum bei 7 ME in Höhe von 2,25 GE. Denn G(7) = 2,25

zu c) Graphische Darstellung

In der folgenden Graphik sind links die Preis-Absatz-Gerade und die Umsatzkurve zu sehen, rechts zusätzlich die ansteigende Kostengerade und der nach unten geöffnete Graph der Gewinnfunktion.

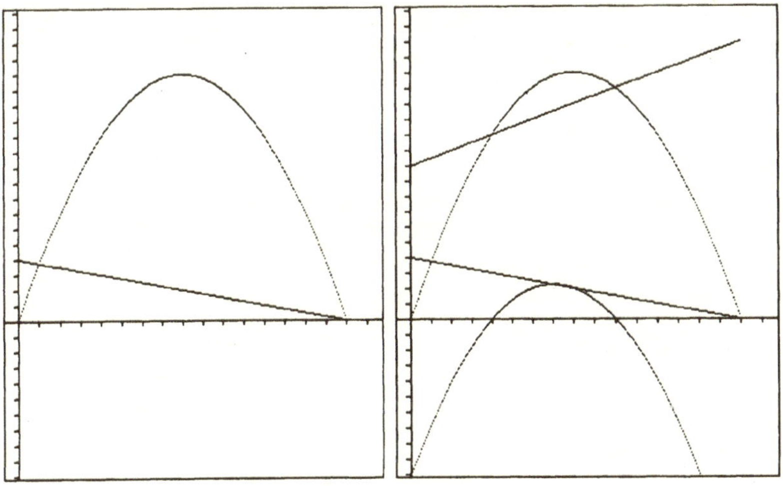

Lösung Aufgabe 51

zu a)

Preis-Absatz-Funktion und Umsatzfunktion

Aus Angabe (1) ergibt sich die folgende Überlegung:
Wenn der Umsatz 12 GE beträgt und der Preis 4 GE ausmacht, dann sind offensichtlich 3 ME verkauft worden; denn 3 ME mal 4 GE/ME ist ein Umsatz von 12 GE. $\Rightarrow$ $p(3) = 4$

Wenn weiterhin der Umsatz bei einem Preis von 1 GE ebenfalls 12 GE beträgt, dann sind offensichtlich 12 ME verkauft worden; denn 12 ME mal 1 GE/ME ist ein Umsatz von 12 GE. $\Rightarrow$ $p(12) = 1$

Laut Angabe (3) ist die Preis-Absatz-Funktion eine Funktion ersten Grades; sie lautet allgemein $p(x) = a\,x + b$

$$\begin{array}{lcll} p(3) = 4 & \Rightarrow & 4 = 3\,a + b & \mid - \\ p(12) = 1 & \Rightarrow & 1 = 12\,a + b & \mid + \\ & \Leftrightarrow & 4 = 3\,a + b \;\wedge\; -3 = 9\,a & \\ & \Leftrightarrow & a = -1/3 \;\wedge\; b = 5 & \end{array}$$

Preis-Absatz-Funktion: $p(x) = -1/3\,x + 5$
Aus $U(x) = x \cdot p(x)$ folgt: Umsatzfunktion: $U(x) = -1/3\,x^2 + 5\,x$

zu b) Kostenfunktion und Gewinnfunktion

Wegen Angabe (3) lautet die Kostenfunktion allgemein $K(x) = a\,x + b$ und $b = 10$. Denn die fixen Kosten, $K(0)$ nämlich, betragen 10 GE – siehe Angabe (2). $\Rightarrow$ $K(x) = a\,x + 10$
Laut Angabe (2) gilt weiter: $K(7) = 17 \;\Rightarrow\; 17 = 7\,a + 10 \;\Leftrightarrow\; a = 1$
Kostenfunktion: $K(x) = x + 10$

Gewinnfunktion: $G(x) = U(x) - K(x) = -1/3\,x^2 + 5\,x - (x + 10)$
$\Rightarrow$ $G(x) = -1/3\,x^2 + 4\,x - 10$

zu c) Gewinnmaximum

Notwendige Bedingung für ein Maximum von G(x) ist: $G'(x) = 0$
$G'(x) = -2/3\,x + 4 \;\Rightarrow\; -2/3\,x + 4 = 0 \;\Leftrightarrow\; x = 6$
Hinreichende Bedingung für ein Maximum an der Stelle 6: $G''(6) < 0$
$G''(x) = -2/3 \;\Rightarrow\; G''(6) = -2/3 < 0$
Gewinnmaximum bei 6 ME in Höhe von 2 GE. Denn $G(6) = 2$

zu d) Gewinngrenzen

$G(x) = 0$ und $G(x)$

$$\begin{array}{lll} \Rightarrow & -1/3\,x^2 + 4\,x - 10 = 0 & \mid \cdot (-3) \\ \Leftrightarrow & x^2 - 12\,x + 30 = 0 & \mid \text{Lösungsformel} \\ \Leftrightarrow & x = 6 \pm \sqrt{6} = 6 \pm 2{,}45 & \mid \text{(gerundet)} \\ \Leftrightarrow & x_1 = 3{,}55 \;\wedge\; x_2 = 8{,}45 & \end{array}$$

Die Gewinnzone liegt zwischen 3,55 ME und 8,45 ME.

Lösung Aufgabe 52

Die Kostenfunktion lautet allgemein $K(x) = a\,x + b$
Aus Angabe (2) $\Rightarrow K(0) = 7{,}5 \Rightarrow b = 7{,}5 \Rightarrow K(x) = a\,x + 7{,}5$
Aus Angabe (3) $\Rightarrow U(3) = K(3)$ und $U(3) = 9{,}75$
$\Rightarrow \quad 9{,}75 = 3\,a + 7{,}5 \Leftrightarrow a = 0{,}75$
$\Rightarrow$ *Kostenfunktion* $K(x) = 0{,}75\,x + 7{,}5$

Preis-Absatz-Funktion und Umsatzfunktion

1. Lösungsmöglichkeit:
Die Preis-Absatz-Funktion lautet allgemein $p(x) = a\,x + b$
Laut Angabe (3) gilt: $U(3) = 9{,}75 \Rightarrow p(3) = U(3) : 3 = 9{,}75 : 3$
$\Rightarrow \quad p(3) = 3{,}25$
Laut Angabe (4) gilt $U(10) = K(10)$
Die Einsetzung von 10 in K(x) ergibt $K(10) = 15 \Rightarrow U(10) = 15$
$p(10) = U(10)/10 = 15/10 = 1{,}5 \Rightarrow p(10) = 1{,}5$

$$
\begin{array}{lll}
p(3) = 3{,}25 & \Rightarrow & 3{,}25 = 3\,a + b \\
p(10) = 1{,}5 & \Rightarrow & 1{,}5 = 10\,a + b \\
& \Leftrightarrow & 3{,}25 = 3\,a + b \quad | - \\
& \wedge & 1{,}5 = 10\,a + b \quad | + \\
& \Leftrightarrow & 3{,}25 = 3\,a + b \quad \wedge \quad -1{,}75 = 7\,a \\
& \Leftrightarrow & a = -1/4 \quad \wedge \quad b = 4
\end{array}
$$

Die Preis-Absatz-Funktion lautet $p(x) = -1/4\,x + 4$.
Da $U(x) = x \cdot p(x) \Rightarrow$ Umsatzfunktion: $U(x) = -1/4\,x^2 + 4\,x$

2. Lösungsmöglichkeit:
Die Umsatzfunktion lautet allgemein $U(x) = a\,x^2 + b\,x + c$
Denn U(x) ist zweiten Grades, weil p(x) ersten Grades ist.
Grundsätzlich gilt: $U(0) = 0 \Rightarrow c = 0 \Rightarrow U(x) = a\,x^2 + b\,x$

Aus Angabe (3) $\Rightarrow K(10) = U(10)$ und $K(10) = 15 \Rightarrow U(10) = 15$
$U(10) = 15 \Rightarrow \quad 15 = 100\,a + 10\,b \quad$ (I)
Aus Angabe (2) $\Rightarrow U(3)=9{,}75$
$U(3) = 9{,}75 \Rightarrow \quad 9{,}75 = 9\,a + 3\,b \quad$ (II)

$$
\begin{array}{lll}
\text{(I)} \wedge \text{(II)} & \Leftrightarrow & 15 = 100\,a + 10\,b \quad | \cdot 3 \\
& \wedge & 9{,}75 = 9\,a + 3\,b \quad | \cdot 10 \\
& \Leftrightarrow & 45 = 300\,a + 30\,b \\
& \wedge & 97{,}5 = 90\,a + 30\,b \quad | \text{ II} - \text{I} \\
& \Leftrightarrow & 45 = 300\,a + 30\,b \\
& \wedge & 52{,}5 = -210\,a \\
& \Leftrightarrow & a = -1/4 \quad \wedge \quad b = 4
\end{array}
$$

Die Umsatzfunktion lautet $U(x) = -1/4\,x^2 + 4\,x$.
Aus $U(x) = x \cdot p(x)$ folgt $p(x) = U(x) : x \Rightarrow$
Preis-Absatz-Funktion: $p(x) = -1/4\,x + 4$

Gewinnfunktion

$G(x) = U(x) - K(x) = -1/4\ x^2 + 4\ x - (0{,}75\ x + 7{,}5)$
$G(x) = -1/4\ x^2 + 3{,}25\ x - 7{,}5$

Umsatzmaximum

Notwendige Bedingung für ein Maximum von U(x) ist: $U'(x) = 0$
$U'(x) = -1/2\ x + 4 \Rightarrow -1/2\ x + 4 = 0 \Leftrightarrow x = 8$
Hinreichende Bedingung für ein Maximum an der Stelle 8 ist:
$U''(8) < 0$; und $U''(x) = -1/2 \Rightarrow U''(8) = -1/2 < 0$
Umsatzmaximum bei 8 ME in Höhe von 16 GE. Denn $U(8) = 16$

Gewinn und Preis im Umsatzmaximum

$G(8) = -0{,}25 \cdot 8^2 + 3{,}25 \cdot 8 - 7{,}5 = 2{,}5$ und $p(8) = 2$
Im Umsatzmaximum ist der *Gewinn* 2,5 GE bei einem *Preis* von 2 GE.

Lösung Aufgabe 53

Preis-Absatz-Funktion und Umsatzfunktion

Die Preis-Absatz-Funktion lautet allgemein $p(x) = a\ x + b$

$$\begin{array}{lcll} p(3) = 8 & \Rightarrow & 8 = 3\,a + b & \mid - \\ p(12) = 2 & \Rightarrow & 2 = 12\,a + b & \mid + \\ & \Leftrightarrow & 8 = 3\,a + b \quad \wedge \quad -6 = 9\,a & \\ & \Leftrightarrow & a = -2/3 \quad \wedge \quad b = 10 & \end{array}$$

Preis-Absatz-Funktion: $p(x) = -2/3\ x + 10$
Da $U(x) = x \cdot p(x) \Rightarrow$ Umsatzfunktion: $U(x) = -2/3\ x^2 + 10\ x$

Kostenfunktion

Die Kostenfunktion lautet allgemein $K(x) = a\ x + b$
$K(0) = 18 \quad \Rightarrow \quad 18 = b$
$K(12) = 24 \quad \Rightarrow \quad 24 = 12\ a + 18 \Leftrightarrow a = 0{,}5$
Kostenfunktion: $K(x) = 0{,}5\ x + 18$

Gewinnfunktion

$G(x) = U(x) - K(x)$
$G(x) = -2/3\ x^2 + 10\ x - (0{,}5\ x + 18) = -2/3\ x^2 + 9{,}5\ x - 18$

Gewinnmaximum

Notwendige Bedingung für ein Maximum von G(x) ist: $G'(x) = 0$
$G'(x) = -4/3\ x + 9{,}5 \Rightarrow -4/3\ x + 9{,}5 = 0 \Leftrightarrow x = 7{,}125$
Hinreichende Bedingung für ein Maximum an der Stelle 7,125 ist:
$G''(7{,}125) < 0$; und $G''(x) = -4/3 \Rightarrow G''(7{,}125) = -4/3 < 0$
Gewinnmaximum bei 7,125 ME in Höhe von 15,84 GE.
Denn $G(7{,}125) = 15{,}84375$

Gewinngrenzen

$G(x) = 0$ und $G(x)$

$$\begin{array}{ll} \Rightarrow \quad -2/3\ x^2 + 9{,}5\ x - 18 = 0 & \mid : (-2/3) \\ \Leftrightarrow \quad x^2 - 14{,}25\ x + 27 = 0 & \mid \text{Lösungsformel} \end{array}$$

$\Leftrightarrow \quad x = 7{,}125 \pm \sqrt{7{,}125^2 - 27}$

$\Leftrightarrow \quad x_1 = 2{,}25 \quad \wedge \quad x_2 = 12$

Die Gewinnzone liegt zwischen 2,25 ME und 12 ME.

Lösung Aufgabe 54

Der Zugang zur Lösung führt nur über die Gewinnfunktion, deren Gleichung zweiten Grades ist, weil Preis-Absatz-Funktion und Kostenfunktion ersten Grades sind.

Die *Gewinnfunktion* lautet allgemein $G(x) = a\,x^2 + b\,x + c$

Aus der Angabe (2) kann auf den Verlust geschlossen werden, der dann entsteht, wenn der Absatz gleich null ist: $\Rightarrow G(0) = -7{,}5 \Rightarrow c = -7{,}5$

$\Rightarrow \quad G(x) = a\,x^2 + b\,x - 7{,}5$

Laut Angabe (3) gilt: $G(6) = 3$ und $G(9) = 1{,}5$

$$\begin{array}{llrcl|l} G(6) = 3 & \Rightarrow & 3 & = & 36\,a + 6\,b - 7{,}5 & +7{,}5 \\ G(9) = 1{,}5 & \Rightarrow & 1{,}5 & = & 81\,a + 9\,b - 7{,}5 & +7{,}5 \\ & \Leftrightarrow & 10{,}5 & = & 36\,a + 6\,b & \cdot 3 \\ & \wedge & 9 & = & 81\,a + 9\,b & \cdot 2 \\ & \Leftrightarrow & 31{,}5 & = & 108\,a + 18\,b & - \\ & \wedge & 18 & = & 162\,a + 18\,b & + \\ & \Leftrightarrow & 31{,}5 & = & 108\,a + 18\,b & \\ & \wedge & -13{,}5 & = & 54\,a & \end{array}$$

$$\Leftrightarrow \quad a = -1/4 = -0{,}25 \quad \wedge \quad b = 3\,1/4 = 3{,}25$$

Gewinnfunktion: $G(x) = -0{,}25\,x^2 + 3{,}25\,x - 7{,}5$

Der Weg zur *Umsatzfunktion* führt nur über die Kostenfunktion, die über die Gewinngrenzen gefunden wird.

Die *Gewinngrenzen* bzw. die Grenzen der Gewinnzone sind die Nullstellen der Gewinnfunktion: $G(x) = 0$

$\Rightarrow \quad -0{,}25\,x^2 + 3{,}25\,x - 7{,}5 = 0 \qquad | \cdot (-4)$

$\Leftrightarrow \quad x^2 - 13\,x + 30 = 0 \qquad |$ Lösungsformel

$\Leftrightarrow \quad x = 6{,}5 \pm \sqrt{42{,}25 - 30} = 6{,}5 \pm \sqrt{12{,}25} = 6{,}5 \pm 3{,}5$

$\Leftrightarrow \quad x_1 = 3 \quad \wedge \quad x_2 = 10$

Die Gewinnzone liegt zwischen 3 ME und 10 ME.

Die *Kostenfunktion* lautet allgemein $K(x) = a\,x + b$

Aus Angabe (2) $\Rightarrow K(0) = 7{,}5 \Rightarrow b = 7{,}5 \Rightarrow K(x) = a\,x + 7{,}5$

Aus Angabe (4) ergibt sich, daß die Kosten an der oberen Gewinngrenze gleich 15 sind; die obere Gewinngrenze liegt an der Stelle 10 (s.o.).

$\Rightarrow \quad K(10) = 15 \quad \Rightarrow \quad 15 = 10\,a + 7{,}5 \quad \Leftrightarrow \quad a = 0{,}75 \quad \Rightarrow$

Kostenfunktion: $K(x) = 0{,}75\,x + 7{,}5$

An den Gewinngrenzen gilt $U(x) = K(x)$,
und die Gewinngrenzen sind 3 und 10.

$K(3) = 0{,}75 \cdot 3 + 7{,}5 = 9{,}75$ und $K(10) = 15$
$\Rightarrow \quad U(3) = 9{,}75$ und $U(10) = 15$

Wegen der Preis-Absatz-Funktion ersten Grades ist die Umsatzfunktion quadratisch; sie lautet allgemein: $U(x) = a\,x^2 + b\,x + c$
und $c = 0$; denn $U(0) = 0$ (per se).

$$\begin{array}{lllll} \text{Aus } U(3) = 9{,}75 & \Rightarrow & 9{,}75 = & 9\,a + 3\,b & | \cdot 10 \\ \text{Aus } U(10) = 15 & \Rightarrow & 15 = & 100\,a + 10\,b & | \cdot 3 \\ & \Leftrightarrow & 97{,}5 = & 90\,a + 30\,b & | - \\ & \wedge & 45 = & 300\,a + 30\,b & | + \\ & \Leftrightarrow & 97{,}5 = & 90\,a + 30\,b & \\ & \wedge & -52{,}5 = & 210\,a & \\ & \Leftrightarrow & a = -1/4 = -0{,}25 & \wedge \; b = 4 & \end{array}$$

Umsatzfunktion: $U(x) = -0{,}25\,x^2 + 4\,x$

Umsatzmaximum
Notwendige Bedingung für ein Umsatzmaximum ist: $U'(x) = 0$
$U'(x) = -1/2\,x + 4 \Rightarrow -1/2\,x + 4 = 0 \Leftrightarrow x = 8$
Hinreichende Bedingung für ein Maximum an der Stelle 8 ist:
$U''(8) < 0$; und $U''(x) = -1/2 \Rightarrow U''(8) = -1/2 < 0$
Umsatzmaximum bei 8 ME in Höhe von 16 GE. Denn $U(8) = 16$

Da $U(x) = x \cdot p(x) \Rightarrow p(x) = U(x)/x \Rightarrow p(8) = 16 : 8 = 2$
Der *Preis* beträgt im Umsatzmaximum 2 GE.
Der *Gewinn im Umsatzmaximum* ergibt sich als $G(8) = U(8) - K(8)$
$G(8) = 16 - 13{,}5 = 2{,}5$.
Vom maximalen Umsatz bleiben 2,5 GE als Gewinn.

Lösung Aufgabe 55

Die Preis-Absatz-Funktion lautet allgemein $p(x) = a\,x + b$

$$\begin{array}{lllll} p(3) = 6{,}5 & \Rightarrow & 6{,}5 = & 3\,a + b & | - \\ p(10) = 3 & \Rightarrow & 3 = & 10\,a + b & | + \\ & \Leftrightarrow & 6{,}5 = & 3\,a + b & \\ & \wedge & -3{,}5 = & 7\,a & \\ & \Leftrightarrow & a = -1/2 & \wedge \; b = 8 & \end{array}$$

Preis-Absatz-Funktion: $p(x) = -1/2\,x + 8$
Da $U(x) = x \cdot p(x) \Rightarrow$ *Umsatzfunktion:* $U(x) = -1/2\,x^2 + 8\,x$

Die Kostenfunktion lautet allgemein $K(x) = a\,x + b$

$$\begin{array}{lllll} K(4) = 24 & \Rightarrow & 24 = & 4\,a + b & | - \\ K(10) = 30 & \Rightarrow & 30 = & 10\,a + b & | + \\ & \Leftrightarrow & 24 = & 4\,a + b & \\ & \wedge & 6 = & 6\,a & \\ & \Leftrightarrow & a = 1 & \wedge \; b = 20 & \end{array}$$

Kostenfunktion: $K(x) = x + 20$

Gewinnfunktion: $G(x) = U(x) - K(x)$
$G(x) = -1/2\ x^2 + 8\ x - (x + 20) \Rightarrow G(x) = -1/2\ x^2 + 7\ x - 20$

Gewinnmaximum
Notwendige Bedingung für ein Maximum von G(x) ist: $G'(x) = 0$
$G'(x) = -x + 7 \Rightarrow -x + 7 = 0 \Leftrightarrow x = 7$
Hinreichende Bedingung für ein Maximum an der Stelle 7 ist:
$G''(7) < 0$; und $G''(x) = -1 \Rightarrow G''(7) = -1 < 0$
Gewinnmaximum bei 7 ME in Höhe von 4,5 GE. Denn $G(7) = 4{,}5$

Gewinngrenzen
$G(x) = 0 \ \wedge\ G(x)$
$\Rightarrow\ -1/2\ x^2 + 7\ x - 20 = 0 \qquad |\ : (-1/2)$
$\Leftrightarrow\ x^2 - 14\ x + 40 = 0 \qquad |$ Satz von Vieta
$\Leftrightarrow\ x_1 = 4 \ \wedge\ x_2 = 10$ denn $4 + 10 = 14 = -p$ und $4 \cdot 10 = 40 = q$
Die Gewinnzone liegt zwischen 4 ME und 10 ME.

Lösung Aufgabe 56

zu a) Preis-Absatz-Funktion und Umsatzfunktion

1. Lösungsmöglichkeit:

Wegen des ersten Grades der Preis-Absatz-Funktion p(x) ist die Umsatzfunktion U(x) eine Funktion zweiten Grades, deren Scheitelpunktform $U(x) = a\ (x - x_s)^2 + y_s$ lautet.

Die Angaben über den maximalen Umsatz enthalten die Koordinaten des Scheitelpunktes: $\Rightarrow x_s = 7$ und $y_s = 21 \Rightarrow U(x) = a\ (x - 7)^2 + 21$
Wegen $U(0) = 0 \Rightarrow 0 = a\ (0 - 7)^2 + 21 \Leftrightarrow 49\ a = -21$
$\Leftrightarrow\ a = -3/7$
$\Rightarrow\ U(x) = -3/7\ (x - 7)^2 + 21 \Leftrightarrow U(x) = -3/7\ (x^2 - 14\ x + 49) + 21$
$\Leftrightarrow$ Umsatzfunktion: $U(x) = -3/7\ x^2 + 6\ x$

Da $U(x) = x \cdot p(x)$, gilt: $p(x) = U(x)/x$
Die Preis-Absatz-Funktion lautet dann $p(x) = -3/7\ x + 6$.

2. Lösungsmöglichkeit:

Wegen des ersten Grades der Preis-Absatz-Funktion p(x) ist die Umsatzfunktion U(x) eine Funktion zweiten Grades, die allgemein
$U(x) = a\ x^2 + b\ x + c$ lautet,
wobei $c = 0$, weil $U(0) = 0 \Rightarrow U(x) = a\ x^2 + b\ x$
Wegen der Sättigungsmenge gilt $U(14) = 0$
Wegen des Scheitelpunktes ist $U(7) = 21$

$$\begin{array}{llrl|l} U(14) = 0 & \Rightarrow & 0 = & 196\ a + 14\ b & :2 \\ U(7) = 21 & \Rightarrow & 21 = & 49\ a + 7\ b & \\ & \Leftrightarrow & 0 = & 98\ a + 7\ b & + \\ & \wedge & 21 = & 49\ a + 7\ b & - \end{array}$$

$$\Leftrightarrow \quad 0 = 98\,a + 7\,b$$
$$\wedge \quad 21 = -49\,a \qquad | : (-49)$$
$$\Leftrightarrow \quad a = -3/7 \;\wedge\; b = 6$$

Umsatzfunktion: $U(x) = -3/7\,x^2 + 6\,x$

Da $U(x) = x \cdot p(x)$, gilt: $p(x) = U(x)/x$
Die Preis-Absatz-Funktion lautet dann $p(x) = -3/7\,x + 6$

3. Lösungsmöglichkeit:

Aus $U(7) = 21$ folgt $p(7) = 3$
Wegen der Sättigungsmenge gilt: $p(14) = 0$
Die Preis-Absatz-Funktion lautet allgemein $p(x) = a\,x + b$

$$p(7) = 3 \quad \Rightarrow \quad 3 = 7\,a + b \qquad | +$$
$$p(14) = 0 \quad \Rightarrow \quad 0 = 14\,a + b \qquad | -$$

$$\Leftrightarrow \quad 3 = 7\,a + b \;\wedge\; -3 = 7\,a$$
$$\Leftrightarrow \quad a = -3/7 \;\wedge\; b = 6$$

Preis-Absatz-Funktion: $p(x) = -3/7\,x + 6$
Da $U(x) = x \cdot p(x)$, gilt: $p(x) = U(x)/x$
Die Umsatzfunktion lautet dann $U(x) = -3/7\,x^2 + 6\,x$.

zu b) Kostenfunktion und Gewinnfunktion

Die Kostenfunktion $K(x)$ lautet allgemein $K(x) = a\,x + b$.
Wegen der fixen Kosten gilt: $K(0) = 15 \Rightarrow b = 15$
$\Rightarrow \quad K(x) = a\,x + 15$
$K(3) = 16 \Rightarrow 16 = 3\,a + 15 \Leftrightarrow a = 1/3 \Rightarrow K(x) = 1/3\,x + 15$

Die Gewinnfunktion $G(x) = U(x) - K(x) = -3/7\,x^2 + 6\,x - (1/3\,x + 15)$
$\Leftrightarrow \quad G(x) = -3/7\,x^2 + 17/3\,x - 15$

zu c) Gewinnzone und Gewinnmaximum

An den Grenzen der Gewinnzone gilt: $G(x) = 0$

$$\Rightarrow \quad -3/7\,x^2 + 17/3\,x - 15 = 0 \qquad | \cdot (-7/3)$$
$$\Leftrightarrow \quad x^2 - 119/9\,x + 35 = 0 \qquad | \text{ Lösungsformel}$$
$$\Leftrightarrow \quad x = 119/18 \pm \sqrt{(119/18)2 - 35}$$
$$\Leftrightarrow \quad x = 6{,}61 \pm 2{,}95 \qquad \text{(gerundet)}$$
$$\Leftrightarrow \quad x_1 = 3{,}66 \;\wedge\; x_2 = 9{,}56$$

Die Gewinnzone liegt zwischen 3,66 ME und 9,56 ME.

Notwendige Bedingung für ein Maximum der Gewinnfunktion: $G'(x) = 0$
$G'(x) = -6/7\,x + 17/3 \Rightarrow -6/7\,x + 17/3 = 0 \Leftrightarrow x = 119/18$
Hinreichende Bedingung für ein Maximum an der Stelle 119/18 ist:
$G''(119/18) < 0$; und $G''(x) = -6/7 \Rightarrow G''(119/18) = -6/7 < 0$

Der Gewinn ist maximal, wenn 119/18 ME hergestellt und verkauft werden. Der Gewinn beträgt dann 3,73 GE.
Denn $G(6{,}61\ldots) = 3{,}73$ $(119/18 = 6{,}61\ldots)$

zu c) Graphische Darstellung

In der folgenden Skizze sind links die Preis-Absatz-Gerade und die Umsatzkurve zu sehen, rechts zusätzlich die ansteigende Kostengerade und der Graph der Gewinnfunktion.

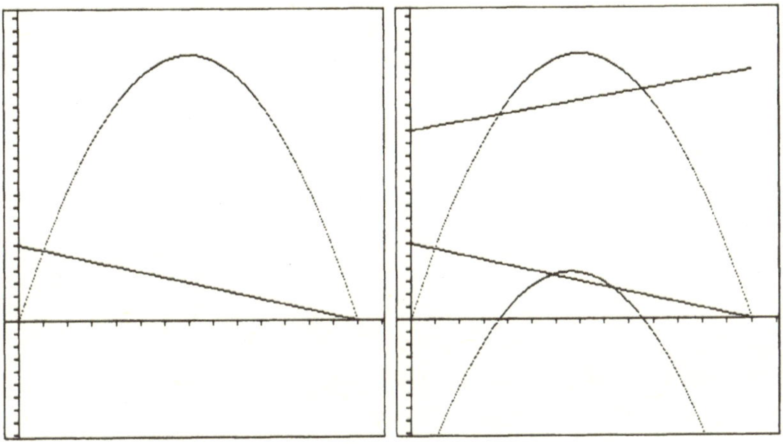

Lösung Aufgabe 57

zu a) Umsatzfunktion und Gewinnfunktion

Der Umsatz ist definitionsgemäß der zu Verkaufspreisen bewertete Absatz, rechnerisch also das Produkt Menge mal Preis.

$\Rightarrow$ $U(x) = x \cdot p(x)$

$\Rightarrow$ $U(x) = x\,(-1/5\ x + 10)$

$\Rightarrow$ Umsatzfunktion: $U(x) = -1/5\ x^2 + 10\ x$

Der Gewinn ist definitionsgemäß die Differenz Umsatz minus Kosten.

Also: $G(x) = U(x) - K(x)$

$\Rightarrow$ $G(x) = -1/5\ x^2 + 10\ x - (1/25\ x^2 + 2/5\ x + 72)$

$\Rightarrow$ Gewinnfunktion: $G(x) = -6/25\ x^2 + 48/5\ x - 72$

zu b) Gewinnzone

Die Grenzen der Gewinnzone sind die Nullstellen der Gewinnfunktion

$\Rightarrow$ $G(x) = 0$

$\Rightarrow$ $-6/25\ x^2 + 48/5\ x - 72 = 0$ | normieren

$\Leftrightarrow$ $x^2 - 40\ x + 300 = 0$ | Satz von Vieta

$\Leftrightarrow$ $x_1 = 10 \ \wedge \ x_2 = 30$ denn $10 + 30 = 40 = -p$
und $10 \cdot 30 = 300 = q$

Die Gewinnzone liegt zwischen 10 ME und 30 ME.

zu c) Gewinn im Umsatzmaximum

Notwendige Bedingung für ein Maximum von U(x) ist: $U'(x) = 0$

$U'(x) = -2/5\ x + 10 \Rightarrow -2/5\ x + 10 = 0 \Leftrightarrow x = 25$

Hinreichende Bedingung für ein Maximum an der Stelle 25 ist:
$U''(25) < 0$; und $U''(x) = -2/5 \Rightarrow U''(25) = -2/5 < 0$
Das Umsatzmaximum wird bei 25 ME mit 125 GE erzielt.
Denn $U(25) = 125$

Gewinn im Umsatzmaximum $\Rightarrow G(25) = U(25) - K(25)$
und $U(25) = 125$ und $K(25) = 107 \Rightarrow G(25) = 18$
Im Umsatzmaximum beträgt der Gewinn 18 GE.

zu d) Gewinnmaximum

Notwendige Bedingung für ein Maximum von G(x) ist: $G'(x) = 0$
$G'(x) = -12/25\ x + 48/5 \Rightarrow -12/25\ x + 48/5 = 0 \Leftrightarrow x = 20$
Hinreichende Bedingung für ein Maximum an der Stelle 20 ist:
$G''(20) < 0$; und $G''(x) = -12/25 \Rightarrow G''(20) = -12/25 < 0$
Gewinnmaximum bei 20 ME in Höhe von 24 GE. Denn $G(20) = 24$

Lösung Aufgabe 58

zu a) Preis-Absatz-Funktion und Umsatzfunktion

Die Preis-Absatz-Funktion lautet allgemein $p(x) = a\ x + b$.

$$
\begin{array}{llrl}
p(1) = 7/4 & \Rightarrow & 7/4 = & a + b \\
p(6) = 1/2 & \Rightarrow & 1/2 = & 6a + b \quad | + \\
& \Leftrightarrow & 7/4 = & a + b \\
& \wedge & -5/4 = & 5a \quad | : 5 \\
& \Leftrightarrow & & a = -1/4 \ \wedge \ b = 2
\end{array}
$$

Die Preis-Absatz-Funktion lautet also $p(x) = -1/4\ x + 2$.
Da $U(x) = x \cdot p(x) \Rightarrow$ Umsatzfunktion: $U(x) = -1/4\ x^2 + 2\ x$

zu b)

Gewinnfunktion

$G(x) = U(x) - K(x)$

$$
\begin{array}{ll}
& G(x) = -1/4\ x^2 + 2\ x - (1/9\ x^2 + 2/9\ x + 19/9) \\
\Leftrightarrow & G(x) = -13/36\ x^2 + 16/9\ x - 19/9
\end{array}
$$

Grenzen der Gewinnzone

$$
\begin{array}{ll}
\Rightarrow & G(x) = 0 \\
\Rightarrow & -13/36\ x^2 + 16/9\ x - 19/9 = 0 \quad | \cdot (-36/13) \\
\Leftrightarrow & x^2 - 64/13\ x + 76/13 = 0 \quad | \text{ Lösungsformel} \\
\Leftrightarrow & x = 32/13 \pm \sqrt{(32/13)^2 - 76/13} = 32/13 \pm 6/13 \\
\Leftrightarrow & x_1 = 2 \ \wedge \ x_2 = 38/13 = 2{,}923\ldots
\end{array}
$$

Die Gewinnzone liegt zwischen 2 ME und 2,92 ME.

Gewinnmaximum

Notwendige Bedingung für ein Gewinnmaximum ist: $G'(x) = 0$
$G'(x) = -13/18\ x + 16/9 \Rightarrow -13/18\ x + 16/9 = 0 \Leftrightarrow x = 32/13$

Hinreichende Bedingung für das Maximum an der Stelle 32/13 ist:
G"(32/13) < 0; und G"(x) = −13/18 ⇒ G"(32/13) = −13/18 < 0
Das Gewinnmaximum liegt an der Stelle 32/13 = 2,4615384

Der maximale Gewinn macht G(32/13) aus, also 0,07692... GE.
Denn $G(32/13) = -(13/36) \cdot (32/13)^2 + (16/9) \cdot (32/13) - 19/9$
$= 0{,}07692\ldots$

Cournotscher Punkt C
C ist der Punkt auf der Preis-Absatz-Funktion, der dem Gewinnmaximum entspricht. ⇒ p(32/13) = −1/4 · 32/13 + 2 = 1,3846154
⇒ C (2,46 | 1,38)

Die folgende graphische Darstellung zeigt links die Preis-Absatz-Gerade und die Umsatzkurve, rechts zusätzlich die ansteigende Kostenkurve und den nach unten geöffneten Graphen der Gewinnfunktion.

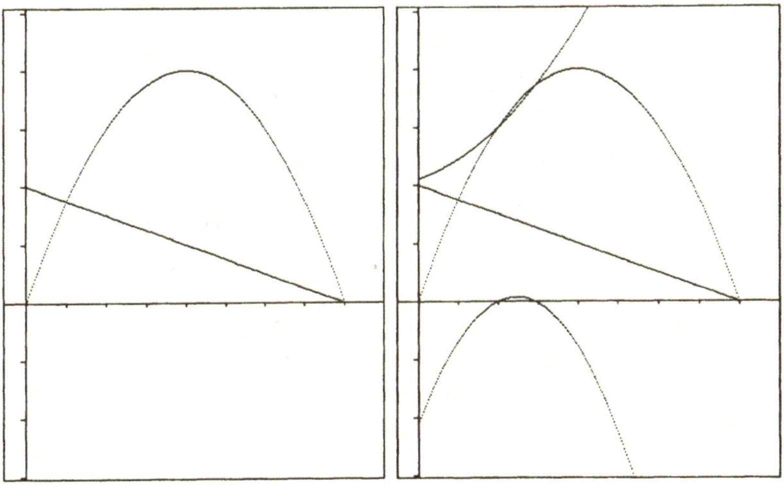

Lösungen der Aufgaben aus der Kosten- und Preistheorie

Lösung Aufgabe 59

zu a)

Der Gewinn ist definitionsgemäß die Differenz Umsatz minus Kosten.
Also $G(x) = U(x) - K(x)$
$\Rightarrow \quad G(x) = 24{,}5\ x - (0{,}5\ x^3 - 7{,}5\ x^2 + 38\ x + 32)$
Gewinnfunktion $G(x) = -0{,}5\ x^3 + 7{,}5\ x^2 - 13{,}5\ x - 32$

Notwendige Bedingung für ein relatives Maximum von $G(x)$: $G'(x) = 0$
und $G'(x) = -1{,}5\ x^2 + 15\ x - 13{,}5$

$$\Rightarrow \quad -1{,}5\ x^2 + 15\ x - 13{,}5 = 0 \qquad |\ :(-1{,}5)$$
$$\Leftrightarrow \quad x^2 - 10\ x + 9 = 0 \qquad |\ \text{Lösungsformel}$$
$$\Leftrightarrow \quad x = 5 \pm \sqrt{25 - 9} = 5 \pm \sqrt{16} = 5 \pm 4$$
$$\Leftrightarrow \quad x = 1 \ \vee \ x = 9$$

Hinreichende Bedingung für ein relatives Maximum an der Stelle 1 ist:
$G''(1) < 0$; und $G''(x) = -3\ x + 15 \Rightarrow G''(1) = 12 > 0$
An der Stelle 1 liegt kein Maximum.
Hinreichende Bedingung für ein relatives Maximum an der Stelle 9 ist:
$G''(9) < 0$; und $G''(x) = -3\ x + 15 \Rightarrow G''(9) = -12 < 0$
An der Stelle 9 liegt das Gewinnmaximum.
$G(9) = U(9) - K(9) = 220{,}5 - 131 = 89{,}5$
Gewinnmaximum bei 9 ME in Höhe von 89,5 GE.

zu b)

Im Betriebsminimum sind die durchschnittlichen variablen Kosten $k_v(x)$ minimal, wobei $k_v(x) = K_v(x)/x$ ist; und $K_v(x) = K(x) - K(0)$.

$$K_v(x) = 0{,}5\ x^3 - 7{,}5\ x^2 + 38\ x \Rightarrow k_v(x) = 0{,}5\ x^2 - 7{,}5\ x + 38$$

Die notwendige Bedingung für ein relatives Minimum von $k_v(x)$ ist:
$k_v'(x) = 0$; und $k_v'(x) = x - 7{,}5 \Rightarrow x - 7{,}5 = 0 \Leftrightarrow x = 7{,}5$
Hinreichende Bedingung für ein relatives Minimum an der Stelle 7,5 ist:
$k_v''(7{,}5) > 0$. Da $k_v''(x) = 1 \Rightarrow k_v''(7{,}5) = 1 > 0$

Das *Betriebsminimum* liegt an der Stelle 7,5; es ist also bei der Herstellung von 7,5 ME Elmarit erreicht. Die minimalen variablen Stückkosten betragen 9,875 GE; denn $k_v(7{,}5) = 9{,}875$

Das Betriebsminimum kann aber auch als die Stelle aufgefaßt werden, an der die Tangente an die Kostenkurve die y-Achse genau in Höhe der fixen

Kosten, also in Höhe von K(0) schneidet. So würde man hier das Betriebsminimum auch dadurch finden, daß man den Berührungspunkt der Kurventangente bestimmt, die die y-Achse in Höhe von 32 schneidet (siehe dazu Aufgabe 24).

Die Steigung dieser Kurventangente würde dann den minimalen variablen Stückkosten entsprechen und in diesem Fall 9,875 betragen.

zu c)

Das Betriebsoptimum ist die Stelle, an der der Fahrstrahl an die Kostenfunktion zur Tangente wird. Der Fahrstrahl kommt aus dem Koordinatenursprung und "fährt", während er sich um den Koordinatenursprung dreht, die Kostenkurve entlang, die er fast immer schneidet, nur ein einziges Mal nicht, wenn er die Kostenkurve gerade noch berührt. Dann ist der Fahrstrahl am flachsten.

Die Steigung des Fahrstrahls entspricht den durchschnittlichen Gesamtkosten. Denn das entsprechende Steigungsdreieck könnte den Koordinatenursprung, den Schnittpunkt des Fahrstrahls mit der Kostenkurve und die dazugehörige Stelle auf der x-Achse als Eckpunkte haben. Dann entspricht die Länge der Gegenkathete den Kosten und die Länge der Ankathete der hergestellten Menge.

1. Ansatz:

Das Betriebsoptimum läßt sich also dadurch ermitteln, daß die Funktion der durchschnittlichen Gesamtkosten auf ihr relatives Minimum untersucht wird.
Dabei ist $k(x) = K(x)/x = 0{,}5\,x^2 - 7{,}5\,x + 38 + 32\,x^{-1} \qquad (x \neq 0)$
Die notwendige Bedingung dafür ist, daß die erste Ableitung von k(x), nämlich k'(x), gleich 0 ist; und $k'(x) = x - 7{,}5 - 32\,x^{-2}$
($+\,32\,x^{-1}$ läßt sich nach der Potenzregel ableiten.)

$\Rightarrow \quad x - 7{,}5 - 32\,x^{-2} = 0 \qquad | \cdot x^2$

$\Leftrightarrow \quad x^3 - 7{,}5\,x^2 - 32 = 0$

Lösungsversuch mit Horner-Schema

	1	−7,5	0	−32	
		8	4	32	
8	1	0,5	4	0	$x_1 = 8$

$\Leftrightarrow \quad (x - 8)(x^2 + 0{,}5\,x + 4) = 0$

$\Leftrightarrow \quad x = 8 \;\vee\; x^2 + 0{,}5\,x + 4 = 0$

Nebenrechnung: $x^2 + 0{,}5\,x + 4 = 0 \qquad |$ Lösungsformel

$x = -0{,}25 \pm \sqrt{-3{,}9375}$

Diskriminante ist negativ, keine weitere Lösung

Nur an der Stelle 8 ist die notwendige Bedingung für ein relatives Minimum erfüllt.

Hinreichende Bedingung für ein relatives Minimum an der Stelle 8 ist:
$k''(8) > 0$; und $k''(x) = 1 + 64\,x^{-3} \Rightarrow k''(8) = 1{,}125 > 0$

Das Betriebsoptimum ist an der Stelle 8, also bei 8 ME Elmarit erreicht. Die dann minimalen Durchschnittskosten betragen 14 GE; $k(8) = 14$

2. Ansatz:

Im Betriebsoptimum ist der Fahrstrahl an die Kostenkurve das einzige Mal gleichzeitig auch Tangente an die Kostenkurve, d. h. die durchschnittlichen Gesamtkosten sind das einzige Mal gleich den Grenzkosten. Die Steigung des Fahrstrahls entspricht den Durchschnittskosten, die Steigung der Tangente den Grenzkosten. Das Betriebsoptimum läßt sich demnach dadurch ermitteln, daß die Terme von Grenzkosten und Durchschnittskosten gleichgesetzt werden. $\Rightarrow K'(x) = k(x)$

$$\begin{aligned}
&\Rightarrow \quad 1{,}5\,x^2 - 15\,x + 38 = 0{,}5\,x^2 - 7{,}5\,x + 38 + 32\,x^{-1} \\
&\Leftrightarrow \quad x^2 - 7{,}5\,x - 32\,x^{-1} = 0 \qquad\qquad | \cdot x \wedge (x \neq 0) \\
&\Leftrightarrow \quad x^3 - 7{,}5\,x^2 - 32 = 0 \\
&\Leftrightarrow \quad x = 8 \text{ (siehe oben, 1. Ansatz)}
\end{aligned}$$

Das Betriebsoptimum ist an der Stelle 8, also bei 8 ME Elmarit erreicht.

Graphische Darstellung:

Die linke Graphik zeigt die Kostenkurve, die Umsatzgerade und die Gewinnkurve. Rechts sind die Kostenkurve und zwei Fahrstrahlen zu sehen, auch derjenige, der die Kostenkurve nicht schneidet, sondern berührt.

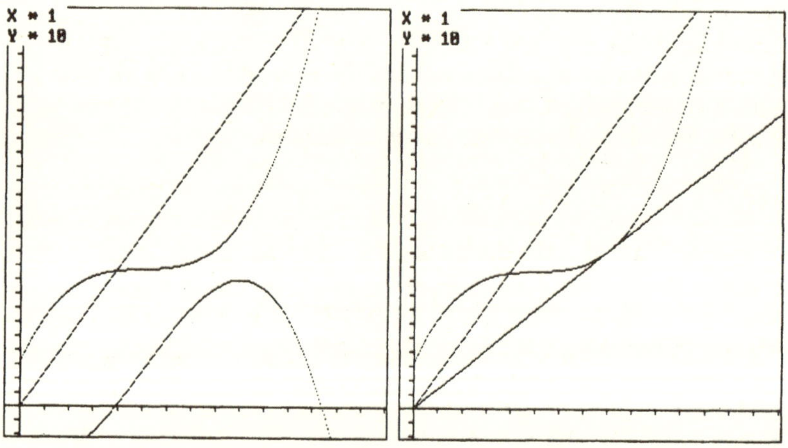

Lösung Aufgabe 60

zu a)

Der Gewinn ist definitionsgemäß die Differenz Umsatz minus Kosten.
Also $G(x) = U(x) - K(x)$
$\Rightarrow$ $G(x) = 24{,}5\,x - (0{,}125\,x^3 - 3{,}75\,x^2 + 38\,x + 64)$ $\Rightarrow$
Gewinnfunktion $G(x) = -0{,}125\,x^3 + 3{,}75\,x^2 - 13{,}5\,x - 64$

Notwendige Bedingung für ein relatives Maximum von G(x) ist:
$G'(x) = 0$; und $G'(x) = -0{,}375\,x^2 + 7{,}5\,x - 13{,}5$
$\Rightarrow$ $-0{,}375\,x^2 + 7{,}5\,x - 13{,}5 = 0$ | : (−0,375)
$\Leftrightarrow$ $x^2 - 20\,x + 36 = 0$ | Lösungsformel
$\Leftrightarrow$ $x = 10 \pm \sqrt{10^2 - 36} = 10 \pm \sqrt{64} = 10 \pm 8$
$\Leftrightarrow$ $x = 2 \vee x = 18$

Hinreichende Bedingung für ein relatives Maximum an der Stelle 2 ist:
$G''(2) < 0$; und $G''(x) = -0{,}75\,x + 7{,}5 \Rightarrow G''(2) = 6 > 0$
An der Stelle 2 liegt kein Maximum.

Hinreichende Bedingung für ein relatives Maximum an der Stelle 18 ist:
$G''(18) < 0$; und $G''(x) = -0{,}75\,x + 7{,}5 \Rightarrow G''(18) = -6 < 0$
An der Stelle 18 liegt das Maximum.
$G(18) = U(18) - K(18) = 441 - 256 = 179$
Gewinnmaximum bei 18 ME in Höhe von 179 GE.

zu b)

Im Betriebsminimum sind die durchschnittlichen variablen Kosten $k_v(x)$ minimal, wobei $k_v(x) = K_v(x)/x$ ist; und $K_v(x) = K(x) - K(0)$.

$K_v(x) = 0{,}125\,x^3 - 3{,}75\,x^2 + 38\,x \Rightarrow k_v(x) = 0{,}125\,x^2 - 3{,}75\,x + 38$

Die notwendige Bedingung für ein relatives Minimum von $k_v(x)$ ist:
$k_v'(x) = 0$; und $k_v'(x) = 0{,}25\,x - 3{,}75$
$\Rightarrow 0{,}25\,x - 3{,}75 = 0 \Leftrightarrow x = 15$
Hinreichende Bedingung für ein relatives Minimum an der Stelle 15 ist:
$k_v''(15) > 0$. Da $k_v''(x) = 0{,}25 \Rightarrow k_v''(15) = 0{,}25 > 0$

Das *Betriebsminimum* liegt an der Stelle 15; es ist also bei der Herstellung von 7,5 ME Utzolin erreicht. Die minimalen variablen Stückkosten betragen 9,875 GE; denn $k_v(15) = 9{,}875$

Das Betriebsminimum kann aber auch als die Stelle aufgefaßt werden, an der die Tangente an die Kostenkurve die y-Achse genau in Höhe der fixen Kosten, also in Höhe von K(0) schneidet. So würde man hier das Betriebsminimum auch dadurch finden, daß man den Berührungspunkt der Kurventangente bestimmt, die die y-Achse in Höhe von 64 schneidet (siehe dazu Aufgabe 24).

Die Steigung dieser Kurventangente würde dann den minimalen variablen Stückkosten entsprechen und in diesem Fall 9,875 betragen.

zu c)

Das Betriebsoptimum ist die Stelle, an der der Fahrstrahl an die Kostenfunktion zur Tangente wird. An keiner anderen Stelle ist der Fahrstrahl flacher als im Betriebsoptimum. Die Steigung des Fahrstrahls entspricht den durchschnittlichen Gesamtkosten k(x).

1. Ansatz:

Das Betriebsoptimum läßt sich dadurch ermitteln, daß die Funktion der durchschnittlichen Gesamtkosten auf ihr relatives Minimum untersucht wird. Dabei ist $k(x) = K(x)/x = 0{,}125\,x^2 - 3{,}75\,x + 38 + 64\,x^{-1}$

Die notwendige Bedingung dafür ist, daß die erste Ableitung von k(x), nämlich k'(x), gleich 0 ist. $\Rightarrow$ $k'(x) = 0{,}25\,x - 3{,}75 - 64\,x^{-2}$

$\Rightarrow$ $0{,}25\,x - 3{,}75 - 64\,x^{-2} = 0$ | $\cdot\, x^2 \wedge x \neq 0$

$\Leftrightarrow$ $0{,}25\,x^3 - 3{,}75\,x^2 - 64 = 0$ | $: 0{,}25$

$\Leftrightarrow$ $x^3 - 15\,x^2 - 256 = 0$

Lösungsversuch mit Horner-Schema

	1	−15	0	−256
		16	16	256
16	1	1	16	0

$x_1 = 16$

$\Leftrightarrow$ $(x - 16)(x^2 + x + 16) = 0$

$\Leftrightarrow$ $x = 16 \vee x^2 + x + 16 = 0$

Nebenrechnung: $x^2 + x + 16 = 0$ | Lösungsformel

$x = -0{,}5 \pm \sqrt{-15{,}75}$

keine weitere Lösung; Diskriminante ist negativ

Nur an der Stelle 16 ist die notwendige Bedingung für ein relatives Minimum erfüllt.

Hinreichende Bedingung für ein relatives Minimum an der Stelle 16 ist: $k''(16) > 0$; und $k''(x) = 0{,}25 + 128\,x^{-3}$ $\Rightarrow$ $k''(16) = 0{,}28125 > 0$

Das Betriebsoptimum liegt an der Stelle 16, also bei 16 ME Utzolin. Die dann minimalen Durchschnittskosten betragen 14 GE; denn $k(16) = 14$.

2. Ansatz:

Im Betriebsoptimum ist der Fahrstrahl an die Kostenkurve das einzige Mal gleichzeitig auch Tangente an die Kostenkurve, d. h. die durchschnittlichen Gesamtkosten sind das einzige Mal gleich den Grenzkosten.

Das Betriebsoptimum läßt sich demnach dadurch ermitteln, daß die Terme von Grenzkosten und Durchschnittskosten gleichgesetzt werden.

$\Rightarrow$ $K'(x) = k(x)$

$\Rightarrow$ $0{,}375\,x^2 - 7{,}5\,x + 38 = 0{,}125\,x^2 - 3{,}75\,x + 38 + 64\,x^{-1}$

$\Leftrightarrow$ $0{,}25\,x^2 - 3{,}75\,x - 64\,x^{-1} = 0$ | $\cdot\, x \wedge x \neq 0$

$\Leftrightarrow$ $0{,}25\,x^3 - 3{,}75\,x^2 - 64 = 0$ | $: 0{,}25$

$\Leftrightarrow \quad x^3 - 15\,x^2 - 256 = 0$
$\Leftrightarrow \quad x = 16$ (weiter wie oben, 1. Ansatz)
Das Betriebsoptimum ist bei 16 ME Utzolin erreicht.

Lösung Aufgabe 61

zu a)

Der Gewinn ist definitionsgemäß die Differenz Umsatz minus Kosten.
Also $G(x) = U(x) - K(x)$
$\Rightarrow \quad G(x) = 14{,}5\,x - (0{,}125\,x^3 - 2{,}25\,x^2 + 14{,}5\,x + 25) \Rightarrow$
Gewinnfunktion $G(x) = -0{,}125\,x^3 + 2{,}25\,x^2 - 25$

Notwendige Bedingung für ein relatives Maximum von G(x): $G'(x) = 0$
und $G'(x) = -0{,}375\,x^2 + 4{,}5\,x$
$\Rightarrow \quad -0{,}375\,x^2 + 4{,}5\,x = 0 \qquad | : (-0{,}375)$
$\Leftrightarrow \quad x^2 - 12\,x = 0$
$\Leftrightarrow \quad x\,(x - 12) = 0$
$\Leftrightarrow \quad x = 0 \;\vee\; x = 12$
Hinreichende Bedingung für ein relatives Maximum an der Stelle 0 ist:
$G''(0) < 0$; und $G''(x) = -0{,}75\,x + 4{,}5 \Rightarrow G''(0) = 4{,}5 > 0$
An der Stelle 0 ist die hinreichende Bedingung für ein *Minimum* erfüllt.

Hinreichende Bedingung für ein relatives Maximum an der Stelle 12 ist:
$G''(12) < 0$; und $G''(x) = -0{,}75\,x + 7{,}5 \Rightarrow G''(12) = -1{,}5 < 0$
An der Stelle 12 liegt das Gewinnmaximum.
$G(12) = U(12) - K(12) = 174 - 91 = 83$
Das *Gewinnmaximum* liegt bei 12 ME in Höhe von 83 GE.

zu b)

Im Betriebsminimum sind die durchschnittlichen variablen Kosten $k_v(x)$ minimal, wobei $k_v(x) = K_v(x)/x$ ist; und $K_v(x) = K(x) - K(0)$.

$K_v(x) = 0{,}125\,x^3 - 2{,}25\,x^2 + 14{,}5\,x$
$\Rightarrow \quad k_v(x) = 0{,}125\,x^2 - 2{,}25\,x + 14{,}5$

Die notwendige Bedingung für ein relatives Minimum von $k_v(x)$ ist:
$k_v'(x) = 0$; und $k_v'(x) = 0{,}25\,x - 2{,}25$
$\Rightarrow \quad 0{,}25\,x - 2{,}25 = 0 \Leftrightarrow x = 9$
Hinreichende Bedingung für ein relatives Minimum an der Stelle 9 ist:
$k_v''(9) > 0$. Da $k_v''(x) = 0{,}25 \Rightarrow k_v''(9) = 0{,}25 > 0$

Das *Betriebsminimum* liegt an der Stelle 9, ist also bei der Herstellung von 9 ME Impulan erreicht. Die minimalen variablen Stückkosten betragen 4,375 GE; denn $k_v(9) = 4{,}375$

Das Betriebsminimum kann aber auch als die Stelle aufgefaßt werden, an der die Tangente an die Kostenkurve die y-Achse genau in Höhe der fixen

Kosten, also in Höhe von K(0) schneidet. So würde man das Betriebsminimum auch dadurch finden, daß man den Berührungspunkt der Kurventangente bestimmt, die die y-Achse in Höhe von 25 schneidet (siehe dazu Aufgabe 24).

Die Steigung dieser Kurventangente würde den minimalen variablen Stückkosten entsprechen und 4,375 betragen.

zu c)

Das Betriebsoptimum ist die Stelle, an der der Fahrstrahl an die Kostenfunktion zur Tangente wird. An keiner anderen Stelle ist der Fahrstrahl flacher als im Betriebsoptimum. Die Steigung des Fahrstrahls entspricht den durchschnittlichen Gesamtkosten k(x).

1. Ansatz:

Das Betriebsoptimum läßt sich demnach dadurch ermitteln, daß die Funktion der durchschnittlichen Gesamtkosten auf ihr Minimum untersucht wird. Dabei ist $k(x) = K(x)/x = 0{,}125\,x^2 - 2{,}25\,x + 14{,}5 + 25\,x^{-1}$

Die notwendige Bedingung dafür ist, daß die erste Ableitung von k(x), nämlich k'(x), gleich 0 ist; und $k'(x) = 0{,}25\,x - 2{,}25 - 25\,x^{-2}$

$\Rightarrow \quad 0{,}25\,x - 2{,}25 - 25\,x^{-2} = 0 \qquad | \cdot x^2 \wedge x \neq 0$

$\Leftrightarrow \quad 0{,}25\,x^3 - 2{,}25\,x^2 - 25 = 0 \qquad | : 0{,}25$

$\Leftrightarrow \quad x^3 - 9\,x^2 - 100 = 0$

Lösungsversuch mit Horner-Schema

	1	−9	0	−100
		10	10	100
10	1	1	10	0

$x_1 = 10$

$\Leftrightarrow \quad (x - 10)(x^2 + x + 10) = 0$

$\Leftrightarrow \quad x = 16 \quad \vee \quad x^2 + x + 10 = 0$

Nebenrechnung: $x^2 + x + 10 = 0 \qquad |$ Lösungsformel

$x = -0{,}5 \pm \sqrt{-9{,}75}$

Diskriminante ist negativ; keine weitere Lösung

An der Stelle 10 ist die notwendige Bedingung für ein relatives Minimum erfüllt.
Hinreichende Bedingung für ein relatives Minimum an der Stelle 10 ist: $k''(10) > 0$; und $k''(x) = 0{,}25 + 50\,x^{-3} \Rightarrow k''(10) = 0{,}3 > 0$
Das Betriebsoptimum ist bei 10 ME Impulan erreicht.
Die dann minimalen Durchschnittskosten betragen 7 GE; denn k(10) = 7.

2. Ansatz:

Im Betriebsoptimum ist der Fahrstrahl an die Kostenkurve das einzige Mal gleichzeitig auch Tangente an die Kostenkurve, d. h. die durchschnittlichen Gesamtkosten sind das einzige Mal gleich den Grenzkosten.

Das Betriebsoptimum läßt sich demnach dadurch ermitteln, daß die Terme von Grenzkosten und Durchschnittskosten gleichgesetzt werden.

$\Rightarrow \quad K'(x) = k(x)$
$\Rightarrow \quad 0{,}375\ x^2 - 4{,}5\ x + 14{,}5 = 0{,}125\ x^2 - 2{,}25\ x + 14{,}5 + 25\ x^{-1}$
$\Leftrightarrow \quad 0{,}25\ x^2 - 2{,}25\ x - 25\ x^{-1} = 0 \qquad | \cdot x \wedge x \neq 0$
$\Leftrightarrow \quad 0{,}25\ x^3 - 2{,}25\ x^2 - 25 = 0 \qquad | : 0{,}25$
$\Leftrightarrow \quad x^3 - 9\ x^2 - 100 = 0$
$\Leftrightarrow \quad x = 10$ (siehe oben, 1. Ansatz)

Das Betriebsoptimum ist bei 10 ME Impulan erreicht.

Lösung Aufgabe 62

zu a)

Das *Betriebsoptimum* ist die Stelle, an der der Fahrstrahl an die Kostenfunktion zur Tangente wird. An keiner anderen Stelle ist der Fahrstrahl flacher als im Betriebsoptimum. Die Steigung des Fahrstrahls entspricht den durchschnittlichen Gesamtkosten k(x).

1. Ansatz:

Das Betriebsoptimum läßt sich dadurch ermitteln, daß die Funktion der durchschnittlichen Gesamtkosten auf ihr Minimum untersucht wird. Dabei ist $k(x) = K(x)/x = (0{,}25\ x^3 - 6{,}75\ x^2 + 62\ x + 49) : x$
$k(x) = 0{,}25\ x^2 - 6{,}75\ x + 62 + 49\ x^{-1} \quad \wedge \quad (x \neq 0)$

Die notwendige Bedingung dafür ist, daß die erste Ableitung von k(x), nämlich k'(x), gleich 0 ist; und $k'(x) = 0{,}5\ x - 6{,}75 - 49\ x^{-2}$
$\Rightarrow \quad 0{,}5\ x - 6{,}75 - 49\ x^{-2} = 0 \qquad | \cdot x^2 \wedge x \neq 0$
$\Leftrightarrow \quad 0{,}5\ x^3 - 6{,}75\ x^2 - 49 = 0 \qquad | \cdot 4$
$\Leftrightarrow \quad 2\ x^3 - 27\ x^2 - 196 = 0$

Lösungsversuch mit Horner-Schema

	2	-27	0	-196
		28	14	196
14	2	1	14	0

$x_1 = 14$

$\Leftrightarrow \quad (x - 14)(2\ x^2 + x + 14) = 0$
$\Leftrightarrow \quad x = 14$ oder $2\ x^2 + x + 14 = 0$

Nebenrechnung: $2\ x^2 + x + 14 = 0 \qquad | : 2$
$x^2 + 0{,}5\ x + 7 = 0 \qquad |$ Lösungsformel
$x = -0{,}25 \pm \sqrt{-6{,}9375}$
Diskriminante ist negativ; keine weitere Lösung

An der Stelle 14 ist die notwendige Bedingung für ein relatives Minimum erfüllt.

Hinreichende Bedingung für ein relatives Minimum an der Stelle 14 ist: $k''(14) > 0$; und $k''(x) = 0{,}5 + 98\,x^{-3} \Rightarrow k''(14) = 0{,}535\ldots > 0$

Das Betriebsoptimum ist bei 14 ME Rakalit erreicht. Die minimalen Durchschnittskosten betragen 20 GE; denn $k(14) = 20$.

2. Ansatz:

Im ***Betriebsoptimum*** ist der Fahrstrahl an die Kostenkurve das einzige Mal gleichzeitig auch Tangente an die Kostenkurve, d. h. die durchschnittlichen Gesamtkosten sind das einzige Mal gleich den Grenzkosten.

Das Betriebsoptimum läßt sich also dadurch ermitteln, daß die Terme von Grenzkosten und Durchschnittskosten gleichgesetzt werden.

$\Rightarrow \quad K'(x) = k(x)$

$\Rightarrow \quad 0{,}75\,x^2 - 13{,}5\,x + 62 = 0{,}25\,x^2 - 6{,}75\,x + 62 + 49\,x^{-1}$

$\Leftrightarrow \quad 0{,}5\,x^2 - 6{,}75\,x - 49\,x^{-1} = 0 \qquad | \cdot x \ \wedge\ (x \neq 0)$

$\Leftrightarrow \quad 0{,}5\,x^3 - 6{,}75\,x^2 - 49 = 0 \qquad | \cdot 2$

$\Leftrightarrow \quad x^3 - 13{,}5\,x^2 - 98 = 0$

$\Leftrightarrow \quad x_1 = 14$ (siehe oben, 1. Ansatz)

Das Betriebsoptimum ist an der Stelle 14, bei 14 ME Rakalit, erreicht.

zu b)

Die Grenzkosten werden mit der ersten Ableitungsfunktion $K'(x)$ beschrieben. Deshalb muß das relative Minimum von $K'(x)$ bestimmt werden. $K'(x) = 0{,}75\,x^2 - 13{,}5\,x + 62$

Die notwendige Bedingung dafür ist, daß die erste Ableitung von $K'(x)$, nämlich $K''(x)$, gleich 0 ist; und $K''(x) = 1{,}5\,x - 13{,}5$

$\Rightarrow \quad 1{,}5\,x - 13{,}5 = 0 \Leftrightarrow x_2 = 9$

Hinreichende Bedingung für ein relatives Minimum von $K'(x)$ an der Stelle 9 ist, daß die zweite Ableitung von $K'(x)$, nämlich $K'''(x)$, an der Stelle 9 größer als 0 ist. Und $K'''(x) = 1{,}5 \Rightarrow K'''(9) = 1{,}5 > 0$

Das Minimum der Grenzkosten liegt an der Stelle 9, ist bei der Herstellung von 9 ME Rakalit erreicht. Die minimalen Grenzkosten betragen 1,25 GE; denn $K'(9) = 1{,}25$.

Die Bedingungen der so berechneten minimalen Grenzkosten stimmen mit denen überein, die für den Wendepunkt der Kostenkurve erfüllt sein müssen. Deshalb entspricht das Minimum der Grenzkosten dem Wendepunkt der Kostenfunktion. Das Minimum der Grenzkosten ist mit der Herstellungsmenge erreicht, bei der eine kleine, zusätzlich hergestellte Einheit die geringsten zusätzlichen Kosten verursacht.

zu c)

Der Gewinn ist definitionsgemäß die Differenz Umsatz minus Kosten.

$G(x) = U(x) - K(x) \Rightarrow G(x) = 34\,x - (0{,}25\,x^3 - 6{,}75\,x^2 + 62\,x + 49)$

Gewinnfunktion $G(x) = -0{,}25\,x^3 + 6{,}75\,x^2 - 28\,x \quad 49$

Die Gewinngrenzen entsprechen den Nullstellen der Gewinnfunktion:

$\Rightarrow$ $G(x) = 0$

$\Rightarrow$ $-0{,}25\,x^3 + 6{,}75\,x^2 - 28\,x - 49 = 0$ $\quad | \cdot (-4)$

$\Leftrightarrow$ $x^3 - 27\,x^2 + 112\,x + 196 = 0$

Lösungsversuch mit Horner-Schema

	1	−27	112	196
		7	−140	−196
7	1	−20	−28	0

$x_1 = 7$

$\Leftrightarrow$ $(x - 7)(x^2 - 20\,x - 28) = 0$

$\Leftrightarrow$ $x = 7 \;\vee\; x^2 - 20\,x - 28 = 0$

Nebenrechnung: $x^2 - 20\,x - 28 = 0$ $\quad |$ Lösungsformel

$x = 10 \pm \sqrt{128} = 10 \pm 11{,}31\ldots$

$x_4 = 21{,}31\ldots \;\wedge\; x_5 = -1{,}31\ldots$

x_5 kommt aus sachlichen Gründen nicht in Frage.

Die Gewinngrenzen sind 7 ME und 21,31 ME.

zu d)

Notwendige Bedingung für ein relatives Maximum von G(x): $G'(x) = 0$
und $G'(x) = -0{,}75\,x^2 + 13{,}5\,x - 28$

$\Rightarrow$ $-0{,}75\,x^2 + 13{,}5\,x - 28 = 0$ $\quad | : (-0{,}75)$

$\Leftrightarrow$ $x^2 - 18\,x + 37{,}\overline{3} = 0$ $\quad |$ Lösungsformel

$\Leftrightarrow$ $x = 9 \pm \sqrt{81 - 37{,}3\ldots} = 9 \pm \sqrt{43{,}6\ldots}$

$\Leftrightarrow$ $x = 9 \pm 6{,}608\ldots$

$\Leftrightarrow$ $x_3 = 2{,}39\ldots \;\wedge\; x_4 = 15{,}608\ldots$

Hinreichende Bedingung für ein relatives Maximum an der Stelle x_3 ist:
$G''(x_3) < 0$; und $G''(x) = -1{,}5\,x + 13{,}5 \;\Rightarrow\; G''(x_3) = 9{,}9\ldots > 0$
An der Stelle x_3 liegt kein Maximum.
Hinreichende Bedingung für ein relatives Maximum an der Stelle x_4 ist:
$G''(x_4) < 0$; und $G''(x) = -1{,}5\,x + 13{,}5 \;\Rightarrow\; G''(x_4) = -9{,}9\ldots < 0$
Das Gewinnmaximum liegt an der Stelle x_4.
$G(x_4) = U(x_4) - K(x_4) = 530{,}67 - 322{,}90 = 207{,}77$ (gerundet)
Gewinnmaximum bei 15,608... ME in Höhe von 207,77 GE.

Lösung Aufgabe 63

zu a)

Grundsätzlich gilt für die hier vorkommenden Funktionen die Menge der reellen Zahlen als Definitionsmenge. Die erwähnten Produkte sollen deshalb Schüttgüter oder Flüssigkeiten, also beliebig teilbar sein.

Wegen des zugrundeliegenden Sachverhaltes jedoch müssen zunächst negative Einsetzungen in x ausgeschlossen werden. Die Preis-Absatz-Funktion verlangt eine weitere Einschränkung, weil nämlich Werte, die

über die Sättigungsmenge des Marktes hinausgehen, sinnvollerweise nicht einzusetzen sind.
Die Sättigungsmenge ist die Nullstelle der Preis-Absatz-Funktion.

p(x) und $p(x) = 0 \Rightarrow -10x + 68 = 0 \Leftrightarrow x = 6{,}8$
Definitionsbereich $D_{oec} = [0; 6{,}8]$

zu b)

Umsatzfunktion $U(x) = x \cdot p(x)$ und $p(x) = -10x + 68$
$\Rightarrow \quad U(x) = x(-10x + 68) \Leftrightarrow U(x) = -10x^2 + 68x$

Notwendige Bedingung für ein relatives Maximum von U(x) ist:
$U'(x) = 0$; und $U'(x) = -20x + 68 \Rightarrow -20x + 68 = 0 \Leftrightarrow x = 3{,}4$
Hinreichende Bedingung für ein relatives Maximum an der Stelle 3,4 ist:
$U''(3{,}4) < 0$; und $U''(x) = -20 \Rightarrow U''(3{,}4) = -20 < 0$
$U(3{,}4) = 115{,}6 \Rightarrow$ Umsatzmaximum bei 3,4 ME in Höhe von 115,6 GE.

zu c)

$G(x) = U(x) - K(x) = -10x^2 + 68x - (2x^3 - 18x^2 + 60x + 32)$
Gewinnfunktion $G(x) = -2x^3 + 8x^2 + 8x - 32$

Gewinngrenzen $G(x) = 0$ und G(x)
$\Rightarrow \quad -2x^3 + 8x^2 + 8x - 32 = 0 \qquad | : (-2)$
$\Leftrightarrow \quad x^3 - 4x^2 - 4x + 16 = 0$

Lösungsversuch mit Horner-Schema

	1	-4	-4	16
		2	-4	-16
2	1	-2	-8	0

$x_1 = 2$

$\Leftrightarrow \quad (x - 2)(x^2 - 2x - 8) = 0$
$\Leftrightarrow \quad x = 2$ oder $x^2 - 2x - 8 = 0$

Nebenrechnung: $x^2 - 2x - 8 = 0 \qquad |$ Satz von Vieta
$x_2 = 4 \wedge x_3 = -2$
x_3 ist nicht Element aus D_{oec}

Die Grenzen der Gewinnzone befinden sich an den Stellen 2 und 4. Wenn zwischen 2 ME und 4 ME des betreffenden Gutes hergestellt und verkauft werden, wird Gewinn erzielt.

zu d)

Notwendige Bedingung für ein relatives Maximum von G(x): $G'(x) = 0$ und $G'(x) = -6x^2 + 16x + 8$
$\Rightarrow \quad -6x^2 + 16x + 8 = 0 \qquad | : (-6)$
$\Leftrightarrow \quad x^2 - 8/3\,x - 4/3 = 0 \qquad |$ Lösungsformel
$\Leftrightarrow \quad x = 4/3 \pm \sqrt{16/9 + 12/9} = 4/3 \pm 1{,}763\ldots$
$\Leftrightarrow \quad x_4 = 3{,}097\ldots \wedge x_5 = -0{,}430\ldots$
x_5 ist nicht Element aus D_{oec}

Hinreichende Bedingung für ein relatives Maximum an der Stelle x_4 ist:
$G''(x_4) < 0$; und $G''(x) = -12\,x + 16 \Rightarrow G''(x_4) = -21{,}16\ldots < 0$
Das *Gewinnmaximum* liegt an der Stelle 3,097... Der Gewinn beträgt dann 10,09 GE. Denn $G(3{,}097\ldots) = 10{,}09\ldots$

Graphische Darstellung:
Links sind die Preis-Absatz-Gerade und die Umsatzkurve zu sehen, rechts auch die Kostenkurve und die Gewinnkurve.

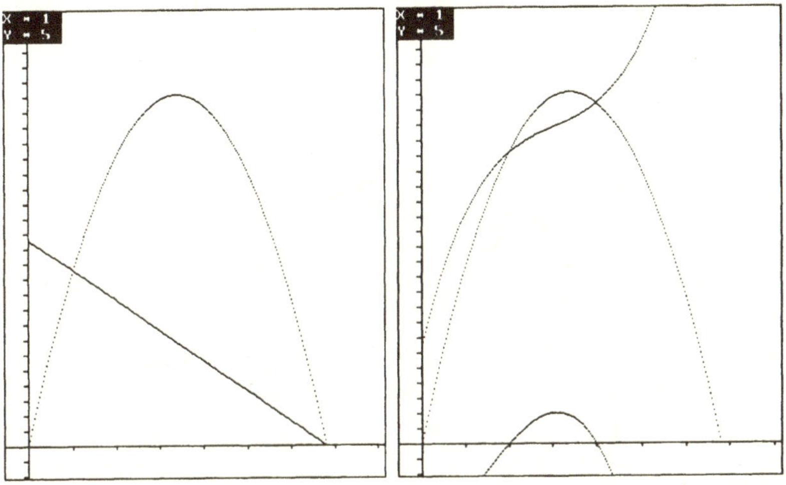

Lösung Aufgabe 64

zu a)
Grundsätzlich gilt für die hier vorkommenden Funktionen die Menge der reellen Zahlen als Definitionsmenge. Deshalb handelt es sich bei den erwähnten Produkten um beliebig teilbare Güter. Wegen des zugrundeliegenden Sachverhaltes müssen jedoch zunächst negative Einsetzungen in x ausgeschlossen werden.
Die Preis-Absatz-Funktion verlangt eine weitere Einschränkung, weil nämlich Werte, die über die Sättigungsmenge des Marktes hinausgehen, sinnvollerweise nicht einzusetzen sind.
Die Sättigungsmenge ist die Nullstelle der Preis-Absatz-Funktion.
$p(x)$ und $p(x) = 0 \Rightarrow -3/8\,x + 6{,}5 = 0 \Leftrightarrow x = 17{,}\overline{3}$
Definitionsbereich $D_{\text{ök}} = [0;\ 17{,}\overline{3}]$

zu b)
Umsatzfunktion $U(x) = x \cdot p(x)$ und $p(x) = -3/8\,x + 6{,}5$
$\Rightarrow\ U(x) = x\,(-3/8\,x + 6{,}5) \Leftrightarrow U(x) = -3/8\,x^2 + 6{,}5\,x$

Notwendige Bedingung für ein relatives Maximum von $U(x)$: $U'(x) = 0$
und $U'(x) = -3/4\,x + 6{,}5 \Rightarrow -3/4\,x + 6{,}5 = 0 \Leftrightarrow x = 8{,}\overline{6}$
Hinreichende Bedingung für ein relatives Maximum an der Stelle $8{,}\overline{6}$ ist:

$U''(8,\overline{6}) < 0$; und $U''(x) = -3/4 \Rightarrow U''(8,\overline{6}) = -3/4 < 0$
Umsatzmaximum bei $8,\overline{6}$ ME in Höhe von $28,1\overline{6}$ GE; $U(8,\overline{6}) = 28,1\overline{6}$.

zu c)

Der Term für die Gewinnfunktion ergibt sich als Differenz Umsatz minus Kosten.
$G(x) = U(x) - K(x) = -3/8\ x^2 + 6,5\ x - (1/8\ x^3 - 3/2\ x^2 + 6\ x + 12)$
$G(x) = -1/8\ x^3 + 9/8\ x^2 + 0,5\ x - 12$

Gewinngrenzen $G(x) = 0$ und $G(x)$
$\Rightarrow \quad -1/8\ x^3 + 9/8\ x^2 + 0,5\ x - 12 = 0 \qquad | \cdot (-8)$
$\Leftrightarrow \quad x^3 - 9\ x^2 - 4\ x + 96 = 0$

Lösungsversuch mit Horner-Schema

	1	−9	−4	96
		4	−20	−96
4	1	−5	−24	0

$x_1 = 4$

$\Leftrightarrow \quad (x - 4)(x^2 - 5\ x - 24) = 0$
$\Leftrightarrow \quad x = 4$ oder $x^2 - 5\ x - 24 = 0$

Nebenrechnung: $x^2 - 5\ x - 24 = 0 \qquad |$ Lösungsformel
$x = 2,5 \pm \sqrt{30,25} = 2,5 \pm 5,5$
$x_2 = 8 \ \wedge \ x_3 = -3 \qquad x_3$ ist nicht Element aus $D_{ök}$.

Die Grenzen der Gewinnzone sind die Stellen 4 und 8. Wenn zwischen 4 und 8 ME des betreffenden Gutes hergestellt und verkauft werden, dann wird Gewinn erzielt.

Graphische Darstellung
Die linke Graphik zeigt die Preis-Absatz-Gerade und die Umsatzkurve, die rechte die Umsatzkurve und die Kostenkurve sowie die sich daraus ergebende Gewinnkurve.

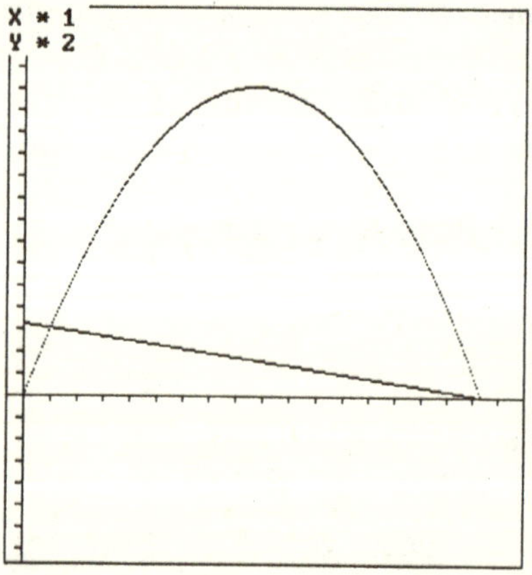

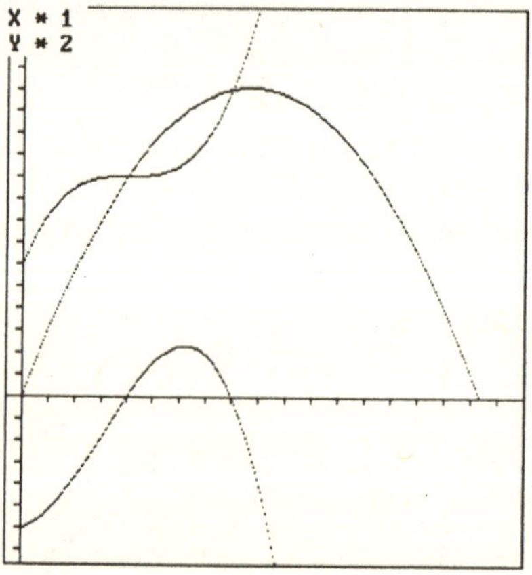

zu d)

Notwendige Bedingung für ein relatives Maximum von G(x): $G'(x) = 0$
und $G'(x) = -3/8\,x^2 + 9/4\,x + 0{,}5$

$\Rightarrow \quad -3/8\,x^2 + 9/4\,x + 0{,}5 = 0$ | : (−3/8)
$\Leftrightarrow \quad x^2 - 6\,x - 4/3 = 0$ | Lösungsformel
$\Leftrightarrow \quad x = 3 \pm \sqrt{10{,}33...} = 3 \pm 3{,}21455...$
$\Leftrightarrow \quad x_4 = 6{,}21455... \wedge x_5 = -0{,}21455...$
x_5 ist nicht Element aus $D_{ök}$.

Hinreichende Bedingung für ein relatives Maximum an der Stelle 6,21455... ist: $G''(6{,}21455...) < 0$; und $G''(x) = -3/4\,x + 9/4$
$\Rightarrow \quad G''(6{,}21455...) = -2{,}4109... < 0$
Das Gewinnmaximum liegt an der Stelle 6,21455...
Der Gewinn beträgt dann 4,55 GE. Denn $G(6{,}21455...) = 4{,}5542548...$

Lösung Aufgabe 65

Der Term der Kostenfunktion K lautet allgemein:
$K(x) = a\,x^3 + b\,x^2 + c\,x + d$
Da die Fixkosten 16 GE betragen, ist $K(0) = 16 \Rightarrow d = 16$
$\Rightarrow \quad K(x) = a\,x^3 + b\,x^2 + c\,x + 16$
$\Rightarrow \quad K'(x) = 3\,a\,x^2 + 2\,b\,x + c$
$\Rightarrow \quad K''(x) = 6\,a\,x + 2\,b$

Da die Stelle 4 Wendestelle von K ist, gilt wegen der notwendigen Bedingung $K''(4) = 0 \Rightarrow 24\,a + 2\,b = 0$ **(1)**

Da die Grenzkosten der Steigung von K entsprechen, gilt im Wendepunkt:
$K'(4) = 0{,}04 \Rightarrow 48\,a + 8\,b + c = 0{,}04$ **(2)**

Im Betriebsoptimum - erste Möglichkeit - gilt allgemein $K'(x) = k(x)$; denn im Betriebsoptimum sind die Grenzkosten gleich den Durchschnittskosten. $\Rightarrow \quad k(x) = K(x)/x = a\,x^2 + b\,x + c + 16\,x^{-1}$
$K'(x)$ und $k(x) \Rightarrow 3\,a\,x^2 + 2\,b\,x + c = a\,x^2 + b\,x + c + 16\,x^{-1}$
$\Leftrightarrow \quad 2\,a\,x^2 + b\,x - 16\,x^{-1} = 0$

Da das Betriebsoptimum an der Stelle 10 liegt, folgt daraus:
$\Rightarrow \quad 200\,a + 10\,b - 1{,}6 = 0$ | : 10
$\Leftrightarrow \quad 20\,a + b - 0{,}16 = 0$ | + 0,16
$\Leftrightarrow \quad 20\,a + b = 0{,}16$ **(3)**

Im Betriebsoptimum - zweite Möglichkeit - gilt $k'(10) = 0$
Denn die Durchschnittskosten sind - hier an der Stelle 10 - minimal.
$k'(x) = 2\,a\,x + b - 16\,x^{-2} \Rightarrow 20\,a + b - 0{,}16 = 0$
$\Leftrightarrow \quad 20\,a + b = 0{,}16$ **(3)**

Das Gleichungssystem zur Bestimmung der Parameter a, b und c ist die Konjunktion (2) $\wedge$ (1) $\wedge$ (3)

$$\begin{array}{lrrrcl|l}
\Rightarrow & 48\,a\,+ & 8\,b\,+ & c & = & 0{,}04 & \\
\wedge & 24\,a\,+ & 2\,b & & = & 0 & :2 \\
\wedge & 20\,a\,+ & b & & = & 0{,}16 & \\
\hline
\Leftrightarrow & 48\,a\,+ & 8\,b\,+ & c & = & 0{,}04 & \\
\wedge & 12\,a\,+ & b & & = & 0 & - \\
\wedge & 20\,a\,+ & b & & = & 0{,}16 & + \\
\hline
\Leftrightarrow & 48\,a\,+ & 8\,b\,+ & c & = & 0{,}04 & \\
\wedge & 12\,a\,+ & b & & = & 0 & \\
\wedge & 8\,a & & & = & 0{,}16 & :8 \\
\hline
\end{array}$$

$\Leftrightarrow \quad a = 0{,}02 \quad \wedge \quad b = -0{,}24 \quad \wedge \quad c = 1$

Die Kostenfunktion lautet demnach: $K(x) = 0{,}02\,x^3 - 0{,}24\,x^2 + x + 16$

Lösung Aufgabe 66

Der Term der Kostenfunktion K lautet allgemein:

$K(x) = a\,x^3 + b\,x^2 + c\,x + d$

$\Rightarrow \quad K'(x) = 3\,a\,x^2 + 2\,b\,x + c$

$\Rightarrow \quad K''(x) = 6\,a\,x + 2\,b$

Da die Stelle 4 Wendestelle von K ist, gilt wegen der notwendigen Bedingung für Wendepunkte $K''(4) = 0$

$\Rightarrow \quad 24\,a + 2\,b = 0$ **(1)**

Da die Grenzkosten der Steigung von K entsprechen, ist im Wendepunkt die Steigung von K gleich 0,5 $\Rightarrow K'(4) = 0{,}5$

$K'(4) = 0{,}5$ und $K'(x)$

$\Rightarrow \quad 48\,a + 8\,b + c = 0{,}5$ **(2)**

Im Betriebsoptimum gilt allgemein $K'(x) = k(x)$; denn die Grenzkosten sind gleich den Durchschnittskosten. Und die Durchschnittskosten an der Stelle 12 betragen $K(12) : 12 = 78 : 12 = 6{,}5$.

$K'(12)$ und $k(12) \Rightarrow 3\,a \cdot 12^2 + 2\,b \cdot 12 + c = 6{,}5$

$\Leftrightarrow \quad 432\,a + 24\,b + c = 6{,}5$ **(3)**

Die Kosten für 12 ME betragen 78 GE. $\Rightarrow K(12) = 78$ und $K(x)$

$\Rightarrow \quad 1728\,a + 144\,b + 12\,c + d = 78$ **(4)**

Das Gleichungssystem ergibt sich aus (4) und (2) und (1) und (3).

$$\begin{array}{lrrrrcl|l}
\Leftrightarrow & 1728\,a\,+ & 144\,b\,+ & 12\,c\,+ & d & = & 78 & \\
\wedge & 48\,a\,+ & 8\,b\,+ & c & & = & 0{,}5 & + \\
\wedge & 432\,a\,+ & 24\,b\,+ & c & & = & 6{,}5 & - \\
\wedge & 24\,a\,+ & 2\,b & & & = & 0 & \cdot 8 \\
\hline
\Leftrightarrow & 1728\,a\,+ & 144\,b\,+ & 12\,c\,+ & d & = & 78 & \\
\wedge & 48\,a\,+ & 8\,b\,+ & c & & = & 0{,}5 & \\
\wedge & 384\,a\,+ & 16\,b & & & = & 6 & + \\
\wedge & 192\,a\,+ & 16\,b & & & = & 0 & - \\
\hline
\end{array}$$

$$\begin{array}{llcl} \Leftrightarrow & 1728\,a + 144\,b + 12\,c + d & = & 78 \\ \wedge & 48\,a + 8\,b + c & = & 0{,}5 \\ \wedge & 384\,a + 16\,b & = & 6 \\ \wedge & 192\,a & = & 6 \quad |\ :192 \end{array}$$

$\Leftrightarrow \quad a = 0{,}03125 = 1/32 \;\wedge\; b = -0{,}375 = -3/8 \;\wedge\; c = 2 \;\wedge\; d = 54$

Die Kostenfunktion lautet demnach: $K(x) = 1/32\,x^3 - 3/8\,x^2 + 2\,x + 54$

Lösung Aufgabe 67

Da die zweite Ableitung von K, nämlich K'', eine Funktion ersten Grades ist, ist K eine Funktion dritten Grades. Der Term lautet allgemein:
$K(x) = a\,x^3 + b\,x^2 + c\,x + d$
$\Rightarrow \quad K'(x) = 3\,a\,x^2 + 2\,b\,x + c$
$\Rightarrow \quad K''(x) = 6\,a\,x + 2\,b$

Wenn laut Aufgabe $K''(x) = 0{,}3\,x - 2{,}7$ ist, dann folgt in Verbindung mit
$K''(x) = 6\,a\,x + 2\,b \Rightarrow 6\,a = 0{,}3$ und $2\,b = -2{,}7$
$\Leftrightarrow \quad a = 0{,}05 \quad \wedge \quad b = -1{,}35$

Als Zwischenergebnis gilt:
$K(x) = 0{,}05\,x^3 - 1{,}35\,x^2 + c\,x + d$
$\Rightarrow \quad K'(x) = 3 \cdot 0{,}05\,x^2 - 2{,}7\,x + c \;\Leftrightarrow\; K'(x) = 0{,}15\,x^2 - 2{,}7\,x + c$

Da die Steigung der Kostenkurve an der Stelle 10 gleich 1 ist, gilt
$K'(10) = 1$, und in Verbindung mit $K'(x)$ ergibt sich:
$0{,}15 \cdot 10^2 - 2{,}7 \cdot 10 + c = 1 \;\Leftrightarrow\; 15 - 27 + c = 1 \;\Leftrightarrow\; c = 13$

Als Zwischenergebnis gilt jetzt:
$K(x) = 0{,}05\,x^3 - 1{,}35\,x^2 + 13\,x + d$
$\Rightarrow \quad K'(x) = 0{,}15\,x^2 - 2{,}7\,x + 13$

Die Kosten für 10 ME betragen 109 GE. $\Rightarrow K(10) = 109$
$K(10) = 109$ und $K(x) \Rightarrow 0{,}05 \cdot 10^3 - 1{,}35 \cdot 10^2 + 13 \cdot 10 + d = 109$
$\Leftrightarrow \quad 50 - 135 + 130 + d = 109 \;\Leftrightarrow\; d = 64$

Die Kostenfunktion lautet also: $K(x) = 0{,}05\,x^3 - 1{,}35\,x^2 + 13\,x + 64$

Lösung Aufgabe 68

Da die zweite Ableitung von K, nämlich K'', eine Funktion ersten Grades ist, ist K eine Funktion dritten Grades. Der Term lautet allgemein:
$K(x) = a\,x^3 + b\,x^2 + c\,x + d$
$\Rightarrow \quad K'(x) = 3\,a\,x^2 + 2\,b\,x + c$
$\Rightarrow \quad K''(x) = 6\,a\,x + 2\,b$

Wenn laut Aufgabe $K''(x) = 0{,}24\,x - 1{,}92$ ist, dann folgt wegen
$K''(x) = 6\,a\,x + 2\,b \Rightarrow 6\,a = 0{,}24 \;\wedge\; 2\,b = -1{,}92$
$\Leftrightarrow \quad a = 0{,}04$ und $b = -0{,}96$

Als Zwischenergebnis gilt:
$K(x) = 0{,}04\,x^3 - 0{,}96\,x^2 + c\,x + d \Rightarrow K'(x) = 0{,}12\,x^2 - 1{,}92\,x + c$

Da die Steigung der Kostenkurve an der Stelle 5 gleich 1,4 ist, gilt:
$K'(5) = 1{,}4$; und in Verbindung mit $K'(x)$ ergibt sich:
$0{,}12 \cdot 5^2 - 1{,}92 \cdot 5 + c = 1{,}4 \Leftrightarrow 3 - 9{,}6 + c = 1{,}4 \Leftrightarrow c = 8$

Schließlich gilt noch: Die Kosten für 5 ME betragen 75 GE.
$\Rightarrow\ 0{,}04 \cdot 5^3 - 0{,}96 \cdot 5^2 + 8 \cdot 5 + d = 75$
$\Leftrightarrow\ 5 - 24 + 40 + d = 75 \Leftrightarrow d = 54$

Die Kostenfunktion lautet also: $K(x) = 0{,}04\,x^3 - 0{,}96\,x^2 + 8\,x + 54$

Lösung Aufgabe 69

Da die dritte Ableitung von K, nämlich K''', eine konstante Funktion ist, ist K eine Funktion dritten Grades. Der Term lautet allgemein:
$K(x) = a\,x^3 + b\,x^2 + c\,x + d \Rightarrow K'(x) = 3\,a\,x^2 + 2\,b\,x + c$
$\Rightarrow\ K''(x) = 6\,a\,x + 2\,b \Rightarrow K'''(x) = 6\,a$

Wenn laut Aufgabe $K'''(x) = 0{,}3$ ist, dann folgt in Verbindung mit
$K'''(x) = 6\,a \Rightarrow 6\,a = 0{,}3 \Leftrightarrow a = 0{,}05$

Als Zwischenergebnis gilt:
$K(x) = 0{,}05\,x^3 + b\,x^2 + c\,x + d$
$\Rightarrow\ K'(x) = 0{,}15\,x^2 + 2\,b\,x + c$
$\Rightarrow\ K''(x) = 0{,}3\,x + 2\,b$

An der Stelle 6 ist die notwendige Bedingung für Wendepunkte erfüllt:
$K''(6) = 0 \wedge K''(x) = 0{,}3\,x + 2\,b \Rightarrow 0{,}3 \cdot 6 + 2\,b = 0 \Leftrightarrow b = -0{,}9$

Neues Zwischenergebnis:
$K(x) = 0{,}05\,x^3 - 0{,}9\,x^2 + c\,x + d$
$\Rightarrow\ K'(x) = 0{,}15\,x^2 - 1{,}8\,x + c$
$\Rightarrow\ K''(x) = 0{,}3\,x - 1{,}8$

Da die Steigung der Kostenkurve in ihrem Wendepunkt, also an der Stelle 6, gleich 1,6 ist, gilt $K'(6) = 1{,}6$; und in Verbindung mit $K'(x)$ ergibt sich:
$0{,}15 \cdot 6^2 - 1{,}8 \cdot 6 + c = 1{,}6 \Leftrightarrow 5{,}4 - 10{,}8 + c = 1{,}6 \Leftrightarrow c = 7$

Als Zwischenergebnis gilt jetzt:
$K(x) = 0{,}05\,x^3 - 0{,}9\,x^2 + 7\,x + d$
$\Rightarrow\ K'(x) = 0{,}15\,x^2 - 1{,}8\,x + 7$
$\Rightarrow\ K''(x) = 0{,}3\,x - 1{,}8$

Dem Wendepunkt entsprechend betragen die Kosten für 6 ME 30,4 GE.
$\Rightarrow\ K(6) = 30{,}4 \Rightarrow 0{,}05 \cdot 6^3 - 0{,}9 \cdot 6^2 + 7 \cdot 6 + d = 30{,}4$
$\Leftrightarrow\ 10{,}8 - 32{,}4 + 42 + d = 30{,}4 \Leftrightarrow d = 10$

Die Kostenfunktion lautet demnach: $K(x) = 0{,}05\,x^3 - 0{,}9\,x^2 + 7\,x + 10$

Lösung Aufgabe 70

zu a)

Da die dritte Ableitung von K, nämlich K''', eine konstante Funktion ist, ist K eine Funktion dritten Grades. Der Term lautet allgemein:

$K(x) = a\,x^3 + b\,x^2 + c\,x + d$

$\Rightarrow \quad K'(x) = 3\,a\,x^2 + 2\,b\,x + c$

$\Rightarrow \quad K''(x) = 6\,a\,x + 2\,b$

$\Rightarrow \quad K'''(x) = 6\,a$

Wenn laut Aufgabe $K'''(x) = 0{,}3$ ist, dann folgt in Verbindung mit

$K'''(x) = 6\,a \;\Rightarrow\; 6\,a = 0{,}3 \;\Leftrightarrow\; a = 0{,}05$

Als Zwischenergebnis gilt:

$K(x) = 0{,}05\,x^3 + b\,x^2 + c\,x + d$

$\Rightarrow \quad K'(x) = 0{,}15\,x^2 + 2\,b\,x + c$

$\Rightarrow \quad K''(x) = 0{,}3\,x + 2\,b$

An der Stelle 9 ist die notwendige Bedingung für Wendepunkte erfüllt:

$K''(9) = 0 \quad \text{und} \quad K''(x) = 0{,}3\,x + 2\,b \;\Rightarrow\; 0{,}3 \cdot 9 + 2\,b = 0$

$\Leftrightarrow \quad b = -1{,}35$

Neues Zwischenergebnis:

$K(x) = 0{,}05\,x^3 - 1{,}35\,x^2 + c\,x + d$

$\Rightarrow \quad K'(x) = 0{,}15\,x^2 - 2{,}7\,x + c$

Da die Steigung der Kostenkurve in ihrem Wendepunkt, also an der Stelle 9, gleich 0,85 ist, gilt $K'(9) = 0{,}85$; in Verbindung mit $K'(x)$ ergibt sich:

$0{,}15 \cdot 9^2 - 2{,}7 \cdot 9 + c = 0{,}85 \;\Leftrightarrow\; 12{,}15 - 24{,}3 + c = 0{,}85 \;\Leftrightarrow\; c = 13$

Als Zwischenergebnis gilt jetzt: $K(x) = 0{,}05\,x^3 - 1{,}35\,x^2 + 13\,x + d$

Dem Wendepunkt entsprechend betragen die Kosten für 9 ME 108,1 GE.

$\Rightarrow \quad K(9) = 108{,}1 \;\Rightarrow\; 0{,}05 \cdot 9^3 - 1{,}35 \cdot 9^2 + 13 \cdot 9 + d = 108{,}1$

$\Leftrightarrow \quad 36{,}45 - 109{,}35 + 117 + d = 108{,}1 \;\Leftrightarrow\; d = 64$

Die Kostenfunktion lautet: $K(x) = 0{,}05\,x^3 - 1{,}35\,x^2 + 13\,x + 64$

zu b)

Das Betriebsoptimum ist die Stelle, an der der Fahrstrahl an die Kostenkurve zur Tangente an die Kostenkurve wird, an der er die Kostenkurve also gerade noch berührt; an keiner anderen Stelle ist er flacher. Die Steigung des Fahrstrahls an die Kostenkurve entspricht den Durchschnittskosten. Also ist das Minimum der Durchschnittskosten k(x) zu berechnen.

$k(x) = K(x)/x \;\Rightarrow\; k(x) = (0{,}05\,x^3 - 1{,}35\,x^2 + 13\,x + 64) : x$

$\Leftrightarrow \quad k(x) = 0{,}05\,x^2 - 1{,}35\,x + 13 + 64\,x^{-1} \quad \wedge \quad x \neq 0$

Notwendige Bedingung für ein relatives Minimum ist: $k'(x) = 0$

$k'(x) = 0{,}1\,x - 1{,}35 + (-64)\,x^{-2} = 0{,}1\,x - 1{,}35 - 64\,x^{-2}$

$\Rightarrow \quad 0{,}1\,x - 1{,}35 - 64\,x^{-2} = 0 \qquad | \cdot x^2 \text{ (wobei } x \neq 0)$

$\Rightarrow \quad 0{,}1\,x^3 - 1{,}35\,x^2 - 64 = 0 \qquad | \cdot 20$

$\Leftrightarrow \quad 2\,x^3 - 27\,x^2 - 1280 = 0$

Lösungsversuch mit Horner-Schema

	2	−27	0	−1280
		32	80	1280
16	2	5	80	0

$x_1 = 16$

$\Leftrightarrow \quad (x - 16)(2\,x^2 + 5\,x + 80) = 0$
$\Leftrightarrow \quad x_1 = 16 \;\wedge\; 2\,x^2 + 5\,x + 80 = 0$

Nebenrechnung: $2\,x^2 + 5\,x + 80 = 0$ | : 2
$x^2 + 2{,}5\,x + 40 = 0$ | Lösungsformel
$x = -1{,}25 \pm \sqrt{1{,}25^2 - 40}$
Diskriminante ist negativ; keine weitere Lösung

Hinreichende Bedingung für ein Minimum von k'(x) an der Stelle 16 ist:
$k''(16) > 0$; und $k''(x) = 0{,}1 + 128\,x^{-3}$
$\Rightarrow \quad k''(16) = 0{,}1 + 128 : 16^3 = 0{,}1 + 1/32 = 0{,}13125 > 0$

Das Betriebsoptimum liegt an der Stelle 16, also bei 16 ME. Die minimalen Durchschnittskosten betragen dort 8,2 GE. Denn $k(16) = 8{,}2$

zu c)

Im Betriebsminimum sind die durchschnittlichen variablen Kosten $k_v(x)$ minimal, wobei $k_v(x) = K_v(x)/x$ ist; und $K_v(x) = K(x) - K(0)$.

$K_v(x) = 0{,}05\,x^3 - 1{,}35\,x^2 + 13\,x \Rightarrow k_v(x) = 0{,}05\,x^2 - 1{,}35\,x + 13$

Notwendige Bedingung für ein relatives Minimum von $k_v(x)$: $k_v'(x) = 0$
$k_v'(x) = 0{,}1\,x - 1{,}35 \Rightarrow 0{,}1\,x - 1{,}35 = 0 \Leftrightarrow x = 13{,}5$
Hinreichende Bedingung für ein relatives Minimum an der Stelle 13,5 ist:
$k_v''(13{,}5) > 0$. Da $k_v''(x) = 0{,}1 \Rightarrow k_v''(13{,}5) = 0{,}1 > 0$

Das *Betriebsminimum* liegt an der Stelle 13,5; es ist also bei der Herstellung von 13,5 ME erreicht. Die minimalen variablen Stückkosten betragen 3,8875 GE; denn $k_v(13{,}5) = 3{,}8875$.

zu d)

Der Gewinn ist definitionsgemäß die Differenz Umsatz minus Kosten.
$\Rightarrow \quad G(x) = U(x) - K(x)$
$\quad U(x) = x \cdot p \;$ und $\; p = 9{,}2 \Rightarrow U(x) = 9{,}2\,x$
$\Rightarrow \quad G(x) = 9{,}2\,x - (0{,}05\,x^3 - 1{,}35\,x^2 + 13\,x + 64)$
$\Leftrightarrow \quad G(x) = -0{,}05\,x^3 + 1{,}35\,x^2 - 3{,}8\,x - 64$

An den Gewinngrenzen gilt: $G(x) = 0$
$\Rightarrow \quad -0{,}05\,x^3 + 1{,}35\,x^2 - 3{,}8\,x - 64 = 0 \qquad | \cdot (-20)$
$\Leftrightarrow \quad x^3 - 27\,x^2 + 76\,x + 1280 = 0$

Lösungsversuch mit Horner-Schema

	1	-27	76	1280
		20	-140	-1280
20	1	-7	-64	0

$x_1 = 20$

$\Leftrightarrow \quad (x - 20)(x^2 - 7x - 64) = 0$

Nebenrechnung: $x^2 - 7x - 64 = 0$ | Lösungsformel

$x = 3{,}5 \pm \sqrt{3{,}5^2 + 64} = 3{,}5 \pm \sqrt{76{,}25}$

$x_3 = 12{,}23\ldots \wedge x_4 = -5{,}23\ldots$

x_4 kommt aus sachlichen Gründen nicht in Frage.

Die Grenzen der Gewinnzone sind 12,23 ME und 20 ME.

zu e)

Notwendige Bedingung für ein relatives Maximum der Gewinnfunktion ist: $G'(x) = 0$; und $G(x) = -0{,}05\,x^3 + 1{,}35\,x^2 - 3{,}8\,x - 64$

$\Rightarrow \quad G'(x) = -0{,}15\,x^2 + 2{,}7\,x - 3{,}8$

$\Rightarrow \quad -0{,}15\,x^2 + 2{,}7\,x - 3{,}8 = 0$ | : (–0,15)

$\Leftrightarrow \quad x^2 - 18\,x + 25{,}\overline{3} = 0$ | Lösungsformel

$\Leftrightarrow \quad x = 9 \pm \sqrt{9^2 - 25{,}3\ldots} = 9 \pm \sqrt{55{,}6\ldots}$

$\Leftrightarrow \quad x_5 = 1{,}53\ldots \wedge x_6 = 16{,}46\ldots$

Hinreichende Bedingung für ein Maximum an der Stelle x_5: $G''(x_5) < 0$, wobei $G''(x) = -0{,}3\,x + 2{,}7 \Rightarrow G''(x_5) = 2{,}238\ldots > 0$

An der Stelle x_5 ist kein Maximum.

Hinreichende Bedingung für ein Maximum an der Stelle x_6: $G''(x_6) < 0$

$\Rightarrow \quad G''(x_6) = -2{,}238\ldots < 0 \Rightarrow$

Maximum an der Stelle x_6 und $G(x_6) = 16{,}23\ldots$

Der Gewinn ist bei 16,46 ME am größten; er beträgt dann 16,23 GE.

Lösung Aufgabe 71

zu a)

Der Term K(x) lautet allgemein: $K(x) = a\,x^3 + b\,x^2 + c\,x + d$

Wegen der Fixkosten gilt: $K(0) = 54 \Rightarrow d = 54$

$K(2) = 64 \quad \Rightarrow 64 = 8\,a + 4\,b + 2\,c + 54$ | – 54

$\Leftrightarrow 8\,a + 4\,b + 2\,c = 10$ **(1)**

$K(4) = 68 \quad \Rightarrow 68 = 64\,a + 16\,b + 4\,c + 54$ | – 54

$\Leftrightarrow 64\,a + 16\,b + 4\,c = 14$ | : 2

$\Leftrightarrow 32\,a + 8\,b + 2\,c = 7$ **(2)**

$K(6) = 69 \quad \Rightarrow 69 = 216\,a + 36\,b + 6\,c + 54$ | – 54

$\Leftrightarrow 216\,a + 36\,b + 6\,c = 15$ | : 3

$\Leftrightarrow 72\,a + 12\,b + 2\,c = 5$ **(3)**

(1) $\wedge$ (2) $\wedge$ (3) $\Leftrightarrow$

$$\begin{array}{lrrrl} & 8\,a + & 4\,b + 2\,c = & 10 & \big|\, - \\ \wedge & 32\,a + & 8\,b + 2\,c = & 7 & \big|\, - \;\big|\, + \\ \wedge & 72\,a + & 12\,b + 2\,c = & 5 & \;\;\;\;\big|\, + \end{array}$$

$$\begin{array}{lrrrl} \Leftrightarrow & 8\,a + & 4\,b + 2\,c = & 10 & \\ \wedge & 24\,a + & 4\,b \quad = & -3 & \big|\, - \\ \wedge & 40\,a + & 4\,b \quad = & -2 & \big|\, + \end{array}$$

$$\begin{array}{lrrr} \Leftrightarrow & 8\,a + & 4\,b + 2\,c = & 10 \\ \wedge & 24\,a + & 4\,b \quad = & -3 \\ \wedge & 16\,a & = & 1 \end{array}$$

$\Leftrightarrow \quad a = 1/16 \quad \wedge \quad b = -9/8 \quad \wedge \quad c = 7$

Die Kostenfunktion lautet demnach: $K(x) = 1/16\, x^3 - 9/8\, x^2 + 7\, x + 54$

zu b)

Das Betriebsoptimum ist die Stelle, an der der Fahrstrahl an die Kostenkurve zur Tangente an die Kostenkurve wird, an der er die Kostenkurve also gerade noch berührt; nirgendwo ist er flacher. Die Steigung des Fahrstrahls an die Kostenkurve entspricht den Durchschnittskosten. Also gilt es, das Minimum der Durchschnittskosten k(x) zu berechnen.

$k(x) = K(x)/x \Rightarrow k(x) = (1/16\, x^3 - 9/8\, x^2 + 7\, x + 54) : x$
$\Leftrightarrow \quad k(x) = 1/16\, x^2 - 9/8\, x + 7 + 54\, x^{-1}$

Notwendige Bedingung für ein relatives Minimum ist: $k'(x) = 0$
$k'(x) = 1/8\, x - 9/8 + (-54)\, x^{-2} = 1/8\, x - 9/8 - 54\, x^{-2}$
$\Rightarrow \quad 1/8\, x - 9/8 - 54\, x^{-2} = 0 \qquad | \cdot x^2$ (wobei $x \neq 0$)
$\Rightarrow \quad 1/8\, x^3 - 9/8\, x^2 - 54 = 0 \qquad | \cdot 8$
$\Leftrightarrow \quad x^3 - 9\, x^2 - 432 = 0$

Lösungsversuch mit Horner-Schema

	1	−9	0	−432
		12	36	432
12	1	3	36	0

$x_1 = 12$

$\Leftrightarrow \quad (x - 12)(x^2 + 3\, x + 36) = 0$
$\Leftrightarrow \quad x = 12 \quad \vee \quad x^2 + 3\, x + 36 = 0$

Nebenrechnung: $x^2 + 3\, x + 36 = 0 \qquad |$ Lösungsformel
$x = -1{,}5 \pm \sqrt{1{,}5^2 - 36}$
Diskriminante ist negativ; keine weitere Lösung

Hinreichende Bedingung für ein Minimum von k'(x) an der Stelle 12 ist:
$k''(12) > 0$; und $k''(x) = 1/8 + 108\, x^{-3}$
$\Rightarrow k''(12) = 1/8 + 108 : 12^3 = 1/8 + 1/16 = 3/16 > 0$

Das Betriebsoptimum liegt an der Stelle 12, also bei 12 ME.
Die minimalen Durchschnittskosten betragen dort 7 GE; denn $k(12) = 7$

zu c)

Die Grenzkosten werden beschrieben mit der ersten Ableitung der Kostenfunktion. $\Rightarrow$ $K'(x) = 3/16\,x^2 - 9/4\,x + 7$

Notwendige Bedingung für ein relatives Minimum der Grenzkosten ist:
$K''(x) = 0$; und $K''(x) = 3/8\,x - 9/4 \Rightarrow 3/8\,x - 9/4 = 0 \Leftrightarrow x = 6$

Hinreichende Bedingung für ein Minimum an der Stelle 6 ist: $K'''(6) > 0$
$K'''(x) = 3/8 \Rightarrow K'''(6) = 3/8 > 0$

Die Grenzkosten sind an der Stelle 6, nämlich bei 6 ME, am geringsten; sie betragen dann 0,25 GE. Denn $K'(6) = 0{,}25$

Die Bedingungen für das Grenzkostenminimum sind dieselben wie für den Wendepunkt der Kostenkurve.

zu d)

Der Gewinn ist definitionsgemäß die Differenz Umsatz minus Kosten.

$\Rightarrow$ $G(x) = U(x) - K(x)$ und $U(x) = x\,p(x)$ und $p(x) = 7{,}4$

$\Rightarrow$ $U(x) = 7{,}4\,x$

$\Rightarrow$ $G(x) = 7{,}4\,x - (1/16\,x^3 - 9/8\,x^2 + 7\,x + 54)$

$\Leftrightarrow$ $G(x) = -1/16\,x^3 + 9/8\,x^2 + 0{,}4\,x - 54$

An den Gewinngrenzen gilt: $G(x) = 0$

$\Rightarrow$ $-1/16\,x^3 + 9/8\,x^2 + 0{,}4\,x - 54 = 0$ $\quad | \cdot (-16)$

$\Leftrightarrow$ $x^3 - 18\,x^2 - 6{,}4\,x + 864 = 0$

Lösungsversuch mit Horner-Schema

	1	−18	−6,4	864
		10	−80	−864
10	1	−8	−86,4	0

$x_1 = 10$

$\Leftrightarrow$ $(x - 10)(x^2 - 8\,x - 86{,}4) = 0$

Nebenrechnung: $x^2 - 8\,x - 86{,}4 = 0$ $\quad |$ Lösungsformel

$x = 4 \pm \sqrt{16 + 86{,}4} = 4 \pm \sqrt{102{,}4}$

$x_3 = 14{,}119\ldots \wedge x_4 = -6{,}119\ldots$

x_4 gehört nicht zu $D_{ök}$.

Die Gewinnschwelle liegt bei 10 ME, die Gewinngrenze bei 14,119 ME.

zu e) Gewinnmaximum

Notwendige Bedingung für ein relatives Maximum der Gewinnfunktion ist: $G'(x) = 0$

$G(x) = -1/16\,x^3 + 9/8\,x^2 + 0{,}4\,x - 54$

$\Rightarrow$ $G'(x) = -3/16\,x^2 + 9/4\,x + 0{,}4$

$\Rightarrow$ $-3/16\,x^2 + 9/4\,x + 0{,}4 = 0$ $\quad | \cdot (-16/3)$

$\Leftrightarrow$ $x^2 - 12\,x - 2{,}1\overline{3} = 0$ $\quad |$ Lösungsformel

$\Leftrightarrow$ $x = 6 \pm \sqrt{36 + 2{,}13\ldots} = 6 \pm \sqrt{38{,}13\ldots}$

$\Leftrightarrow$ $x_5 = 12{,}175\ldots \wedge x_6 = -0{,}175\ldots$ $\quad x_6 \notin D_{ök}$

Hinreichende Bedingung für ein Maximum an der Stelle x_5: $G''(x_5) < 0$
$G''(x) = -3/8\,x + 9/4 \Rightarrow G''(x_5) = -2{,}315\ldots < 0$
Der Gewinn ist mit 4,835 GE bei 12,175 ME am größten.
Denn $G(x_5) = 4{,}835\ldots$

Graphische Darstellung
Links ist die Kostenkurve, rechts gleichzeitig auch die Umsatzgerade zu sehen.

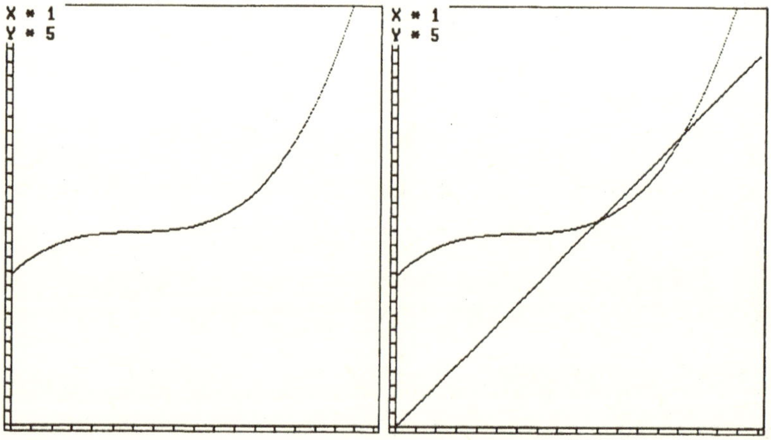

Lösung Aufgabe 72

Teil 1

Der Term der Kostenfunktion K lautet allgemein:
$K(x) = a\,x^3 + b\,x^2 + c\,x + d$
Da die Fixkosten 100 GE betragen, ist $K(0) = 100 \Rightarrow d = 100$

$\Rightarrow \quad K(x) = a\,x^3 + b\,x^2 + c\,x + 100$
$\Rightarrow \quad K'(x) = 3\,a\,x^2 + 2\,b\,x + c$
$\Rightarrow \quad K''(x) = 6\,a\,x + 2\,b$

Da die Stelle 5 Wendestelle von K ist, gilt wegen der notwendigen Bedingung: $K''(5) = 0 \Rightarrow 30\,a + 2\,b = 0$ **(1)**

Da die Steigung von K im Wendepunkt gleich 10 ist, gilt $K'(5) = 10$
$\Rightarrow \quad 75\,a + 10b + c = 10$ **(2)**

Im Betriebsoptimum – erste Möglichkeit – gilt allgemein $K'(x) = k(x)$. Denn hier sind die Grenzkosten gleich den Durchschnittskosten.
$k(x) = K(x)/x = a\,x^2 + b\,x + c + 100\,x^{-1}$
$\Rightarrow \quad 3\,a\,x^2 + 2\,b\,x + c = a\,x^2 + b\,x + c + 100\,x^{-1}$
$\Leftrightarrow \quad 2\,a\,x^2 + b\,x - 100\,x^{-1} = 0$

Da das Betriebsoptimum an der Stelle 10 liegt, folgt daraus:

$\Rightarrow\quad 200\,a + 10\,b - 10 = 0 \qquad | : 10$

$\Leftrightarrow\quad 20\,a + b - 1 = 0 \qquad | + 1$

$\Leftrightarrow\quad 20\,a + b = 1 \qquad$ **(3)**

Im Betriebsoptimum – zweite Möglichkeit – gilt $k'(10) = 0$
Denn die Durchschnittskosten sind – hier an der Stelle 10 – minimal.

$k'(x) = 2\,a\,x + b - 100\,x^{-2} \Rightarrow 20\,a + b - 1 = 0$

$\Leftrightarrow\quad 20\,a + b = 1 \qquad$ **(3)**

Das Gleichungssystem zur Bestimmung der Parameter a, b und c:
(2) $\wedge$ (1) $\wedge$ (3)

$$\begin{array}{llr} \Leftrightarrow & 75\,a + 10\,b + c = 10 & \\ \wedge & 30\,a + 2\,b = 0 & | : 2 \\ \wedge & 20\,a + b = 1 & \end{array}$$

$$\begin{array}{llr} \Leftrightarrow & 75\,a + 10\,b + c = 10 & \\ \wedge & 15\,a + b = 0 & | - \\ \wedge & 20\,a + b = 1 & | + \end{array}$$

$$\begin{array}{ll} \Leftrightarrow & 75\,a + 10\,b + c = 10 \\ \wedge & 15\,a + b = 0 \\ \wedge & 5\,a = 1 \end{array}$$

$\Leftrightarrow\quad a = 0{,}2 \;\wedge\; b = -3 \;\wedge\; c = 25$

Die Kostenfunktion lautet demnach: $K(x) = 0{,}2\,x^3 - 3\,x^2 + 25\,x + 100$

Teil 2

Gewinngrenzen

Der Gewinn ist definitionsgemäß die Differenz Umsatz minus Kosten.

$\Rightarrow\quad G(x) = U(x) - K(x)$ und $U(x) = x \cdot p(x)$ und $p(x) = -6{,}5\,x + 64{,}5$

$\Rightarrow\quad U(x) = -6{,}5\,x^2 + 64{,}5\,x$

$\Rightarrow\quad G(x) = -6{,}5\,x^2 + 64{,}5\,x - (1/3\,x^3 - 5\,x^2 + 30\,x + 81)$

$\Leftrightarrow\quad G(x) = -1/3\,x^3 - 1{,}5\,x^2 + 34{,}5\,x - 81$

An den Gewinngrenzen gilt: $G(x) = 0$

$\Rightarrow\quad -1/3\,x^3 - 1{,}5\,x^2 + 34{,}5\,x - 81 = 0 \qquad | \cdot (-3)$

$\Leftrightarrow\quad x^3 + 4{,}5\,x^2 - 103{,}5\,x + 243 = 0 \qquad | \cdot 2$

$\Leftrightarrow\quad 2\,x^3 + 9\,x^2 - 207\,x + 486 = 0$

Lösungsversuch mit Horner-Schema

	2	9	−207	486
		12	126	−486
6	2	21	−81	0

$x_1 = 6$

$\Leftrightarrow\quad (x - 6)(2\,x^2 + 21\,x - 81) = 0$

Nebenrechnung:

$2\,x^2 + 21\,x - 81 = 0 \qquad | : 2$

$x^2 + 10{,}5\,x - 40{,}5 = 0 \qquad |$ Lösungsformel

$x = -5{,}25 \pm \sqrt{5{,}25^2 + 40{,}5}$

$x = -5{,}25 \pm \sqrt{68{,}0625}$

$x = -5{,}25 \pm 8{,}25$

$x_2 = 3 \quad \wedge \quad x_3 = -18{,}25$

x_3 kommt aus sachlichen Gründen nicht in Frage.

Die Gewinnschwelle liegt bei 3 ME und die obere Gewinngrenze bei 6 ME.

Gewinnmaximum

Notwendige Bedingung für ein relatives Maximum der Gewinnfunktion ist: $G'(x) = 0$; und $G(x) = -1/3\,x^3 - 1{,}5\,x^2 + 34{,}5\,x - 81$

$\Rightarrow \quad G'(x) = -x^2 - 3\,x + 34{,}5$

$\Rightarrow \quad -x^2 - 3\,x + 34{,}5 = 0 \qquad | \cdot (-1)$

$\Leftrightarrow \quad x^2 + 3\,x - 34{,}5 = 0 \qquad |$ Lösungsformel

$\Leftrightarrow \quad x = -1{,}5 \pm \sqrt{1{,}5^2 + 34{,}5} = -1{,}5 \pm \sqrt{36{,}75}$

$\Leftrightarrow \quad x = -1{,}5 \pm 6{,}06...$

$\Leftrightarrow \quad x_4 = 4{,}56... \quad \wedge \quad x_5 = -7{,}56...$

x_5 kommt aus sachlichen Gründen nicht in Frage.

Hinreichende Bedingung für ein Maximum an der Stelle x_4: $G''(x_4) < 0$

$G''(x) = -2\,x - 3 \Rightarrow G''(x_4) = -12{,}124... < 0$

Der Gewinn ist mit 13,52 GE bei 4,56 ME am größten;

denn $G(x_4) = 13{,}52...$

Cournotscher Punkt C

C ist der Punkt auf der Preis-Absatz-Funktion, der dem Gewinnmaximum entspricht. $p(x) = -6{,}5\,x + 64{,}5 \Rightarrow p(4{,}56...) = 34{,}845844$

$\Rightarrow \quad C\,(4{,}56 | 34{,}85)$

Lösung Aufgabe 73

zu a)

Negative Einsetzungen in die Variable x kommen aus sachlichen Gründen hier nicht in Frage, Einsetzungen, die über die Sättigungsmenge (Nullstelle der Preis-Absatz-Funktion) hinausgehen, ebenfalls nicht.

$p(x) = -1/2\,x + 14$ und $p(x) = 0$

$\Rightarrow \quad -1/2\,x + 14 = 0 \Leftrightarrow x = 28 \Rightarrow$ Definitionsbereich $D_{ök} = [0; 28]$

zu b)

Minimum der Grenzkosten

Die Grenzkosten werden beschrieben mit der ersten Ableitung der Kostenfunktion, und $K'(x) = 1/18\,x^2 - x + 5$

Notwendige Bedingung für ein relatives Minimum der Grenzkosten ist: $K''(x) = 0$; und $K''(x) = 1/9\,x - 1 \Rightarrow 1/9\,x - 1 = 0 \Leftrightarrow x = 9$

Hinreichende Bedingung für ein Minimum an der Stelle 9 ist: $K'''(9) > 0$

$K'''(x) = 1/9 \Rightarrow K'''(9) = 1/9 > 0$

Die Grenzkosten sind an der Stelle 9, nämlich bei 9 ME, am geringsten; sie betragen dann 0,5 GE. Denn K'(9) = 0,5 (Die Bedingungen für das Grenzkostenminimum sind dieselben wie für den Wendepunkt der Kostenkurve.)

Betriebsoptimum
Das Betriebsoptimum ist die Stelle, an der der Fahrstrahl an die Kostenkurve zur Tangente an die Kostenkurve wird, an der der Fahrstrahl die Kostenkurve gerade noch berührt. An keiner anderen Stelle ist der Fahrstrahl flacher. Die Steigung des Fahrstrahls an die Kostenkurve entspricht den Durchschnittskosten. Also gilt es, das Minimum der Durchschnittskosten k(x) zu berechnen.

$k(x) = K(x)/x \Rightarrow k(x) = (1/54\, x^3 - 1/2\, x^2 + 5\, x + 54) : x$
$\Leftrightarrow \quad k(x) = 1/54\, x^2 - 1/2\, x + 5 + 54\, x^{-1}$

Notwendige Bedingung für ein relatives Minimum ist: $k'(x) = 0$
$k'(x) = 1/27\, x - 1/2 + (-54)\, x^{-2} = 1/27\, x - 1/2 - 54\, x^{-2}$
$\Rightarrow \quad 1/27\, x - 1/2 - 54\, x^{-2} = 0 \qquad | \cdot x^2$ (wobei $x \neq 0$)
$\Rightarrow \quad 1/27\, x^3 - 1/2\, x^2 - 54 = 0 \qquad | \cdot 27$
$\Leftrightarrow \quad x^3 - 13{,}5\, x^2 - 1458 = 0 \qquad | \cdot 2$
$\Leftrightarrow \quad 2\, x^3 - 27\, x^2 - 2916 = 0$

Lösungsversuch mit Horner-Schema

	2	–27	0	–2916
		36	162	2916
18	2	9	162	0

$x_1 = 18$

$\Leftrightarrow \quad (x - 18)(2\, x^2 + 9\, x + 162) = 0$

Nebenrechnung: $2\, x^2 + 9\, x + 162 = 0 \qquad | : 2$
$x^2 + 4{,}5\, x + 81 = 0 \qquad |$ Lösungsformel
$x = -2{,}25 \pm \sqrt{2{,}25^2 - 81}$
Diskriminante ist negativ; keine weitere Lösung

Hinreichende Bedingung für ein Minimum von k'(x) an der Stelle 18 ist:
$k''(18) > 0$; und $k''(x) = 1/27 + 108\, x^{-3}$
$\Rightarrow \quad k''(18) = 1/27 + 108 : 18^3 = 1/27 + 1/54 = 1/18 > 0$

Das Betriebsoptimum liegt an der Stelle 18, also bei 18 ME; die minimalen Durchschnittskosten betragen dort 5 GE. Denn k(18) = 5

zu c)
Gewinngrenzen
Der Gewinn ist definitionsgemäß die Differenz Umsatz minus Kosten.
$\Rightarrow \quad G(x) = U(x) - K(x)$ und $U(x) = x\, p(x)$ und $p(x) = -1/2\, x + 14$
$\Rightarrow \quad U(x) = -1/2\, x^2 + 14\, x$
$\Rightarrow \quad G(x) = -1/2\, x^2 + 14\, x - (1/54\, x^3 - 1/2\, x^2 + 5\, x + 54)$
$\Leftrightarrow \quad G(x) = -1/54\, x^3 + 9\, x - 54$

An den Gewinngrenzen gilt: $G(x) = 0$

$$\Rightarrow \quad -1/54\, x^3 + 9\, x - 54 = 0 \qquad | \cdot (-54)$$
$$\Leftrightarrow \quad x^3 - 486\, x + 2916 = 0$$

Lösungsversuch mit Horner-Schema

	1	0	–486	2916
		18	324	–2916
18	1	18	–162	0

$x_1 = 18$

$$\Leftrightarrow \quad (x - 18)(x^2 + 18\, x - 162) = 0$$

Nebenrechnung: $x^2 + 18\, x - 162 = 0 \quad |$ Lösungsformel

$$x = -9 \pm \sqrt{81 + 162} = -9 \pm \sqrt{243}$$
$$x_3 = 6{,}588\ldots \wedge x_4 = -24{,}588\ldots$$

x_4 gehört nicht zu $D_{ök}$.

Die Grenzen der Gewinnzone sind 6,588 ME und 18 ME.

Graphische Darstellung

Die linke Graphik zeigt die s-förmige Kostenkurve, den Fahrstrahl als Tangente und die Stückkostenkurve, die rechte zeigt zusätzlich noch die Umsatzkurve.

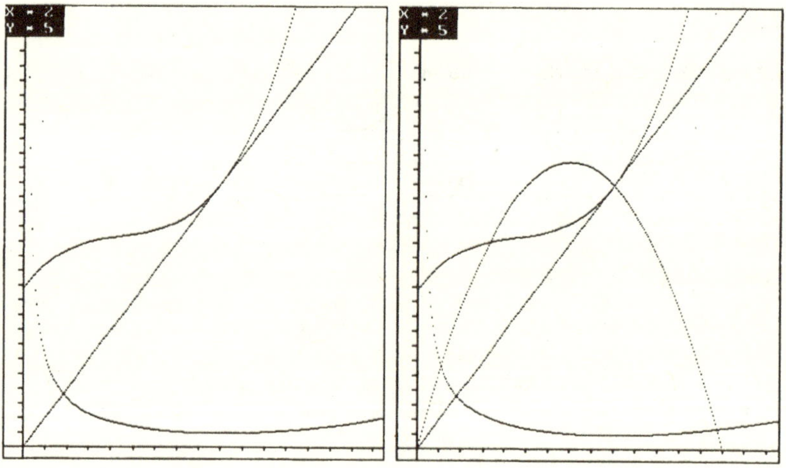

Gewinnmaximum

Notwendige Bedingung für ein relatives Maximum der Gewinnfunktion ist: $G'(x) = 0$, wobei $G(x) = -1/54\, x^3 + 9\, x - 54$

$$\Rightarrow \quad G'(x) = -1/18\, x^2 + 9$$
$$\Rightarrow \quad -1/18\, x^2 + 9 = 0 \Leftrightarrow x^2 - 162 = 0$$
$$\Leftrightarrow \quad x_5 = 12{,}727\ldots \wedge x_6 = -12{,}727\ldots$$

x_6 gehört nicht zu $D_{ök}$

Hinreichende Bedingung für ein Maximum an der Stelle x_5: $G''(x_5) < 0$

$G''(x) = -1/9\, x \Rightarrow G''(x_5) = -1{,}414\ldots < 0 \qquad G(x_5) = 22{,}367\ldots$

Der Gewinn ist mit 22,37 GE bei 12,73 ME am größten.

Lösung Aufgabe 74

zu a)

Negative Einsetzungen in die Variable x kommen aus sachlichen Gründen nicht in Frage, Einsetzungen, die über die Sättigungsmenge (Nullstelle der Preis-Absatz-Funktion) hinausgehen, ebenfalls nicht.

$p(x) = -1/2\ x + 9{,}7$ und $p(x) = 0 \Rightarrow -1/2\ x + 9{,}7 = 0$

$\Leftrightarrow\ x = 19{,}4 \Rightarrow$ Definitionsbereich $D_{ök} = [0;\ 19{,}4]$

zu b)

Minimum der Grenzkosten

Die Grenzkosten werden beschrieben mit der ersten Ableitung der Kostenfunktion. $\Rightarrow K'(x) = 1/25\ x^2 - 0{,}72\ x + 4$

Notwendige Bedingung für ein Minimum der Grenzkosten ist: $K''(x) = 0$

$K''(x) = 2/25\ x - 0{,}72 \Rightarrow 2/25\ x - 0{,}72 = 0 \Leftrightarrow x = 9$

Hinreichende Bedingung für ein Minimum der Grenzkosten an der Stelle 9 ist: $K'''(9) > 0$; und $K'''(x) = 2/25 \Rightarrow K'''(9) = 2/25 > 0$

Die Grenzkosten sind an der Stelle 9, nämlich bei 9 ME, am geringsten. Sie betragen dann 0,76 GE; denn $K'(9) = 0{,}76$ (Die Bedingungen für das Grenzkostenminimum sind dieselben wie für den Wendepunkt der Kostenkurve.)

Betriebsoptimum

Das Betriebsoptimum ist die Stelle, an der der Fahrstrahl an die Kostenkurve zur Tangente an die Kostenkurve wird, an der der Fahrstrahl die Kostenkurve gerade noch berührt. Nirgendwo sonst ist der Fahrstrahl flacher. Die Steigung des Fahrstrahls an die Kostenkurve entspricht den Durchschnittskosten. Also muß das Minimum der Durchschnittskosten k(x) berechnet werden.

$k(x) = K(x)/x \Rightarrow k(x) = (1/75\ x^3 - 0{,}36\ x^2 + 4\ x + 9) : x$

$\Leftrightarrow\ k(x) = 1/75\ x^2 - 0{,}36\ x + 4 + 9\ x^{-1}$

Notwendige Bedingung für ein relatives Minimum ist: $k'(x) = 0$

$k'(x) = 2/75\ x - 0{,}36 + (-9)\ x^{-2} = 2/75\ x - 0{,}36 - 9\ x^{-2}$

$\Rightarrow\ 2/75\ x - 0{,}36 - 9\ x^{-2} = 0 \qquad | \cdot x^2$ (wobei $x \neq 0$)

$\Rightarrow\ 2/75\ x^3 - 0{,}36\ x^2 - 9 = 0 \qquad | \cdot 75$

$\Leftrightarrow\ 2\ x^3 - 27\ x^2 - 675 = 0$

Lösungsversuch mit Horner-Schema

	2	−27	0	−675
		30	45	675
15	2	3	45	0

$x_1 = 15$

$\Leftrightarrow\ (x - 15)(2\ x^2 + 3\ x + 45) = 0$

$\Leftrightarrow \quad x_1 = 15 \;\text{ und }\; 2\,x^2 + 3\,x + 45 = 0$

Nebenrechnung:

$$2\,x^2 + 3\,x + 45 = 0 \qquad |\; :2$$
$$x^2 + 1{,}5\,x + 22{,}5 \qquad |\; \text{Lösungsformel}$$
$$x = -0{,}75 \pm \sqrt{0{,}75^2 - 22{,}5}$$

Diskriminante ist negativ; keine weitere Lösung

Hinreichende Bedingung für ein Minimum von k'(x) an der Stelle 15 ist: $k''(15) > 0$; und $k''(x) = 2/75 + 18\,x^{-3}$

$\Rightarrow \quad k''(15) = 2/75 + 18 : 15^3 = 2/75 + 1/54 = 0{,}032 > 0$

Das Betriebsoptimum liegt an der Stelle 15, also bei 15 ME. Die minimalen Durchschnittskosten betragen dort 2,2 GE. Denn $k(15) = 2{,}2$

zu c)

Gewinngrenzen

Der Gewinn ist definitionsgemäß die Differenz Umsatz minus Kosten.

$\Rightarrow \quad G(x) = U(x) - K(x) \;\text{ und }\; U(x) = x\,p(x) \;\text{ und }\; p(x) = -1/2\,x + 9{,}7$

$\Rightarrow \quad U(x) = -1/2\,x^2 + 9{,}7\,x$

$\Rightarrow \quad G(x) = -1/2\,x^2 + 9{,}7\,x - (1/75\,x^3 - 0{,}36\,x^2 + 4\,x + 9)$

$\Leftrightarrow \quad G(x) = -1/75\,x^3 - 0{,}14\,x^2 + 5{,}7\,x - 9$

An den Gewinngrenzen gilt: $G(x) = 0$

$\Rightarrow \quad -1/75\,x^3 - 0{,}14\,x^2 + 5{,}7\,x - 9 = 0 \qquad |\; \cdot(-75)$

$\Leftrightarrow \quad x^3 + 10{,}5\,x^2 - 427{,}5\,x + 675 = 0 \qquad |\; \cdot 2$

$\Leftrightarrow \quad 2\,x^3 + 21\,x^2 - 855\,x + 1350 = 0$

Lösungsversuch mit Horner-Schema

	2	21	-855	-1350
		30	765	-1350
15	2	51	-90	0

$x_1 = 15$

$\Leftrightarrow \quad (x - 15)(2\,x^2 + 51\,x - 90) = 0$

Nebenrechnung:

$$2\,x^2 + 51\,x - 90 = 0 \qquad |\; :2$$
$$x^2 + 25{,}5\,x - 45 = 0 \qquad |\; \text{Lösungsformel}$$
$$x = -12{,}75 \pm \sqrt{12{,}75^2 + 45}$$
$$x = -12{,}75 \pm \sqrt{207{,}5625}$$
$$x_3 = 1{,}657\ldots \;\wedge\; x_4 = -27{,}157\ldots$$

x_4 gehört nicht zu $D_{ök}$.

Die Grenzen der Gewinnzone sind 1,657 ME und 15 ME.

Gewinnmaximum

Notwendige Bedingung für ein relatives Maximum der Gewinnfunktion ist: $G'(x) = 0$

$G(x) = -1/75\,x^3 - 0{,}14\,x^2 + 5{,}7\,x - 9$

$\Rightarrow \quad G'(x) = -1/25\,x^2 - 0{,}28\,x + 5{,}7$

$\Rightarrow \quad -1/25\,x^2 - 0{,}28\,x + 5{,}7 = 0 \qquad |\; \cdot(-25)$

$\Leftrightarrow \quad x^2 + 7x - 142{,}5 = 0$ | Lösungsformel

$\Leftrightarrow \quad x = -3{,}5 \pm \sqrt{3{,}5^2 + 142{,}5} = -3{,}5 \pm \sqrt{154{,}75}$

$\Leftrightarrow \quad x_5 = 8{,}939... \;\wedge\; x_6 = -15{,}939...$

x_6 gehört nicht zu $D_{ök}$

Hinreichende Bedingung für ein Maximum an der Stelle x_5: $G''(x_5) < 0$

$G''(x) = -2/25\, x - 0{,}28 \Rightarrow G''(x_5) = -0{,}995... < 0$

Der Gewinn ist mit 21,24 GE bei 8,94 ME am größten.

$G(x_5) = 21{,}241...$

Graphische Darstellung

Die linke Graphik zeigt die s-förmige Kostenkurve und die Stückkostenkurve, die rechte zeigt die Kostenkurve, die Umsatzkurve und die sich daraus ergebende Gewinnkurve.

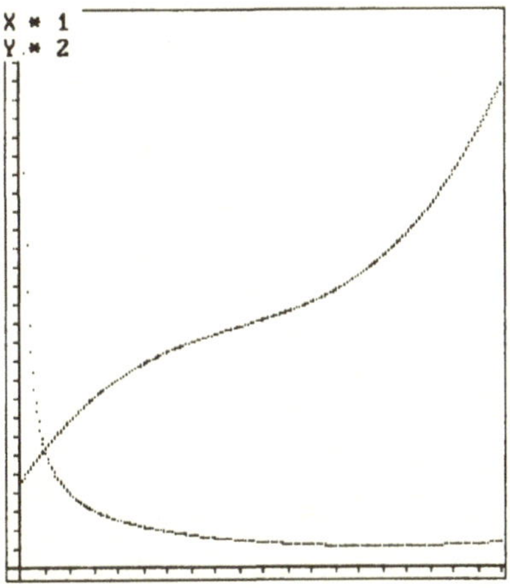

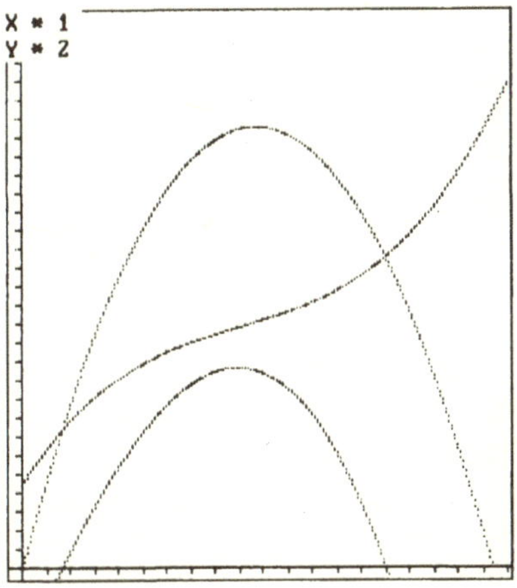

Lösung Aufgabe 75

zu a)

1. Möglichkeit:

Da die Nachfrage mit einer Funktion ersten Grades beschrieben werden kann, wird der Umsatz mit einer Funktion zweiten Grades beschrieben.

$\Rightarrow \quad U(x) = a\,x^2 + b\,x + c$

Wie bei jeder Umsatzfunktion ist auch hier das absolute Glied gleich null; denn bei einem Absatz von null ist auch der Umsatz gleich null.

$\Rightarrow \quad U(x) = a\,x^2 + b\,x$

Laut Aufgabe ist $U(4) = 14{,}4$

$\Rightarrow \quad 14{,}4 = 16\,a + 4\,b \mid :4 \quad \Leftrightarrow \quad 3{,}6 = 4\,a + b$ **(1)**

Laut Aufgabe ist $U(7) = 12{,}6$

$\Rightarrow \quad 12{,}6 = 49\,a + 7\,b \mid :7 \quad \Leftrightarrow \quad 1{,}8 = 7\,a + b$ **(2)**

2. Möglichkeit:
Wenn bei einem Absatz von vier ME der Umsatz 14,4 GE beträgt, dann macht der Preis 14,4 : 4 = 3,6 GE aus: $p(4) = 3{,}6$
Bei einem Umsatz von 12,6 GE, der bei einem Absatz von 7 ME erzielt wird, macht der Preis 12,6 : 7 = 1,8 GE aus: $p(7) = 1{,}8$
Allgemein lautet die Nachfragefunktion ersten Grades $p(x) = a\,x + p$

$$p(4) = 3{,}6 \;\wedge\; p(x) = a\,x + p \quad \Rightarrow \quad 3{,}6 = 4\,a + b \qquad (1)$$
$$p(7) = 1{,}8 \;\wedge\; p(x) = a\,x + p \quad \Rightarrow \quad 1{,}8 = 7\,a + b \qquad (2)$$

In beiden Fällen ergibt sich das Gleichungssystem:

$$\begin{array}{lrl} (1) & 3{,}6 = & 4\,a + b \\ (2) & 1{,}8 = & 7\,a + b \\ \hline \Leftrightarrow & 3{,}6 = & 4\,a + b \\ \wedge & -1{,}8 = & 3\,a \\ \hline \end{array}$$

$$\Leftrightarrow \quad a = -0{,}6 \;\wedge\; b = 6$$

Die Nachfragefunktion lautet demnach: $p(x) = -0{,}6\,x + 6$
Da $U(x) = x \cdot p(x) \Rightarrow$ Umsatzfunktion $U(x) = -0{,}6\,x^2 + 6\,x$

zu b)

Notwendige Bedingung für ein relatives Maximum von U ist: $U'(x) = 0$
$U'(x) = -1{,}2\,x + 6 \Rightarrow -1{,}2\,x + 6 = 0 \Leftrightarrow x_1 = 5$
Hinreichende Bedingung für ein Maximum von U an der Stelle 5 ist:
$U''(5) < 0$; $U''(x) = -1{,}2 \Rightarrow U''(5) = -1{,}2 < 0$ $U(5) = 15$

Der Umsatz ist mit 15 GE maximal, wenn 5 ME abgesetzt werden.

zu c)

Der Gewinn ist definitionsgemäß die Differenz Umsatz minus Kosten.
$\Rightarrow \quad G(x) = U(x) - K(x)$
$\Rightarrow \quad G(x) = -0{,}6\,x^2 + 6\,x - (1/20\,x^2 + 4/5\,x + 8)$
$\Leftrightarrow \quad G(x) = -0{,}65\,x^2 + 5{,}2\,x - 8$

Notwendige Bedingung für ein relatives Maximum der Gewinnfunktion ist: $G'(x) = 0$; wobei $G'(x) = -1{,}3\,x + 5{,}2$
$\Rightarrow \quad -1{,}3\,x + 5{,}2 = 0 \Leftrightarrow x_2 = 4$
Hinreichende Bedingung für ein Maximum an der Stelle 4: $G''(4) < 0$
$G''(x) = -1{,}3 \Rightarrow G''(4) = -1{,}3 < 0$
Der Gewinn ist mit 2,4 GE bei 4 ME am größten. $G(4) = 2{,}4$

Lösung Aufgabe 76

zu a)

Der Gewinn ist definitionsgemäß die Differenz Umsatz minus Kosten.

$\Rightarrow \quad G(x) = U(x) - K(x)$ und $U(x) = x \cdot p(x)$ und $p(x) = -3/5\ x + 6$

$\Rightarrow \quad U(x) = -3/5\ x^2 + 6\ x$

$\Rightarrow \quad G(x) = -3/5\ x^2 + 6\ x - (1/24\ x^3 - 1/4\ x^2 + 7/8\ x + 9)$

$\Leftrightarrow \quad G(x) = -1/24\ x^3 - 7/20\ x^2 + 41/8\ x - 9$

An den Gewinngrenzen gilt: $G(x) = 0$

$\Rightarrow \quad -1/24\ x^3 - 7/20\ x^2 + 41/8\ x - 9 = 0 \qquad | \cdot (-24)$

$\Leftrightarrow \quad x^3 + 8{,}4\ x^2 - 123\ x + 216 = 0$

Lösungsversuch mit Horner-Schema

	1	8,4	−123	216	
		1	9,4	−113,6	
1	1	9,4	−113,6	102,4	Rest > 0
		2	20,8	−204,4	
2	1	10,4	−102,2	11,6	Rest > 0
		3	34,2	−266,4	Lösung zwischen 2 und 3
3	1	11,4	−88,8	−50,4	Rest < 0
		2,5	27,25	−239,375	Lösung zwischen 2 und 2,5
2,5	1	10,9	−95,75	−23,357	Rest < 0
		2,2	23,32	−219,296	Lösung zwischen 2 und 2,2
2,2	1	10,6	−99,68	−3,296	Rest < 0
		2,1	22,05	−211,995	Lösung zwischen 2,1 und 2,2
2,1	1	10,5	−100,95	+4,005	Rest > 0
		2,15	22,6825	−215,6...	Lösung zwischen 2,15 und 2,2
2,15	1	10,55	−100,3175	+0,3...	Rest > 0
		2,16	22,8096	−216,4...	Lösung zwischen 2,15 und 2,16
2,16	1	10,56	−100,1904	−0,4...	Rest < 0

Die erste positive Nullstelle der Gewinnfunktion liegt zwischen 2,15 und 2,16 ME, sie beginnt mit 2,15...

Die Gewinnschwelle liegt also bei angenähert 2,15 ME.

zu b)

Die Bedingung für den Cournotschen Punkt ist, daß der Grenzumsatz gleich den Grenzkosten ist. $\Rightarrow \quad U'(x) = K'(x)$

Diese Bedingung leitet sich aus der notwendigen Bedingung für ein relatives Maximum der Gewinnfunktion ab: $G'(x) = 0$

$G(x) = U(x) - K(x) \quad \Rightarrow \quad G'(x) = U'(x) - K'(x)$

Wenn $G'(x) = 0$ ist, dann gilt: $\quad 0 = U'(x) - K'(x) \quad \Leftrightarrow \quad U'(x) = K'(x)$

$U'(x) = -6/5\ x + 6$ und $K'(x) = 1/8\ x^2 - 1/2\ x + 7/8$

$\Rightarrow \quad -6/5\ x + 6 = 1/8\ x^2 - 1/2\ x + 7/8$

$\Leftrightarrow \quad -1/8\ x^2 - 7/10\ x + 41/8 = 0 \qquad | \cdot (-8)$

$\Leftrightarrow \quad x^2 + 28/5\ x - 41 = 0 \qquad |$ Lösungsformel

$\Leftrightarrow \quad x = -14/5 \pm \sqrt{(14/5)^2 + 41} = -2{,}8 \pm \sqrt{48{,}84}$

$\Leftrightarrow \quad x_1 = 4{,}1885... \wedge x_2 = -9{,}7885...$

x_2 kommt aus sachlichen Gründen nicht in Frage.

Die Bedingung für den Cournotschen Punkt ist an der Stelle 4,1885... erfüllt. Der Gewinn ist mit 3,26 GE bei 4,19 ME am größten.
$G(x_1) = 3{,}26411...$

zu c)

Das Betriebsoptimum ist die Stelle, an der der Fahrstrahl an die Kostenkurve zur Tangente an die Kostenkurve wird, an der der Fahrstrahl die Kostenkurve nicht schneidet, sondern gerade noch berührt.
An keiner anderen Stelle ist der Fahrstrahl flacher. Die Steigung des Fahrstrahls an die Kostenkurve entspricht den Durchschnittskosten.

Also gilt es, das Minimum der Durchschnittskosten k(x) zu berechnen.
$k(x) = K(x)/x \Rightarrow k(x) = (1/24\ x^3 - 1/4\ x^2 + 7/8\ x + 9) : x$

$\Leftrightarrow \quad k(x) = 1/24\ x^2 - 1/4\ x + 7/8 + 9\ x^{-1}$

Notwendige Bedingung für ein relatives Minimum ist: $k'(x) = 0$

$k'(x) = 1/12\ x - 1/4 + (-9)\ x^{-2} = 1/12\ x - 1/4 - 9\ x^{-2}$

$\Rightarrow \quad 1/12\ x - 1/4 - 9\ x^{-2} = 0 \qquad | \cdot x^2 \ (\text{wobei } x \neq 0)$

$\Rightarrow \quad 1/12\ x^3 - 1/4\ x^2 - 9 = 0 \qquad | \cdot 12$

$\Leftrightarrow \quad x^3 - 3\ x^2 - 108 = 0$

Lösungsversuch mit Horner-Schema

	1	−3	0	−108
		6	18	108
6	1	3	18	0

$x_3 = 6$

$\Leftrightarrow \quad (x - 6)(x^2 + 3\ x + 18) = 0$

$\Leftrightarrow \quad x_3 = 6 \wedge x^2 + 3\ x + 18 = 0$

Nebenrechnung: $x^2 + 3\ x + 18 = 0 \qquad |$ Lösungsformel

$x = -1{,}5 \pm \sqrt{2{,}25 - 18}$

Diskriminante ist negativ; keine weitere Lösung

Hinreichende Bedingung für ein Minimum von k(x) an der Stelle 6 ist:
$k''(6) > 0$; und $k''(x) = 1/12 + 18\ x^{-3}$

$\Rightarrow \quad k''(6) = 1/12 + 18 : 6^3 = 1/12 + 1/12 = 1/6 > 0$

Das Betriebsoptimum liegt an der Stelle 6, also bei 6 ME. Die minimalen Durchschnittskosten betragen dort 2,375 GE. $k(6) = 2{,}375$

Lösungen der Aufgaben mit Elastizitäten

Lösung Aufgabe 77

zu a)

Besteht zwischen zwei Größen ein kausaler Zusammenhang derart, daß die Veränderung der einen Größe eine Veränderung der anderen Größe verursacht, dann läßt sich die Elastizität der abhängigen Größe in bezug auf die unabhängige Größe definieren. Diese Elastizität ist der Quotient der prozentualen bzw. der relativen Veränderung der abhängigen Größe dividiert durch die prozentuale bzw. relative Veränderung der unabhängigen Größe.

Anders ausgedrückt: Teilt man die prozentuale Wirkung durch die prozentuale Ursache, so ist der Quotient die Elastizität der abhängigen Größe in bezug auf die verursachende Größe.

Der Zusammenhang zwischen prozentualer und relativer Veränderung ist folgender: Steigt beispielsweise eine Größe von 30 auf 36 Einheiten, so ist die *absolute* Veränderung 6 Einheiten; bezogen auf den Ausgangswert 30 macht die Veränderung 6/30 = 1/5 aus.

Die *relative* Veränderung macht 1/5 aus; sie läßt sich so erweitern, daß der Nenner 100 entsteht; in diesem Beispiel muß mit 20 erweitert werden, so daß sich 20/100 ergibt. Brüche mit dem Nenner 100 werden vereinfacht als Prozentsätze geschrieben. Also: 1/5 = 20/100 = 20 %
Die *prozentuale* Veränderung macht 20 % aus.

zu b)

b_1) Hier ist K die abhängige und L die unabhängige Größe. Veränderungen von K werden von Veränderungen von L verursacht. Wenn sich die Größe L um einen bestimmten Prozentsatz vergrößert, so verkleinert sich (wegen des negativen Vorzeichens) die Größe K um das Doppelte dieses Prozentsatzes (wegen der 2).

Allgemein ausgedrückt: Wenn sich die Größe L um einen bestimmten Prozentsatz verändert, so ändert sich die Größe K um das Doppelte dieses Prozentsatzes in entgegengesetzter Richtung.

b_2) In diesem Fall ist N die abhängige und P die unabhängige Größe. Veränderungen von N werden von Veränderungen von P verursacht. Wenn sich die Größe P um einen bestimmten Prozentsatz vergrößert, so vergrößert sich (wegen des positiven Vorzeichens) die Größe N um das Dreifache dieses Prozentsatzes (wegen der 3).

Allgemein: Wenn sich die Größe P um einen bestimmten Prozentsatz verändert, so ändert sich die Größe N um das Dreifache dieses Prozentsatzes in derselben Richtung.

zu c)

c_1) Berechnung aufgrund der prozentualen Veränderungen:
$E_{Q;M} = 5\% : 10\% = 0{,}5$
Diese Elastizität kann auch anhand der relativen Veränderungen berechnet werden: 5 % = 1/20 und 10 % = 1/10
$E_{Q;M} = 1/20 : 1/10 = 1/20 \cdot 10 = 1/2 = 0{,}5$

Die Elastizität von Q in bezug auf M ist 0,5. Wenn sich die Größe M um einen bestimmten Prozentsatz verändert, so ändert sich die Größe Q um die Hälfte dieses Prozentsatzes in derselben Richtung.

c_2) Berechnung aufgrund der prozentualen Veränderungen:
$E_{T;R} = 10\% : -5\% = -2$
Berechnung anhand der relativen Veränderungen:
10 % = 1/10 und –5 % = –1/20
$E_{T;R} = 1/10 : (-1/20) = 1/10 \cdot (-20) = -2$

Die Elastizität von T in bezug auf R ist –2. Wenn sich die Größe R um einen bestimmten Prozentsatz verändert, so ändert sich die Größe T um das Doppelte dieses Prozentsatzes in entgegengesetzter Richtung.

Lösung Aufgabe 78

zu a)

Wenn die produzierte Menge von 8 ME um 1 ME auf 9 ME steigt, dann nimmt sie um 1/8 zu, also um 12,5 %.

Die Herstellung von 8 ME des Gutes A erfordert Herstellungskosten in Höhe von 10 GE. Denn $K(8) = 1/2 \cdot 8 + 6 = 10$
Die Herstellung von 9 ME des Gutes A erfordert Herstellungskosten in Höhe von 10,5 GE. Denn $K(9) = 1/2 \cdot 9 + 6 = 10{,}5$. Die Herstellungskosten steigen demnach um 5 %.

Die Zunahme der produzierten Menge um 12,5 % verursacht also eine Zunahme der Herstellungskosten um 5 %.

Die Elastizität der Herstellungskosten in bezug auf die produzierte Menge ist dann: $E_{K;x} = 5\% : 12{,}5\% = 0{,}4$

Das heißt: Steigt die produzierte Menge, von 8 ME ausgehend, um einen bestimmten Prozentsatz, dann steigen die Herstellungskosten daraufhin um das 0,4-fache dieses Prozentsatzes.

zu b)

Wenn die produzierte Menge von 12 ME um 1 ME auf 13 ME steigt, dann nimmt sie um 1/12 zu, also um $8,\overline{3}$ %.

Die Herstellung von 12 ME des Gutes A erfordert Herstellungskosten in Höhe von 12 GE. Denn $K(12) = 1/2 \cdot 12 + 6 = 12$. Die Herstellung von 13 ME des Gutes A erfordert Herstellungskosten in Höhe von 12,5 GE. Denn $K(13) = 1/2 \cdot 13 + 6 = 12,5$. Die Herstellungskosten steigen demnach um 1/24 bzw. um $4,1\overline{6}$ %.

Die Zunahme der produzierten Menge um $8,\overline{3}$ % verursacht also eine Zunahme der Herstellungskosten um $4,1\overline{6}$ %.

Die Elastizität der Herstellungskosten in bezug auf die produzierte Menge ist dann: $E_{K;x} = 4,1\overline{6}\ \% : 8,\overline{3}\ \% = 0,56$

Das bedeutet: Steigt die produzierte Menge, von 12 ME ausgehend, um einen bestimmten Prozentsatz, so steigen die Herstellungskosten daraufhin um das 0,56-fache dieses Prozentsatzes.

zu c)

Wenn die produzierte Menge von 20 ME um 1 ME auf 21 ME steigt, dann nimmt sie um 1/20 zu, also um 5 %.

Die Herstellung von 20 ME des Gutes A erfordert Herstellungskosten in Höhe von 16 GE. Denn $K(20) = 1/2 \cdot 20 + 6 = 16$. Die Herstellung von 21 ME des Gutes A erfordert Herstellungskosten in Höhe von 16,5 GE. Denn $K(21) = 1/2 \cdot 21 + 6 = 16,5$. Die Herstellungskosten steigen demnach um 1/32 bzw. um 3,125 %.

Die Zunahme der produzierten Menge um 5 % verursacht also eine Zunahme der Herstellungskosten um 3,125 %.

Die Elastizität der Herstellungskosten in bezug auf die produzierte Menge ist dann: $E_{K;x} = 3,125\ \% : 5\ \% = 0,625$

Das heißt: Steigt die produzierte Menge, von 20 ME ausgehend, um einen bestimmten Prozentsatz, dann steigen die Herstellungskosten daraufhin um das 0,625-fache dieses Prozentsatzes.

PS: Die hier gezeigte Möglichkeit der Berechnung von Elastizitäten ist eng an die Definition der Elastizität angelehnt, nach der die relative Wirkung durch die relative Ursache dividiert wird. Sie dient zunächst der Klärung des begrifflichen Hintergrundes und ist an die Bedingung gebunden, daß der kausale Zusammenhang zwischen abhängiger und unabhängiger Größe mit einer Funktion ersten Grades beschrieben werden kann.

Lösung Aufgabe 79

zu a)

Wenn die produzierte Menge von 5 ME um 1 ME auf 6 ME steigt, dann nimmt sie um 1/5 zu, d.h. die relative Veränderung der produzierten Menge ist 1/5.

Die Herstellung von 5 ME des Gutes A erfordert Herstellungskosten in Höhe von 10 GE. Denn $K(5) = 1/5 \cdot 5 + 9 = 10$. Die Herstellung von 6 ME des Gutes A erfordert Herstellungskosten in Höhe von 10,2 GE. Denn $K(6) = 1/5 \cdot 6 + 9 = 10{,}2$. Die Herstellungskosten steigen relativ um $0{,}2/10 = 1/50$.

Die Zunahme der produzierten Menge um 1/5 verursacht also eine Zunahme der Herstellungskosten um 1/50.

Dann ist die Elastizität der Herstellungskosten in bezug auf die produzierte Menge: $E_{K;x} = 1/50 : 1/5 = 1/10 = 0{,}1$

Das heißt: Steigt die produzierte Menge, von 5 ME ausgehend, um einen bestimmten Bruchteil, dann steigen die Herstellungskosten daraufhin um das 0,1-fache dieses Bruchteils. Oder: Steigt die produzierte Menge, von 5 ME ausgehend, um einen bestimmten Prozentsatz, dann steigen die Herstellungskosten daraufhin um das 0,1-fache dieses Prozentsatzes.

zu b)

Wenn die produzierte Menge von 15 ME um 1 ME auf 16 ME steigt, dann nimmt sie um 1/15 zu.

Die Herstellung von 15 ME des Gutes A erfordert Herstellungskosten in Höhe von 12 GE. Denn $K(15) = 1/5 \cdot 15 + 9 = 12$. Die Herstellung von 16 ME des Gutes A erfordert Herstellungskosten in Höhe von 12,2 GE. Denn $K(16) = 1/5 \cdot 16 + 9 = 12{,}2$. Die Herstellungskosten steigen demnach um $0{,}2/12 = 1/60$.

Die Zunahme der produzierten Menge um 1/15 verursacht also eine Zunahme der Herstellungskosten um 1/60.

Die Elastizität der Herstellungskosten in bezug auf die produzierte Menge $E_{K;x} = 1/60 : 1/15 = 1/4 = 0{,}25$

Das heißt: Steigt die produzierte Menge, von 15 ME ausgehend, um einen bestimmten Bruchteil, dann steigen die Herstellungskosten daraufhin um das 0,25-fache dieses Bruchteils.

Exkurs:

Die hier gezeigte Möglichkeit der Berechnung von Elastizitäten ist eng an die Definition der Elastizität angelehnt. Sie soll dem Verständnis des begrifflichen Hintergrundes dienen und ist an die Bedingung gebunden, daß der kausale Zusammenhang zwischen abhängiger und unabhängiger Größe mit einer Funktion ersten Grades beschrieben werden kann.

Eine einfachere und elegante Möglichkeit der Berechnung von Elastizitäten ergibt sich, wenn der Term, so wie er der Definition entspricht, wie folgt umgeformt wird.

$$E_{K;x} = \frac{\Delta K}{K} : \frac{\Delta x}{x} = \frac{\Delta K}{K} \cdot \frac{x}{\Delta x} = \frac{\Delta K}{\Delta x} : \frac{K}{x}$$

$\Delta K/\Delta x$ entspricht, da eine Funktion ersten Grades zugrunde liegt, dem Steigungsmaß der Funktion und auch der Geraden, mit der sie graphisch dargestellt wird. (Die Steigung von Kostenkurven entspricht übrigens den Grenzkosten.)

K/x entspricht den durchschnittlichen Kosten pro Mengeneinheit.

Demnach läßt sich $E_{K;x}$ auch dadurch berechnen, daß die Steigung der Kostenfunktion durch die Durchschnittskosten der betreffenden Menge dividiert wird.

Der Aufgabenteil *a)* wäre dann wie folgt zu lösen: Die Steigung beträgt 1/5. Die Kosten für 5 ME betragen 10 GE, so daß die Durchschnittskosten $10/5 = 2$ GE pro ME ausmachen. $E_{K;x} = 1/5 : 2 = 1/10 = 0{,}1$

Und Aufgabenteil *b)*:
Die Steigung beträgt 1/5. Die Kosten für 15 ME betragen 12 GE, so daß die Durchschnittskosten $12/15 = 4/5 = 0{,}8$ GE pro ME ausmachen.
$E_{K;x} = 1/5 : 4/5 = 1/4 = 0{,}25$ *Exkurs-Ende*

Lösung Aufgabe 80

Die Elastizität $E_{U;x}$ des Umsatzes in bezug auf den Absatz ist der Quotient der relativen Änderung des Umsatzes dividiert durch die relative Änderung des Absatzes. Dabei ist die Änderung des Absatzes die Ursache für die Änderung des Umsatzes. Mit Absatz ist die verkaufte Menge gemeint.

Die relative Änderung der Menge ist $\Delta x/x$, die des Umsatzes ist $\Delta U/U$.

$$E_{U;x} = \frac{\Delta U}{U} : \frac{\Delta x}{x} = \frac{\Delta U}{U} \cdot \frac{x}{\Delta x} = \frac{\Delta U}{\Delta x} : \frac{U}{x}$$

Bei einer quadratischen Funktion entspricht der Differenzenquotient $\Delta U/\Delta x$ nicht dem Steigungsmaß wie bei einer Geraden.

Für marginal kleine Änderungen gilt: $\lim\limits_{\Delta x \to 0} \frac{\Delta U}{\Delta x} = U'(x)$

$U'(x)$ ist die erste Ableitungsfunktion von $U(x)$, deren Funktionswert an jeder beliebigen Stelle der Steigung der Umsatzparabel entspricht.

$$E_{U;x} = U'(x) : \frac{U}{x}$$

zu a)

Für den Fall, daß die nachgefragte und abgesetzte Menge $x_0 = 6$ ist, gilt: $U(6) = 30$ und $U'(6) = -6 + 8 = 2$; denn $U'(x) = -x + 8$

$$E_{U;x} = 2 : \frac{30}{6} = 2 : 5 = \frac{2}{5} = 0{,}4$$

Steigt der Absatz beispielsweise um 5 %, so nimmt der Umsatz um 2 % zu. Wächst der Absatz um einen bestimmten Prozentsatz, so wächst daraufhin der Umsatz um das 0,4-fache dieses Prozentsatzes. Nimmt der Absatz um einen bestimmten Bruchteil zu, so nimmt daraufhin der Umsatz um das 2/5-fache dieses Bruchteils zu.

zu b)

Für den Fall, daß die nachgefragte und abgesetzte Menge $x_1 = 12$ ist, gilt: $U(12) = 24$ und $U'(12) = -12 + 8 = -4$; denn $U'(x) = -x + 8$

$$E_{U;x} = -4 : \frac{24}{12} = -4 : 2 = \frac{-4}{2} = -2$$

Steigt der Absatz beispielsweise um 2 %, so nimmt daraufhin der Umsatz um 4 % ab. *Oder:* Steigt der Absatz um einen bestimmten Prozentsatz, so nimmt daraufhin der Umsatz um das 2-fache dieses Prozentsatzes ab. Sinkt der Absatz um einen bestimmten Bruchteil, so nimmt daraufhin der Umsatz um das 2-fache dieses Bruchteils zu.

Erläuterung des Unterschieds

Im Aufgabenteil a) wird die Elastizität für eine Stelle berechnet, an der die Steigung der Umsatzkurve positiv ist, also für einen Punkt auf dem aufsteigenden Ast der nach unten geöffneten Umsatzkurve. In diesem Bereich steigt der Umsatz aufgrund steigenden Absatzes. Deshalb ergibt sich eine positive Elastizität.

Im Aufgabenteil b) wird die Elastizität für eine Stelle berechnet, an der die Steigung der Umsatzkurve negativ ist, also für einen Punkt auf dem absteigenden Ast der nach unten geöffneten Umsatzkurve. In diesem Bereich geht der Umsatz aufgrund steigenden Absatzes zurück. Deshalb ergibt sich hier eine negative Elastizität.

Lösung Aufgabe 81

Die Elastizität E des Umsatzes in bezug auf den Absatz läßt sich für marginal kleine Änderungen des Absatzes wie folgt darstellen:

$$E_{U;x} = \frac{\Delta U}{U} : \frac{\Delta x}{x} = U'(x) : \frac{U}{x}$$

zu a)

Für den Fall, daß die nachgefragte und abgesetzte Menge $x_1 = 10$ ist, gilt: $U(10) = 55$ und $U'(10) = 3$; denn $U'(x) = -1/2\,x + 8$

$$E_{U;x} = 3 : \frac{55}{10} = 3 : 5{,}5 = 0{,}5454\ldots$$

Steigt der Absatz beispielsweise um 2 %, so nimmt daraufhin der Umsatz um 1,0909... % zu, nämlich um das 0,5454...-fache von 2 %. Nimmt der Absatz um einen bestimmten Bruchteil ab, so sinkt daraufhin der Umsatz um das 0,5454...-fache dieses Bruchteils.

zu b)

Für den Fall, daß die nachgefragte und abgesetzte Menge $x_2 = 20$ ist, gilt: U(20) = 60 und U'(20) = −10 + 8 = −2; denn U'(x) = −1/2 x + 8

$$E_{U;x} = -2 : \frac{60}{20} = -2 : 3 = -2/3$$

Steigt der Absatz beispielsweise um 3 %, so nimmt daraufhin der Umsatz um 2 % ab. *Oder:* Wächst der Absatz um einen bestimmten Prozentsatz, so nimmt daraufhin der Umsatz um das 2/3-fache dieses Prozentsatzes ab. Steigt der Absatz um einen bestimmten Bruchteil, so nimmt daraufhin der Umsatz um das 2/3-fache dieses Bruchteils ab.

Erläuterung des Unterschieds

Im Aufgabenteil *a)* wird die Elastizität für eine Stelle berechnet, an der die Steigung der Umsatzkurve positiv ist, also für einen Punkt auf dem aufsteigenden Ast der nach unten geöffneten Umsatzkurve. In diesem Bereich steigt der Umsatz aufgrund steigenden Absatzes. Deshalb ergibt sich eine positive Elastizität.

Im Aufgabenteil *b)* wird die Elastizität für eine Stelle berechnet, an der die Steigung der Umsatzkurve negativ ist, also für einen Punkt auf dem absteigenden Ast der nach unten geöffneten Umsatzkurve. In diesem Bereich geht der Umsatz aufgrund steigenden Absatzes zurück. Deshalb ergibt sich hier eine negative Elastizität.

Lösung Aufgabe 82

In der vorliegenden Funktionsgleichung ist mathematisch die Variable x die unabhängige und der Funktionswert p(x) die abhängige Größe. Sachlich ist der kausale Zusammenhang umgekehrt. Denn die Elastizität der nachgefragten Menge in bezug auf den Preis setzt voraus, daß die Änderung des Preises eine Änderung der nachgefragten Menge verursacht.

Deshalb ist die Elastizität der nachgefragten Menge in bezug auf den Preis definitionsgemäß:

$$E_{x;p} = \frac{\Delta x}{x} : \frac{\Delta p}{p} = \frac{\Delta x}{x} \cdot \frac{p}{\Delta p} = \frac{\Delta x}{\Delta p} \cdot \frac{p}{x} = \frac{p}{x} : \frac{\Delta p}{\Delta x}$$

Der Differenzenquotient $\Delta p/\Delta x$ ist das Steigungsmaß der angegebenen Nachfragefunktion. Also: $\Delta p/\Delta x = -1/2 = -0{,}5$

$$E_{x;p} = \frac{p(x)}{x} : (-0{,}5)$$

zu a)

Für den Fall, daß die nachgefragte Menge $x_1 = 8$ ist, gilt: $p(8) = 12$

$$E_{x;p} = \frac{12}{8} : (-0{,}5) = -3$$

Steigt der Preis beispielsweise um 1 %, so nimmt die nachgefragte Menge um 3 % ab. Anders ausgedrückt: Steigt der Preis um einen bestimmten Prozentsatz, so nimmt daraufhin die nachgefragte Menge um das 3-fache dieses Prozentsatzes ab. Sinkt der Preis um einen bestimmten Bruchteil, so nimmt die nachgefragte Menge um das 3-fache dieses Bruchteils zu.

zu b)

Für den Fall, daß die nachgefragte Menge $x_2 = 16$ ist, gilt: $p(16) = 8$

$$E_{x;p} = \frac{8}{16} : (-0{,}5) = -1$$

Steigt der Preis – ausgehend von 8 GE – beispielsweise um 1 %, so nimmt daraufhin die nachgefragte Menge um 1 % ab. Steigt der Preis um einen bestimmten Prozentsatz, so nimmt daraufhin die nachgefragte Menge um denselben Prozentsatzes ab. Sinkt der Preis um einen bestimmten Bruchteil, so nimmt daraufhin die nachgefragte Menge um eben diesen Bruchteil zu.

zu c)

Für den Fall, daß die nachgefragte Menge $x_3 = 20$ ist, gilt: $p(20) = 6$

$$E_{x;p} = \frac{6}{20} : (-0{,}5) = -0{,}6$$

Steigt der Preis – ausgehend von 6 GE – z. B. um 1 %, so nimmt daraufhin die nachgefragte Menge um 0,6 % ab. Steigt der Preis um einen bestimmten Prozentsatz, so nimmt daraufhin die nachgefragte Menge um das 0,6-fache dieses Prozentsatzes ab. Sinkt der Preis um einen bestimmten Bruchteil, so nimmt daraufhin die nachgefragte Menge um das 0,6-fache dieses Bruchteils zu.

Lösung Aufgabe 83

Die Elastizität E der nachgefragten Menge in bezug auf den Preis ist der Quotient der relativen Änderung der nachgefragten Menge dividiert durch die relative Änderung des Preises. Dabei ist die Änderung des Preises die

Ursache für die Änderung der nachgefragten Menge. Die relative Änderung des Preises ist $\Delta p/p$, die relative Änderung der nachgefragten Menge ist $\Delta x/x$.

$$E_{x;p} = \frac{\Delta x}{x} : \frac{\Delta p}{p} = \frac{\Delta x}{x} \cdot \frac{p}{\Delta p} = \frac{p}{x} \cdot \frac{\Delta x}{\Delta p} = \frac{p}{x} : \frac{\Delta p}{\Delta x}$$

Für marginal kleine Änderungen gilt: $\lim\limits_{\Delta x \to 0} \frac{\Delta p}{\Delta x} = p'(x)$

$$E_{x;p} = \frac{p}{x} : p'(x) \qquad \text{wobei } x \neq 0$$

zu a)

Für den Fall, daß die nachgefragte Menge $x_0 = 4$ ist, gilt:
$p(4) = 16/36 - 4 + 9 = 49/9$ und $p'(4) = 1/18 \cdot 4 - 1 = -7/9$
denn $p'(x) = 1/18\, x - 1 \Rightarrow$

$$E_{x;p} = \frac{\frac{49}{9}}{4} : \frac{-7}{9} = \frac{-7}{4}$$

Steigt beispielsweise der Preis um 4 %, so geht daraufhin die nachgefragte Menge um 7 % zurück.

zu b)

$$E_{x;p} = \frac{p}{x} : p'(x) = -1 \qquad \text{wobei } x \neq 0$$

$$\Rightarrow \quad \frac{1/36\, x^2 - x + 9}{x} : (1/18\, x - 1) = -1$$

Dabei muß gelten: $1/18\, x - 1 \neq 0 \Rightarrow x \neq 18$

$$\Leftrightarrow \quad \frac{1/36\, x^2 - x + 9}{x\,(1/18\, x - 1)} = -1$$

$$\Leftrightarrow \quad \frac{1/36\, x^2 - x + 9}{(1/18\, x^2 - x)} = -1 \qquad \Big|\cdot (1/18\, x^2 - x)$$

$$\Leftrightarrow \quad 1/36\, x^2 - x + 9 = -(1/18\, x^2 - x) = x - 1/18\, x^2 \qquad \Big|\, - x + 1/18\, x^2$$

$$\Leftrightarrow \quad -1/12\, x^2 + 2\, x - 9 = 0 \qquad \Big|\cdot (-12)$$

$$\Leftrightarrow \quad x^2 - 24\, x + 108 = 0 \qquad \Big|\ \text{Lösungsformel}$$

$$\Leftrightarrow \quad x = 12 \pm \sqrt{12^2 - 108} = 12 \pm 6$$

$$\Leftrightarrow \quad x_1 = 6 \wedge x_2 = 18 \qquad x_2 \text{ kommt nicht in Frage (siehe oben)}$$

An der Stelle 6, d. h. wenn die nachgefragte Menge 6 ME beträgt, ist die Elastizität der nachgefragten Menge gleich −1. Diese 6 ME werden dann nachgefragt, wenn der Preis 4 GE beträgt; denn $p(6) = 4$.

Steigt der Preis – ausgehend von 4 GE – um einen bestimmten Prozentsatz, so geht die nachgefragte Menge um denselben Prozentsatz, nämlich um das Einfache dieses Prozentsatzes, zurück.

Lösung Aufgabe 84

zu a)

Da der Umsatz definitionsgemäß gleich dem Produkt Menge mal Preis ist, ergibt sich die Umsatzfunktion aus $U(x) = x \cdot p(x) \;\wedge\; p(x) = -1/3\ x + 5$
$\Rightarrow \quad U(x) = x\,(-1/3\ x + 5) = -1/3\ x^2 + 5\ x$

Notwendige Bedingung für ein Maximum des Umsatzes ist: $U'(x) = 0$
und $U'(x) = -2/3\ x + 5 \Rightarrow -2/3\ x + 5 = 0 \Leftrightarrow x = 7{,}5$
Hinreichende Bedingung für ein relatives Maximum an der Stelle 7,5:
$U''(7{,}5) < 0$; und $U''(x) = -2/3 \Rightarrow U''(7{,}5) = -2/3 < 0$

Der maximale Umsatz ist erreicht, wenn 7,5 ME des betreffenden Gutes nachgefragt und verkauft werden. Der Umsatz beträgt dann 18,75 GE. Denn $U(7{,}5) = 18{,}75$.

zu b)

Die Elastizität $E_{U;x}$ des Umsatzes in bezug auf den Absatz kann mit Hilfe des folgenden Ausdrucks berechnet werden:

$$E_{U;x} = U'(x) : \frac{U(x)}{x}$$

Für den Fall, daß die nachgefragte und abgesetzte Menge $x_1 = 6$ ist, gilt:
$U(6) = 18$ und $U'(6) = -4 + 5 = 1$; denn $U'(x) = -2/3\ x + 5$

$$E_{U;x} = 1 : \frac{18}{6} = 1 : 3 = \frac{1}{3}$$

Steigt der Absatz z. B. um 3 %, so nimmt daraufhin der Umsatz um 1 % zu. Wächst der Absatz um einen bestimmten Prozentsatz, so steigt der Umsatz um das 1/3-fache dieses Prozentsatzes. Nimmt der Absatz um einen bestimmten Bruchteil zu, so steigt der Umsatz um ein Drittel dieses Bruchteils.

Für den Fall, daß die nachgefragte und abgesetzte Menge $x_2 = 9$ ist, gilt:
$U(9) = 18$ und $U'(9) = -18/3 + 5 = -1$; denn $U'(x) = -2/3\ x + 5$

$$E_{U;x} = (-1) : \frac{18}{9} = -1 : 2 = -0{,}5$$

Steigt der Absatz um beispielsweise 2 %, so nimmt der Umsatz um 1 % ab. Oder: Sinkt der Absatz um einen bestimmten Bruchteil, so nimmt daraufhin der Umsatz um das 0,5-fache dieses Bruchteils zu.

Lösung Aufgabe 85

zu a)

Wenn der x-Wert um einen bestimmten Prozentsatz steigt, dann steigt daraufhin der y-Wert um die Hälfte dieses Prozentsatzes, nämlich um das 0,5-fache dieses Prozentsatzes.

zu b)

Die Elastizität E der Funktionswerte in bezug auf die x-Werte ist der Quotient der relativen Änderung der Funktionswerte dividiert durch die relative Änderung der x-Werte. Dabei ist die Änderung der x-Werte die Ursache für die Änderung der Funktionswerte. Die relative Änderung der x-Werte ist $\Delta x/x$, die relative Änderung der Funktionswerte ist $\Delta y/y$.

$$E_{y;x} = \frac{\Delta y}{y} : \frac{\Delta x}{x} = \frac{\Delta y}{y} \cdot \frac{x}{\Delta x} = \frac{\Delta y}{\Delta x} \cdot \frac{x}{y} = \frac{\Delta y}{\Delta x} : \frac{y}{x}$$

Bei einer Funktion dritten Grades entspricht der Differenzenquotient $\Delta y/\Delta x$ nicht der Steigung des Graphen wie bei einer Geraden. $\Delta y/\Delta x$ würde allenfalls der Steigung einer Sekante, nicht jedoch der Steigung der Kurve bzw. der Tangente entsprechen.

Der Grenzwert dieses Differenzenquotienten ist: $\lim\limits_{\Delta x \to 0} \frac{\Delta y}{\Delta x} = y'$

$y' = f'(x)$ ist die erste Ableitungsfunktion von f(x), deren Funktionswert an jeder beliebigen Stelle der Steigung des Funktionsgraphen an dieser Stelle entspricht.

$$E_{y;x} = f'(x) : \frac{f(x)}{x} \qquad \text{wobei } f(x) \neq 0 \text{ und } x \neq 0$$

$$f(x) = 1/2\, x\, (x^2 - 8) = 1/2\, x^3 - 4\, x \quad \Rightarrow \quad f'(x) = 3/2\, x^2 - 4$$

$$\frac{f(x)}{x} = 1/2\, x^2 - 4$$

Die Elastizität entspricht nun dem Bruchterm:

$$\frac{3/2\, x^2 - 4}{1/2\, x^2 - 4} \qquad \text{wobei } x \neq \pm \sqrt{8}$$

Da die Elastizität den Wert −1 haben soll, ergibt sich die Gleichung:

$$\frac{3/2\, x^2 - 4}{1/2\, x^2 - 4} = -1 \qquad | \cdot (1/2\, x^2 - 4)$$

$$\Leftrightarrow \quad 3/2\, x^2 - 4 = -(1/2\, x^2 - 4)$$

$$\Leftrightarrow \quad 3/2\, x^2 - 4 = -1/2\, x^2 + 4 \qquad | + 1/2\, x^2 - 4$$

$$\Leftrightarrow \quad 2\, x^2 - 8 = 0$$

$\Leftrightarrow \quad 2\,x^2 = 8 \Leftrightarrow x^2 = 4$
$\Leftrightarrow \quad x = 2 \ \vee \ x = -2$

An den Stellen −2 und 2 ist die Elastizität der y-Werte in bezug auf die x-Werte gleich −1.

Lösung Aufgabe 86

zu a)

Aus der Berührung des Graphen mit der x-Achse an der Stelle 2 folgt:

$$f'(2) = 0 \wedge f(2) = 0$$

Ermittlung des Funktionsterms:

$f''(x) = 12\,x^2 - 36\,x + 8 \Rightarrow f'(x) = 4\,x^3 - 18\,x^2 + 8\,x + d$
$f'(2) = 0 \Rightarrow 32 - 72 + 16 + d = 0 \Leftrightarrow d = 24$
$\Rightarrow \quad f'(x) = 4\,x^3 - 18\,x^2 + 8\,x + 24$

$\Rightarrow \quad f(x) = x^4 - 6\,x^3 + 4\,x^2 + 24\,x + e$
$f(2) = 0 \Rightarrow 16 - 48 + 16 + 48 + e = 0 \Leftrightarrow e = -32$
$\Rightarrow \quad f(x) = x^4 - 6\,x^3 + 4\,x^2 + 24\,x - 32$

Berechnung der Elastizität an der Stelle 3:

$$E_{y,x=3} = f'(3) : \frac{f(3)}{3}$$

$f'(3) = 108 - 162 + 24 + 24 = -6$
$f(3) = 81 - 162 + 36 + 72 - 32 = -5 \quad \Rightarrow \quad f(3)/3 = -5/3$
$E_{y,x=3} = -6 : (-5/3) = -6 \cdot (-3/5) = 3{,}6$

$$E_{y,x=3} = 3{,}6$$

Wenn der x-Wert sich an der Stelle 3 um einen bestimmten Prozentsatz ändert, so ändert sich der y-Wert um das 3,6-fache dieses Prozentsatzes in derselben Richtung.

zu b)

Gesucht ist die Stelle, an der der Quotient $f'(x) : f(x)/x$ gleich −2 ist. Dabei muß gelten: $f(x) \neq 0$ und $x \neq 0$

$$\Rightarrow \quad \frac{4\,x^3 - 18\,x^2 + 8\,x + 24}{\dfrac{x^4 - 6\,x^3 + 4\,x^2 + 24\,x - 32}{x}} = -2$$

$$\Leftrightarrow \quad \frac{x\,(4\,x^3 - 18\,x^2 + 8\,x + 24)}{x^4 - 6\,x^3 + 4\,x^2 + 24\,x - 32} = -2$$

$$\Leftrightarrow \quad \frac{4\,x^4 - 18\,x^3 + 8\,x^2 + 24\,x}{x^4 - 6\,x^3 + 4\,x^2 + 24\,x - 32} = -2$$

$$\Leftrightarrow \quad 4\,x^4 - 18\,x^3 + 8\,x^2 + 24\,x = (-2)\,(x^4 - 6x^3 + 4x^2 + 24x - 32)$$

$$\Leftrightarrow \quad 4\,x^4 - 18\,x^3 + 8\,x^2 + 24x = -2\,x^4 + 12\,x^3 - 8\,x^2 - 48\,x + 64$$

$$\Leftrightarrow \quad 6\,x^4 - 30\,x^3 + 16\,x^2 + 72\,x - 64 = 0$$

$$\Leftrightarrow \quad 3\,x^4 - 15\,x^3 + 8\,x^2 + 36\,x - 32 = 0$$

Lösungsversuch mit Horner–Schema

	3	−15	8	36	−32	
		3	−12	−4	32	
1	3	−12	−4	32	0	$x_1 = 1$
		6	−12	−32		
2	3	−6	−16	0		$x_2 = 2$

$$\Leftrightarrow \quad (x - 1)(x - 2)(3\,x^2 - 6\,x - 16) = 0$$

Nebenrechnung:

$$3\,x^2 - 6\,x - 16 = 0 \qquad | : 3$$

$$x^2 - 2\,x - 16/3 = 0 \qquad | \text{ Lösungsformel}$$

$$x = 1 \pm \sqrt{1 + 16/3} = 1 \pm \sqrt{19/3}$$

$$x = 1 \pm 2{,}516\ldots$$

$$x_3 = -1{,}516\ldots \wedge x_4 = 3{,}516\ldots$$

$$\Leftrightarrow \quad (x - 1)(x - 2)(x - x_3)(x - x_4) = 0$$

An den Stellen 1, 2, x_3 und x_4 ist die Elastizität des y-Wertes in bezug auf den x-Wert gleich −2.

Lösung Aufgabe 87

Der Gewinn ergibt sich als Differenz Umsatz U(x) minus Kosten K(x). Der Umsatz U(x) ist das Produkt aus dem Absatz x und dem Preis p(x), und p(x) ist gegeben.

$$U(x) = x\,(-0{,}5\,x + 6{,}5) \Leftrightarrow U(x) = -0{,}5\,x^2 + 6{,}5\,x$$

Also $G(x) = U(x) - K(x)$, und K(x) ist ebenfalls gegeben.

$\Rightarrow \quad G(x) = -0{,}5\,x^2 + 6{,}5\,x - (1/54\,x^3 - 1/3\,x^2 + 2{,}5\,x + 7) \Rightarrow$

Gewinnfunktion $G(x) = -1/54\,x^3 - 1/6\,x^2 + 4\,x - 7$

Notwendige Bedingung für ein relatives Maximum von G(x) ist:

$G'(x) = 0$; und $G'(x) = -1/18\,x^2 - 1/3\,x + 4$

$$\Rightarrow \quad -1/18\,x^2 - 1/3\,x + 4 = 0 \qquad | \cdot (-18)$$

$$\Leftrightarrow \quad x^2 + 6\,x - 72 = 0 \qquad | \text{ Lösungsformel}$$

$$\Leftrightarrow \quad x = -3 \pm \sqrt{9 + 72} = -3 \pm 9$$

$$\Leftrightarrow \quad x_1 = 6 \wedge x_2 = -12$$

x_2 kommt aus sachlichen Gründen nicht in Frage.

Hinreichende Bedingung für ein relatives Maximum an der Stelle 6 ist:
$G''(6) < 0$ und $G''(x) = -1/9\,x + 1/3 \Rightarrow G''(6) = -1/3 < 0$
An der Stelle 6 liegt das Gewinnmaximum.

Die Elastizität der Kosten in bezug auf die hergestellte Menge läßt sich als Quotient Grenzkosten durch Durchschnittskosten ausdrücken.
$E_{K;x} = K'(x) : k(x)$ und hier gilt $x = 6$

$K'(x) = 1/18\,x^2 - 2/3\,x + 2{,}5 \Rightarrow K'(6) = 2 - 4 + 2{,}5 = 0{,}5$
$k(x) = 1/54\,x^2 - 1/3\,x + 2{,}5 + 7/x \Rightarrow$
$k(6) = 2/3 - 2 + 2{,}5 + 7/6 = 2{,}\overline{3}$

$E_{K;x=6} = 0{,}5 : 2{,}\overline{3} = 0{,}214\ldots$

Dieser Koeffizient bedeutet: Ändert sich – ausgehend vom Gewinnmaximum – die hergestellte Menge um einen bestimmten Prozentsatz, so ändern sich die Kosten um das 0,214-fache dieses Prozentsatzes.

Lösung Aufgabe 88

Bestimmung des Wendepunktes
Notwendige Bedingung für einen Wendepunkt ist, daß $K''(x) = 0$ ist.
$K'(x) = 1/25\,x^2 - 0{,}64\,x + 3$
$K''(x) = 2/25\,x - 0{,}64 \Rightarrow 2/25\,x - 0{,}64 = 0 \Leftrightarrow x = 8$
Hinreichende Bedingung für den Wendepunkt an der Stelle 8: $K'''(8) \neq 0$ und $K'''(x) = 2/25 \Rightarrow K'''(8) = 2/25 \neq 0$

Der Wendepunkt W liegt an der Stelle 8 und hat den y-Wert 25,35.
Denn $K(8) = 25{,}35$ (gerundet). $\Rightarrow$ W $(8\,|\,25{,}35)$

Elastizität an der Stelle 8
Die Elastizität der Kosten in bezug auf die Menge läßt sich nach folgendem Ausdruck berechnen:

$$E_{K;x} = K'(x) : \frac{K(x)}{x} \qquad \text{wobei } K(x) \neq 0 \text{ und } x \neq 0$$

Weiter gilt:
$x = 8$ und $K(8) = 25{,}35$ und $K'(8) = 64/25 - 0{,}64 \cdot 8 + 3 = 0{,}44$

$$E_{K;x} = 0{,}44 : \frac{25{,}35}{8} = 0{,}1389$$

Ändert sich, vom Wendepunkt ausgehend, die hergestellte Menge um einen relativ kleinen Prozentsatz, so ändern sich die Kosten um das 0,1389-fache dieses Prozentsatzes in derselben Richtung.

Lösung Aufgabe 89

Die Elastizität der Konsumausgaben in bezug auf das Einkommen läßt sich nach folgendem Ausdruck berechnen:

$$E_{C;Y} = C'(Y) : \frac{C(Y)}{Y}$$

zu a) In diesem Fall gilt:

Y = 20000 und C(20000) = 20000 und C'(20000) = 0,85

$$E_{C;Y} = 0,85 : \frac{20000}{20000} = 0,85$$

Ändert sich, ausgehend von 20000 GE, das Einkommen um einen kleineren Prozentsatz, so ändern sich die Konsumausgaben um das 0,85-fache dieses Prozentsatzes in derselben Richtung.

zu b) In diesem Fall gilt:

Y = 40000 und C(40000) = 37000 und C'(37000) = 0,85

$$E_{C;Y} = 0,85 : \frac{37000}{40000} = 0,918\ldots$$

Ändert sich, ausgehend von 40000 GE, das Einkommen um einen bestimmten Prozentsatz, so ändern sich die Konsumausgaben um das 0,918...-fache dieses Prozentsatzes in derselben Richtung.

Lösung Aufgabe 90

Teil A

In der gegebenen Funktion ist mathematisch die Variable x die unabhängige und der Funktionswert p(x) die abhängige Größe. Sachlich ist die Beziehung umgekehrt. Denn die Elastizität der nachgefragten Menge in bezug auf den Preis geht davon aus, daß eine Änderung des Preises eine Änderung der nachgefragten Menge verursacht.

Deshalb ist die Elastizität der nachgefragten Menge in bezug auf den Preis definitionsgemäß:

$$E_{x;p} = \frac{\Delta x}{x} : \frac{\Delta p}{p} = \frac{\Delta x}{x} \cdot \frac{p}{\Delta p} = \frac{p}{x} \cdot \frac{\Delta x}{\Delta p} = \frac{p}{x} : \frac{\Delta p}{\Delta x}$$

Der Differenzenquotient $\Delta p/\Delta x$ ist das Steigungsmaß der angegebenen Nachfragefunktion. Also: $\Delta p/\Delta x = -3/4 = -0,75$

$$E_{x;p} = \frac{p(x)}{x} : (-0,75) \qquad \text{wobei } x \neq 0$$

zu a)

Für den Fall, daß die nachgefragte Menge $x_1 = 8$ ist, gilt: $p(8) = 9$

$$E_{x;p} = \frac{9}{8} : (-0{,}75) = -1{,}5$$

Steigt der Preis um einen bestimmten Prozentsatz, so nimmt daraufhin die nachgefragte Menge um das 1,5-fache dieses Prozentsatzes ab. Sinkt der Preis um einen bestimmten Bruchteil, so nimmt daraufhin die nachgefragte Menge um das 1,5-fache dieses Bruchteils zu.

zu b)

Für den Fall, daß die nachgefragte Menge $x_2 = 12$ ist, gilt: $p(12) = 6$

$$E_{x;p} = \frac{6}{12} : (-0{,}75) = -0{,}\overline{6}$$

Steigt der Preis um einen bestimmten Prozentsatz, so nimmt daraufhin die nachgefragte Menge um das $0{,}\overline{6}$-fache dieses Prozentsatzes ab. Sinkt der Preis um einen bestimmten Bruchteil, so nimmt daraufhin die nachgefragte Menge um zwei Drittel dieses Bruchteils zu.

zu c)

Für den Fall, daß die nachgefragte Menge $x_3 = 16$ ist, gilt: $p(16) = 3$

$$E_{x;p} = \frac{3}{16} : (-0{,}75) = -0{,}25$$

Steigt der Preis um einen bestimmten Prozentsatz, so nimmt daraufhin die nachgefragte Menge um das 0,25-fache dieses Prozentsatzes ab. Sinkt der Preis um einen bestimmten Bruchteil, so nimmt daraufhin die nachgefragte Menge um das 0,25-fache dieses Bruchteils zu.

Teil B

zu a)

Wenn der Preis des anderen Gutes um einen bestimmten Prozentsatz steigt (fällt), so sinkt (steigt) die nachgefragte Menge des einen Gutes um das Doppelte dieses Prozentsatzes. Es sind Güter, die sich bei ihrer Verwendung gegenseitig ergänzen, z. B. Füllhalter und Tinte, also Komplementärgüter.

zu b)

Wenn der Preis des anderen Gutes um einen bestimmten Prozentsatz steigt (fällt), so steigt (fällt) die nachgefragte Menge des einen Gutes um das Doppelte dieses Prozentsatzes. Es sind Güter, die etwa denselben Verwendungszweck haben und gegeneinander ausgetauscht werden können, also Substitutionsgüter. Beispiel: Kartoffeln und Nudeln.

Lösung Aufgabe 91

Die Elastizität der Kosten in bezug auf die Menge läßt sich nach folgendem Ausdruck berechnen:

$$E_{K;x} = K'(x) : \frac{K(x)}{x} \qquad \text{wobei } K(x) \neq 0 \text{ und } x \neq 0$$

Der Term K'(x) beschreibt die Grenzkosten. Wenn der Term K(x) durch x dividiert wird, so entsteht der Term k(x), der die gesamten Durchschnittskosten beschreibt. $E_{K;x} = K'(x) : k(x)$

Gesucht ist die Stelle, an der $E_{K;x} = 1$ ist. Es entsteht also die Gleichung:

$\Rightarrow \quad K'(x) : k(x) = 1 \qquad | \cdot k(x)$

$\Leftrightarrow \quad K'(x) = k(x)$

$$K'(x) = 0{,}375\,x^2 - 7{,}5\,x + 38$$
$$k(x) = 0{,}125\,x^2 - 3{,}75\,x + 38 + 64\,x^{-1}$$

$\Rightarrow \quad 0{,}375\,x^2 - 7{,}5\,x + 38 = 0{,}125\,x^2 - 3{,}75\,x + 38 + 64\,x^{-1}$

$\Leftrightarrow \quad 0{,}25\,x^2 - 3{,}75\,x - 64\,x^{-1} = 0 \qquad | \cdot x$

$\Leftrightarrow \quad 0{,}25\,x^3 - 3{,}75\,x^2 - 64 = 0 \qquad | : 0{,}25$

$\Leftrightarrow \quad x^3 - 15\,x^2 - 256 = 0$

Lösungsversuch mit Horner–Schema

	1	−15	0	−256
		16	16	256
16	1	1	16	0

$x_1 = 16$

$\Leftrightarrow \quad (x - 16)(x^2 + x + 16) = 0$

$\Leftrightarrow \quad x = 16 \;\vee\; x^2 + x + 16 = 0$

Nebenrechnung: $x^2 + x + 16 = 0 \qquad |$ Lösungsformel

$x = -0{,}5 \pm \sqrt{-15{,}75}$

Keine weitere Lösung; Diskriminante ist negativ

Nur an der Stelle 16 ist die Elastizität der Kosten in bezug auf die Menge gleich 1. Diese Stelle ist identisch mit dem Betriebsoptimum.

Lösung Aufgabe 92

Die Elastizität der Kosten in bezug auf die Menge = $K'(x) : \frac{K(x)}{x}$

Der Term K'(x) beschreibt die Grenzkosten. Wird der Term K(x) durch x dividiert, so entsteht der Term k(x), der die gesamten Durchschnittskosten beschreibt.

$\Rightarrow \quad E_{K;x} = K'(x) : k(x)$

Gesucht ist die Stelle, an der $E_{K;x} = 1$ ist. Es entsteht also die Gleichung:

$\Rightarrow \quad K'(x) : k(x) = 1 \qquad | \cdot k(x)$

$\Leftrightarrow \quad K'(x) = k(x)$

$$K'(x) = 0{,}375\, x^2 - 4{,}5\, x + 14{,}5$$
$$k(x) = 0{,}125\, x^2 - 2{,}25\, x + 14{,}5 + 25\, x^{-1}$$

$\Rightarrow \quad 0{,}375\, x^2 - 4{,}5\, x + 14{,}5 = 0{,}125\, x^2 - 2{,}25\, x + 14{,}5 + 25\, x^{-1}$

$\Leftrightarrow \quad 0{,}25\, x^2 - 2{,}25\, x - 25\, x^{-1} = 0 \qquad | \cdot x$

$\Leftrightarrow \quad 0{,}25\, x^3 - 2{,}25\, x^2 - 25 = 0 \qquad | : 0{,}25$

$\Leftrightarrow \quad x^3 - 9\, x^2 - 100 = 0$

Lösungsversuch mit Horner–Schema

	1	−9	0	−100
		10	10	100
10	1	1	10	0

$x_1 = 10$

$\Leftrightarrow \quad (x - 10)(x^2 + x + 10) = 0$

$\Leftrightarrow \quad x = 16 \ \vee \ x^2 + x + 10 = 0$

Nebenrechnung: $\quad x^2 + x + 10 = 0 \qquad |$ Lösungsformel

$x = -0{,}5 \pm \sqrt{-9{,}75}$

Keine weitere Lösung; Diskriminante ist negativ.

Nur an der Stelle 10 ist die Elastizität der Kosten in bezug auf die Menge gleich 1. Diese Stelle entspricht dem Betriebsoptimum.

Lösungen der Aufgaben mit gebrochenrationalen Funktionen

Lösung Aufgabe 93

zu a)

Mit Hilfe der ersten Ableitungsfunktion f ' läßt sich die Steigung an der Stelle 2, nämlich f '(2), berechnen. Die erste Ableitungsfunktion bildet sich aufgrund der Quotientenregel wie folgt:

$$f'(x) = \frac{3\,x^2 \cdot x - (x^3 - 1)}{x^2} = \frac{2\,x^3 + 1}{x^2} \Rightarrow f'(2) = \frac{2 \cdot 8 + 1}{4} = 4{,}25$$

An der Stelle 2 hat die Funktion die Steigung 4,25.

zu b)

Gesucht ist die Stelle, an der die Funktion die Steigung 3 hat, an der also der Funktionswert der ersten Ableitung gleich 3 ist.

$f'(x) = 3$ und $f'(x)$

$$\Rightarrow \quad \frac{2\,x^3 + 1}{x^2} = 3 \qquad \Big|\cdot x^2$$

$$\Leftrightarrow \quad 2\,x^3 + 1 = 3\,x^2 \qquad \Big|-3\,x^2$$

$$\Leftrightarrow \quad 2\,x^3 - 3\,x^2 + 1 = 0$$

Lösungsversuch mit Horner-Schema

	2	−3	0	1
		2	−1	−1
1	2	−1	−1	0

$x_1 = 1$

$$\Leftrightarrow \quad (x - 1)(2\,x^2 - x - 1) = 0$$

$$\Leftrightarrow \quad x_1 = 1 \ \wedge \ 2\,x^2 - x - 1 = 0$$

Nebenrechnung:

$$2\,x^2 - x - 1 = 0 \qquad \Big|:2$$

$$x^2 - 0{,}5\,x - 0{,}5 = 0$$

$$x = 0{,}25 \pm \sqrt{0{,}0625 + 0{,}5}$$

$$x = 0{,}25 \pm \sqrt{0{,}5625} = 0{,}25 \pm 0{,}75$$

$$x_2 = 1 \ \wedge \ x_3 = -0{,}5$$

$$\Leftrightarrow \quad (x - 1)(x - 1)(x + 0{,}5) = 0$$

Die Funktion hat an den Stellen −0,5 und 1 die Steigung 3.

Die folgende Skizze zeigt den Graphen von f. Die zusätzlich gezeigte Parabel ist die Asymptote von f.

Graphik zu Aufgabe 93

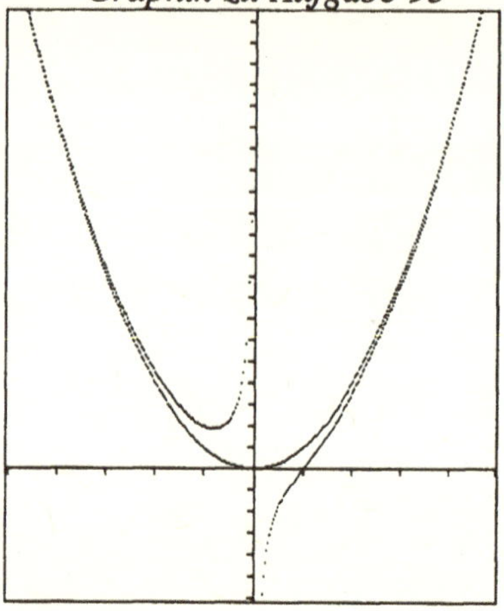

Graphik zu Aufgabe 94

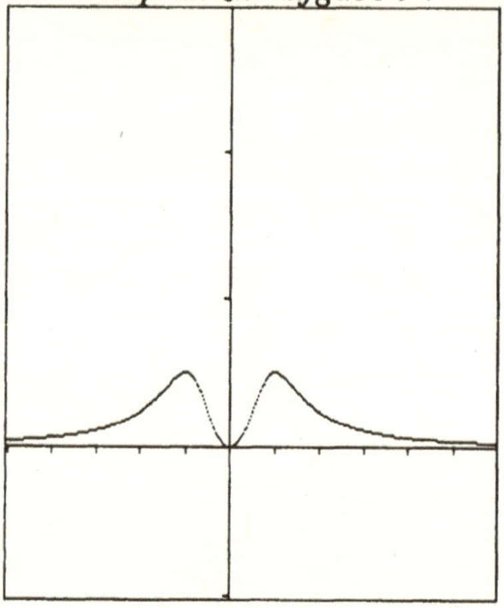

Lösung Aufgabe 94

Nullstellen

$\Rightarrow$ $f(x) = 0 \;\wedge\; f(x) \;\Rightarrow\; x^2 = 0 \;\wedge\; x^4 + 1 \neq 0$
wobei $x^4 + 1$ nicht gleich null sein kann
$\Leftrightarrow$ $x_1 = 0 \;\wedge\; x_2 = 0$
Der Graph von f hat im Koordinatenursprung eine doppelte Nullstelle.

Randverhalten von f

$$\lim_{x\to\infty} f(x) = \lim_{x\to\infty} \frac{x^2}{x^4 + 1} \qquad | \text{ im Nenner } x^2 \text{ ausklammern}$$

$$= \lim_{x\to\infty} \frac{x^2}{x^2\,(x^2 + 1/x^2)} = \lim_{x\to\infty} \frac{1}{x^2 + 1/x^2} = 0$$

und analog dazu: $\lim_{x\to-\infty} f(x) = 0$

Wenn die x-Werte gegen plus unendlich streben und wenn die x-Werte gegen minus unendlich streben, nähern sich die Funktionswerte dem Wert 0. Die Asymptote ist die x-Achse.

Relative Extremwerte

Notwendige Bedingung für relative Extremwerte ist: $f'(x) = 0$

$$f'(x) = \frac{2\,x\,(x^4 + 1) - 4\,x^3\,x^2}{(x^4 + 1)^2} = \frac{2\,x^5 + 2\,x - 4\,x^5}{(x^4 + 1)^2} = \frac{-2\,x^5 + 2\,x}{(x^4 + 1)^2}$$

$\Rightarrow$ $-2\,x^5 + 2\,x = 0 \;\wedge\; (x^4 + 1)^2 \neq 0$

$\Leftrightarrow \quad -2\,x\,(x^4 - 1) = 0 \ldots$

$\Leftrightarrow \quad x = 0 \;\vee\; x^4 - 1 = 0 \Leftrightarrow x = 0 \;\vee\; x = -1 \;\vee\; x = 1$

An den Stellen −1, 0 und 1 könnte f relative Extremwerte haben.

Hinreichende Bedingung für ein relatives Maximum an der Stelle −1: $f''(-1) < 0$

$$f''(x) = \frac{(-10\,x^4 + 2)(x^4 + 1)^2 - 2\,(x^4 + 1)\,4\,x^3\,(-2\,x^5 + 2\,x)}{(x^4 + 1)^4}$$

Im Zähler $(x^4 + 1)$ ausklammern, dann durch $(x^4 + 1)$ kürzen!

$$= \frac{(-10\,x^4 + 2)(x^4 + 1) - 2 \cdot 4\,x^3\,(-2\,x^5 + 2\,x)}{(x^4 + 1)^3}$$

$$= \frac{-10\,x^8 - 8\,x^4 + 2 + 16\,x^8 - 16\,x^4}{(x^4 + 1)^3} = \frac{6\,x^8 - 24\,x^4 + 2}{(x^4 + 1)^3}$$

$$\Rightarrow \quad f''(-1) = \frac{6 - 24 + 2}{2^3} = -2 < 0$$

$\Rightarrow$ *Hochpunkt* H_1 an der Stelle −1; und $f(-1) = 1/2 \Rightarrow H_1\,(-1\,|\,0{,}5)$

Hinreichende Bedingung für ein relatives Minimum an der Stelle 0 ist:
$f''(0) > 0$; und $f''(0) = 2 > 0$

$\Rightarrow$ *Tiefpunkt* T an der Stelle 0; und $f(0) = 0 \Rightarrow T\,(0\,|\,0)$

Hinreichende Bedingung für ein relatives Maximum an der Stelle 1 ist:
$f''(1) < 0$; und $f''(1) = -2 < 0$

$\Rightarrow$ *Hochpunkt* H_2 an der Stelle 1; und $f(1) = 1/2 \Rightarrow H_2\,(1\,|\,0{,}5)$

Lösung Aufgabe 95

zu a)

Gesucht ist die Stelle, an der die Funktion die Steigung 8/25 hat, an der also der Funktionswert der ersten Ableitung gleich 8/25 ist.

$$f'(x) = \frac{2\,x\,(x^2 + 4) - 2\,x \cdot x^2}{(x^2 + 4)^2} = \frac{2\,x^3 + 8\,x - 2\,x^3}{(x^2 + 4)^2} = \frac{8\,x}{(x^2 + 4)^2}$$

$f'(x) = 8/25 \;\wedge\; f'(x)$

$$\Rightarrow \quad \frac{8}{25} = \frac{8\,x}{(x^2 + 4)^2} \qquad \Big| \cdot (25/8) \cdot (x^2 + 4)^2$$

$\Leftrightarrow \quad (x^2 + 4)^2 = 25\,x$

$\Leftrightarrow \quad x^4 + 8\,x^2 + 16 = 25\,x$

$\Leftrightarrow \quad x^4 + 8\,x^2 - 25\,x + 16 = 0$

Lösungsversuch mit Horner-Schema

	1	0	8	−25	16
		1	1	9	−16
1	1	1	9	−16	0

$x_1 = 1$

$\Leftrightarrow \quad (x - 1)(x^3 + x^2 + 9x - 16) = 0$

Weitere Lösungen sind nicht gefragt. An der Stelle 1 hat die Funktion die Steigung 8/25.

zu b)

Die Tangente, die den Graphen von f an der Stelle 1 berührt, hat die Steigung 8/25. Der Berührungspunkt P hat die Koordinaten $(1 \mid f(1))$, und $f(1) = 0{,}2$. Berührungspunkt $P\,(1 \mid 0{,}2)$

Die Tangentengleichung lautet allgemein $t(x) = m\,x + b$
wobei $m = 8/25$ und $t(1) = 0{,}2 \Rightarrow 0{,}2 = 8/25 \cdot 1 + b \Leftrightarrow b = -3/25$
Die Tangentengleichung lautet also $t(x) = 8/25\,x - 3/25$.

Graphik zu Aufgabe 95

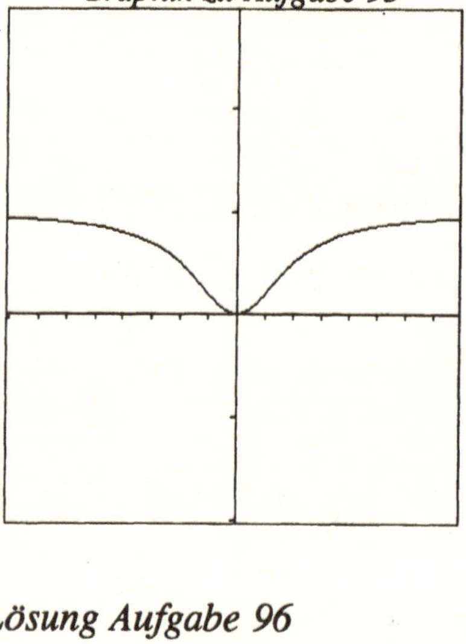

Graphik zu Aufgabe 96

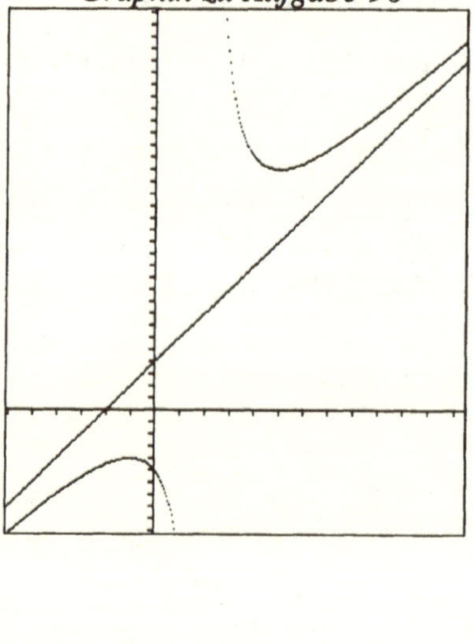

Lösung Aufgabe 96

Notwendige Bedingung für relative Extremwerte ist: $f'(x) = 0$

$$f'(x) = \frac{4x(x-2) - (2x^2 + 10)}{(x-2)^2} = \frac{2x^2 - 8x - 10}{(x-2)^2}$$

$f'(x) \;\wedge\; f'(x) = 0$

$\Rightarrow \quad 2x^2 - 8x - 10 = 0 \;\wedge\; (x-2)^2 \neq 0$ (siehe D)

$\Leftrightarrow \quad x^2 - 4x - 5 = 0$ | Lösungsformel

$\Leftrightarrow \quad x = 2 \pm \sqrt{4 + 5} = 2 \pm 3$

$\Leftrightarrow \quad x_1 = -1 \;\wedge\; x_2 = 5$

An den Stellen −1 und 5 ist die notwendige Bedingung erfüllt.

Hinreichende Bedingung für einen relativen Extremwert an der Stelle −1:
$f''(-1) < 0$ oder $f''(-1) > 0$

$$f''(x) = \frac{(4x - 8)(x-2)^2 - 2(x-2)(2x^2 - 8x - 10)}{(x-2)^4}$$

Im Zähler (x − 2) ausklammern, dann durch (x − 2) kürzen!

$$= \frac{4x^2 - 8x - 8x + 16 - 4x^2 + 16x + 20}{(x-2)^3} = \frac{36}{(x-2)^3}$$

$\Rightarrow \quad f''(-1) = -36/27 = -4/3 < 0$
An der Stelle −1 liegt der Hochpunkt H (−1 | −4). Denn $f(-1) = -4$

Hinreichende Bedingung für einen relativen Tiefpunkt an der Stelle 5 ist:
$f''(5) > 0$; und $f''(5) = 36/27 = 4/3 > 0$
An der Stelle 5 liegt der Tiefpunkt T (5 | 20). Denn $f(5) = 20$

Lösung Aufgabe 97

zu a)

Definitionsmenge
Auszuschließen sind die Elemente, für die der Nenner des Funktionsterms gleich null würde.

$\Rightarrow \quad x^2 - 4x + 3 = 0$ | Lösungsformel
$\Leftrightarrow \quad x = 2 \pm \sqrt{2^2 - 3} = 2 \pm 1$
$\Leftrightarrow \quad x = 1 \lor x = 3$

Definitionsmenge = $R\backslash\{1; 3\}$.
f hat an den Stellen 1 und 3 Definitionslücken.

Ordinatenachsenabschnitt
$\Rightarrow \quad x = 0 \land f(x) \Rightarrow f(0) = -1/3$
Der Graph schneidet die y-Achse in Höhe von −1/3

Nullstellen
$\Rightarrow \quad f(x) = 0 \land f(x) \Rightarrow x^2 - 1 = 0 \land x^2 - 4x + 3 \neq 0$ (siehe D)
$\Leftrightarrow \quad x_0 = -1 \land x_1 = 1$

In der Definitionsmenge ist jedoch $x_1 = 1$ nicht enthalten.
Der Graph schneidet die x-Achse an der Stelle −1.

zu b)

Verhalten der Funktionswerte in der Umgebung der Stelle 1

$$\text{l-}\lim_{x\to 1} f(x) = \text{l-}\lim_{x\to 1} \frac{x^2-1}{x^2-4x+3} \qquad \frac{\text{Zähler} \to 0}{\text{Nenner} \to 0} \text{ nicht definiert!}$$

Annäherung der x-Werte an die Stelle 1 mit Hilfe von h, wobei $h \in R^+$. In x wird der Ausdruck 1 − h eingesetzt, so daß die Einsetzungen von links gegen 1 streben, wenn h gegen 0 strebt.

$$\text{l-}\lim_{x \to 1} f(x) = \lim_{h \to 0} \frac{(1-h)^2 - 1}{(1-h)^2 - 4(1-h) + 3} = \lim_{h \to 0} \frac{1 - 2h + h^2 - 1}{1 - 2h + h^2 - 4 + 4h + 3}$$

$$= \lim_{h \to 0} \frac{h^2 - 2h}{h^2 + 2h} = \lim_{h \to 0} \frac{h\,(h-2)}{h\,(h+2)} = \lim_{h \to 0} \frac{h-2}{h+2} = -1$$

Streben die x-Werte von links gegen die Stelle 1, so nähern sich die y-Werte dem Wert −1.

Annäherung der x-Werte von rechts an die Stelle 1 mit Hilfe von h, wobei $h \in R^+$. In x wird der Ausdruck 1 + h eingesetzt, so daß die Einsetzungen von rechs gegen 1 streben, wenn h gegen 0 strebt.

$$\text{r-}\lim_{x \to 1} f(x) = \lim_{h \to 0} \frac{(1+h)^2 - 1}{(1+h)^2 - 4(1+h) + 3}$$

$$= \lim_{h \to 0} \frac{1 + 2h + h^2 - 1}{1 + 2h + h^2 - 4 - 4h + 3} = \lim_{h \to 0} \frac{h^2 + 2h}{h^2 - 2h} = \lim_{h \to 0} \frac{h\,(h+2)}{h\,(h-2)}$$

$$= \lim_{h \to 0} \frac{h+2}{h-2} = -1$$

Streben die x-Werte von rechts gegen die Stelle 1, so nähern sich die y-Werte dem Wert −1.

Der linksseitige Grenzwert der y-Werte an der Stelle 1 stimmt mit dem rechtsseitigen Grenzwert der y-Werte an der Stelle 1 überein. Die Stelle 1 ist eine behebbare Unstetigkeitsstelle. Der Funktionswert an der Stelle 1 könnte mit Hilfe der Fortsetzungsfunktion (wenn der Funktionsterm gekürzt wird) per definitionem bestimmt werden: $f(1) =_{def} -1$.

Verhalten der Funktionswerte in der Umgebung der Stelle 3

$$\text{l-}\lim_{x \to 3} f(x) = \text{l-}\lim_{x \to 3} \frac{x^2 - 1}{x^2 - 4x + 3} = \text{l-}\lim_{x \to 3} \frac{(x+1)(x-1)}{(x-3)(x-1)} = -\infty$$

Streben die x-Werte von links gegen die Stelle 3, so verschwinden die Funktionswerte ins negativ Unendliche. Denn der Zähler des Funktionsterms strebt gegen 8, und der Nenner strebt vom Negativen her gegen 0.

$$\text{r-}\lim_{x \to 3} f(x) = \text{r-}\lim_{x \to 3} \frac{x^2 - 1}{x^2 - 4x + 3} = \text{r-}\lim_{x \to 3} \frac{(x+1)(x-1)}{(x-3)(x-1)} = +\infty$$

Streben die x-Werte von rechts gegen die Stelle 3, so verschwinden die Funktionswerte ins positiv Unendliche. Denn der Zähler des Funktionsterms strebt gegen 8, und der Nenner strebt vom Positiven her gegen null. f hat an der Stelle 1 einen Pol mit Vorzeichenwechsel von minus nach plus.

zu c) Randverhalten von f

$$\lim_{x\to\infty} f(x) = \lim_{x\to\infty} \frac{x^2 - 1}{x^2 - 4x + 3} = \lim_{x\to\infty} \frac{x^2(1 - 1/x^2)}{x^2(1 - 4/x + 3/x^2)}$$

$$\lim_{x\to\infty} \frac{1 - 1/x^2}{1 - 4/x + 3/x^2} = 1 \quad \text{und analog dazu:} \lim_{x\to-\infty} f(x) = 1$$

Wenn die x-Werte gegen plus unendlich streben und wenn die x-Werte gegen minus unendlich streben, so nähern sich die Funktionswerte dem Wert 1. Die Asymptote ist die Parallele zur x-Achse in Höhe von 1.

zu d) Relative Extremwerte

Notwendige Bedingung für relative Extremwerte ist, daß $f'(x) = 0$

$$f'(x) = \frac{2x(x^2 - 4x + 3) - (2x - 4)(x^2 - 1)}{(x^2 - 4x + 3)^2}$$

$$f'(x) = \frac{(2x^3 - 8x^2 + 6x) - (2x^3 - 4x^2 - 2x + 4)}{(x^2 - 4x + 3)^2}$$

$$f'(x) = \frac{2x^3 - 8x^2 + 6x - 2x^3 + 4x^2 + 2x - 4}{(x^2 - 4x + 3)^2} = \frac{-4x^2 + 8x - 4}{(x^2 - 4x + 3)^2}$$

$\Rightarrow \quad -4x^2 + 8x - 4 = 0 \ \wedge \ (x^2 - 4x + 3)^2 \neq 0$

$\Leftrightarrow \quad x^2 - 2x + 1 = 0$ | Lösungsformel

$\Leftrightarrow \quad x = 1 \pm \sqrt{1^2 - 1} \quad \Leftrightarrow \quad x_2 = 1$

Die Funktion f hat keine relativen Extremwerte; denn $1 \notin D$.

zu e) Skizze

Graphik zu Aufgabe 97

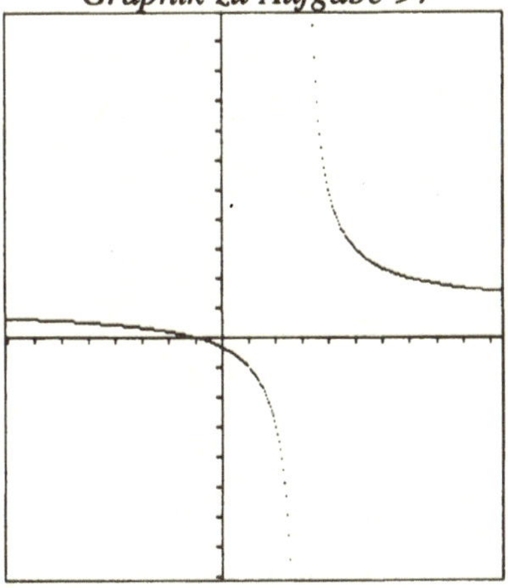

Graphik zu Aufgabe 98

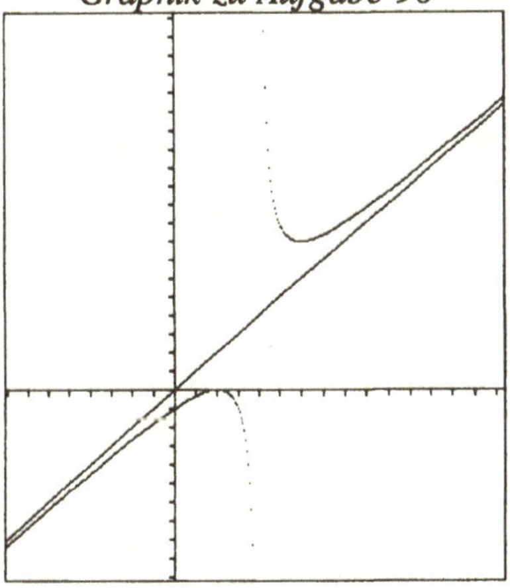

Lösung Aufgabe 98

zu a)

Ordinatenachsenabschnitt

$x = 0 \;\wedge\; f(x) \;\Rightarrow\; f(0) = -1$

Der Graph schneidet die y-Achse in Höhe von −1.

Nullstellen

$f(x) = 0 \;\wedge\; f(x)$

$\Rightarrow\;\; x^2 - 4x + 4 = 0 \;\wedge\; x - 4 \neq 0$ (siehe D) | Lösungsformel

$\Leftrightarrow\;\; x_{1,2} = 2 \pm \sqrt{4-4} \;\Leftrightarrow\; x_{1,2} = 2$

Der Graph von f hat an der Stelle 2 eine doppelte Nullstelle (Berührung der x-Achse).

zu b) Randverhalten

$$\lim_{x\to\infty} f(x) = \lim_{x\to\infty} \frac{x^2 - 4x + 4}{x - 4} = \lim_{x\to\infty} \frac{x\,(x - 4 + 4/x)}{x\,(1 - 4/x)}$$

$$= \lim_{x\to\infty} \frac{x - 4 + 4/x}{1 - 4/x} = \infty \quad \text{und analog dazu:} \quad \lim_{x\to-\infty} f(x) = -\infty$$

Wenn die x-Werte gegen plus unendlich streben, dann verschwinden die Funktionswerte ins positiv Unendliche. Wenn die x-Werte gegen minus unendlich streben, dann verschwinden die Funktionswerte ins negativ Unendliche.

Asymptote h

$$f(x) = \quad (x^2 - 4x + 4) : (x - 4) = x + \frac{4}{x-4}$$
$$-(x^2 - 4x)$$
$$\text{Rest } 4 \qquad\qquad h(x) = x$$

Die Funktion nähert sich asymptotisch der Geraden mit der Gleichung $h(x) = x$. Der Ausdruck $4 : (x - 4)$ beschreibt den Wert, um den die Funktion f jeweils von der Asymptote h abweicht.
Dieser Wert strebt für $x\to\infty$ und für $x\to-\infty$ gegen null.

zu c) Verhalten der Funktionswerte in der Umgebung der Stelle 4

Linksseitiger Grenzwert der Funktionswerte an der Stelle 4:

$$\text{l-}\lim_{x\to4} f(x) = \text{l-}\lim_{x\to4} \frac{x^2 - 4x + 4}{x - 4} \qquad \frac{\text{Zähler} \to 4}{\text{Nenner} \to -0} \qquad \text{l-}\lim_{x\to4} f(x) = -\infty$$

Streben die x-Werte gegen 4, so strebt der Zähler des Funktionsterms gegen 4. Denn x^2 strebt gegen 16 und 4 x ebenfalls.
Streben die x-Werte von links gegen 4, so sind sie kleiner als 4; deshalb ist der Nenner x − 4 negativ. Somit ist der Bruch insgesamt negativ, aber sein Nenner strebt gegen null.

Streben die x-Werte von links gegen die Stelle 4, so verschwinden die y-Werte ins negativ Unendliche.

Rechtsseitiger Grenzwert der Funktionswerte an der Stelle 4:

$$\text{r-}\lim_{x \to 4} f(x) = \text{r-}\lim_{x \to 4} \frac{x^2 - 4x + 4}{x - 4} \qquad \frac{\text{Zähler} \to 4}{\text{Nenner} \to +0} \qquad \text{r-}\lim_{x \to 4} f(x) = +\infty$$

In diesem Fall strebt der Nenner von der positiven Seite gegen null.

Streben die x-Werte von rechts gegen die Stelle 4, so verschwinden die y-Werte ins positiv Unendliche.

Die Funktion hat an der Stelle 4 einen Pol mit Vorzeichenwechsel von minus nach plus.

zu d) Relative Extremwerte

Notwendige Bedingung für relative Extremwerte ist, daß $f'(x) = 0$ ist.

$$f'(x) = \frac{(2x - 4)(x - 4) - (x^2 - 4x - 4)}{(x - 4)^2}$$

$$f'(x) = \frac{2x^2 - 12x + 16 - x^2 + 4x - 4}{(x - 4)^2} = \frac{x^2 - 8x + 12}{(x - 4)^2}$$

$\Rightarrow \quad x^2 - 8x + 12 = 0 \ \wedge \ (x - 4)^2 \neq 0$ (siehe Definitionsmenge)

$\Leftrightarrow \quad x^2 - 8x + 12 = 0$

$\Leftrightarrow \quad x_3 = 2 \ \wedge \ x_4 = 6$ mit Hilfe des Satzes von Vieta ermittelt,
denn $2 + 6 = +8 = -p$ und $2 \cdot 6 = 12 = q$

An den Stellen 2 und 6 ist die notwendige Bedingung erfüllt.

Hinreichende Bedingung für einen relativen Extremwert an der Stelle 2 ist: $f''(2) < 0$ oder $f''(2) > 0$

$$f''(x) = \frac{(2x - 8)(x - 4)^2 - 2(x - 4)(x^2 - 8x + 12)}{(x - 4)^4}$$

$$f''(x) = \frac{2x^2 - 16x + 32 - 2x^2 + 16x - 24}{(x - 4)^3} = \frac{8}{(x - 4)^3}$$

$\Rightarrow \quad f''(2) = 8/(-8) = -1 < 0$

An der Stelle 2 liegt der Hochpunkt H $(2 \mid 0)$; $f(2) = 0$

Hinreichende Bedingung für einen relativen Tiefpunkt an der Stelle 6 ist: $f''(6) > 0$; und $f''(6) = 8/8 = 1 > 0$

An der Stelle 6 liegt der Tiefpunkt T $(6 \mid 8)$. Denn $f(6) = 8$

Die Gerade g,

die durch die Punkte H und T verläuft, lautet allgemein:

$g(x) = ax + b$

H $\Rightarrow$ $g(2) = 0$

T $\Rightarrow$ $g(6) = 8$

$$
\begin{array}{llll}
g(2) = 0 \wedge g(x) & \Rightarrow & 0 = 2a + b & | - \\
g(6) = 8 \wedge g(x) & \Rightarrow & 8 = 6a + b & | + \\
 & \Leftrightarrow & 0 = 2a + b \wedge 8 = 4a & \\
 & \Leftrightarrow & a = 2 \wedge b = -4 &
\end{array}
$$

Die Geradengleichung lautet $g(x) = 2x - 4$

zu e) Stellen mit der Steigung -3

$$f'(x) = \frac{x^2 - 8x + 12}{(x-4)^2} \wedge f'(x) = -3$$

$$
\begin{array}{lll}
\Rightarrow & \dfrac{x^2 - 8x + 12}{(x-4)^2} = -3 & | \cdot (x-4)^2 \\
\Leftrightarrow & x^2 - 8x + 12 = -3(x-4)^2 & \\
\Leftrightarrow & x^2 - 8x + 12 = -3x^2 + 24x - 48 & \\
\Leftrightarrow & 4x^2 - 32x + 60 = 0 & | : 4 \\
\Leftrightarrow & x^2 - 8x + 15 = 0 & | \text{ Lösungsformel} \\
\Leftrightarrow & x = 4 \pm \sqrt{16 - 15} = 4 \pm 1 & \\
\Leftrightarrow & x_5 = 3 \wedge x_6 = 5 &
\end{array}
$$

An den Stellen 3 und 5 hat der Graph von f die Steigung −3.

zu f) Skizze (siehe oben)

Lösung Aufgabe 99

zu a)

Ordinatenachsenabschnitt

$x = 0 \wedge f(x) \Rightarrow f(0) = 2$

Der Graph schneidet die y-Achse in Höhe von 2.

Nullstellen

$$
\begin{array}{lll}
\Rightarrow & f(x) = 0 \wedge f(x) & \\
\Rightarrow & x^2 + 2x - 8 = 0 \wedge x - 4 \neq 0 \text{ (siehe D)} & | \text{ Lösungsformel} \\
\Leftrightarrow & x_{1,2} = -1 \pm \sqrt{1 + 8} & \\
\Leftrightarrow & x_{1,2} = -1 \pm 3 & \\
\Leftrightarrow & x_1 = -4 \wedge x_2 = 2 &
\end{array}
$$

Der Graph von f schneidet die x-Achse an den Stellen −4 und 2.

zu b) Randverhalten

$$\lim_{x \to \infty} f(x) = \lim_{x \to \infty} \frac{x^2 + 2x - 8}{x - 4} = \lim_{x \to \infty} \frac{x(x + 2 - 8/x)}{x(1 - 4/x)}$$

$$\lim_{x \to \infty} \frac{x + 2 - 8/x}{1 - 4/x} = \infty \quad \text{und analog dazu:} \quad \lim_{x \to -\infty} f(x) = -\infty$$

Wenn die x-Werte gegen plus unendlich streben, dann verschwinden die Funktionswerte ins positiv Unendliche. Wenn die x-Werte gegen minus unendlich streben, dann verschwinden die Funktionswerte ins negativ Unendliche.

Asymptote h

$$\begin{array}{l} f(x) = (x^2 + \ \ 2x \ - \ 8) : (x - 4) = x + 6 + \dfrac{16}{x - 4} \\ \qquad -(x^2 - \ 4x) \\ \qquad\qquad\quad 6x \ - \ 8 \\ \qquad\qquad -(6x \ - 24) \\ \qquad\qquad\quad \text{Rest } 16 \qquad\qquad h(x) = x + 6 \end{array}$$

Der Funktionsgraph nähert sich asymptotisch der Geraden mit der Gleichung $h(x) = x + 6$. Der Ausdruck $16 : (x - 4)$ beschreibt den Wert, um den die Funktion f jeweils von der Asymptote h abweicht.
Dieser Wert strebt für $x \to \infty$ und für $x \to -\infty$ gegen null.

zu c) Verhalten der Funktionswerte in der Umgebung der Stelle 4

Annäherung der x-Werte an die Stelle 4 mit Hilfe von h, wobei h eine positive reelle Zahl ist, die gegen null strebt.
Linksseitiger Grenzwert der Funktionswerte an der Stelle 4:

$$\text{l-}\lim_{x \to 4} f(x) = \text{l-}\lim_{x \to 4} \frac{x^2 - 2x - 8}{x - 4} \quad \Rightarrow$$

$$\lim_{h \to 0} \frac{(4 - h)^2 + 2(4 - h) - 8}{4 - h - 4} = \lim_{h \to 0} \frac{16 - 8h + h^2 + 8 - 2h - 8}{-h} =$$

$$\lim_{h \to 0} \frac{h^2 - 10h + 16}{-h} = \lim_{h \to 0} \frac{-h(-h + 10 - 16/h)}{-h} =$$

$$\lim_{h \to 0} (-h + 10 - 16/h) = -\infty \qquad \Big| \ -16/h \to -\infty$$

Streben die x-Werte von links gegen die Stelle 4, so verschwinden die y-Werte ins negativ Unendliche.

Rechtsseitiger Grenzwert der Funktionswerte an der Stelle 4:

$$\text{r-}\lim_{x \to 4} f(x) = \text{r-}\lim_{x \to 4} \frac{x^2 - 2x - 8}{x - 4} \quad \Rightarrow$$

$$\lim_{h \to 0} \frac{(4 + h)^2 + 2(4 + h) - 8}{4 + h - 4} =$$

$$\lim_{h \to 0} \frac{16 + 8h + h^2 + 8 + 2h - 8}{h} = \lim_{h \to 0} \frac{h^2 + 10h + 16}{h} =$$

$$\lim_{h\to 0}\frac{h\,(h+10+16/h)}{h} = \lim_{h\to 0}(h+10+16/h) = \infty$$

Streben die x-Werte von rechts gegen die Stelle 4, so verschwinden die y-Werte ins positiv Unendliche.

Die Funktion hat an der Stelle 4 einen Pol mit Vorzeichenwechsel von minus nach plus.

zu d) Relative Extremwerte

Notwendige Bedingung für relative Extremwerte ist, daß $f'(x) = 0$

$$f'(x) = \frac{(2\,x+2)(x-4)-(x^2+2\,x-9)}{(x-4)^2}$$

$$f'(x) = \frac{2\,x^2-6\,x-8-x^2-2\,x+8}{(x-4)^2} = \frac{x^2-8\,x}{(x-4)^2}$$

$$\Rightarrow\ x^2-8\,x=0\ \wedge\ (x-4)^2 \neq 0 \text{ (siehe D)}$$

$$\Leftrightarrow\ x^2-8\,x=0 \Leftrightarrow x\,(x-8)=0$$

$$\Leftrightarrow\ x_3=0\ \wedge\ x_4=8$$

An den Stellen 0 und 8 ist die notwendige Bedingung erfüllt.

Hinreichende Bedingung für einen relativen Extremwert an der Stelle 0 ist, daß f' an dieser Stelle einen Vorzeichenwechsel hat.

$f'(-1) = 0{,}\overline{36}$ $f'(1) = -0{,}\overline{7}$	In dem Intervall von −1 bis 1 liegt keine andere Nullstelle von f' als 0.

Auf dem Funktionsgraphen ist vor der Stelle 0 die Steigung positiv, danach negativ. Folglich liegt an der Stelle 0 ein Hochpunkt.
Hochpunkt H (0|2). $f(0) = 2$

Hinreichende Bedingung für einen relativen Tiefpunkt an der Stelle 8 ist ein Vorzeichenwechsel von f' an dieser Stelle von minus nach plus.

$f'(7) = -0{,}\overline{7}$ $f'(9) = 0{,}36$	In dem Intervall von 7 bis 9 liegt keine andere Nullstelle von f' als 8.

Auf dem Funktionsgraphen ist vor der Stelle 8 die Steigung negativ, danach positiv. Folglich liegt an der Stelle 8 ein Tiefpunkt.
Tiefpunkt T (8|18). $f(8) = 18$

zu e) Stellen mit der Steigung –15

$$f'(x) = \frac{x^2-8\,x}{(x-4)^2} \quad \text{und} \quad f'(x) = -15$$

$$\Rightarrow\ \frac{x^2-8\,x}{(x-4)^2} = -15 \qquad \Big|\cdot (x-4)^2$$

$$\Leftrightarrow\ x^2-8\,x = -15\,(x-4)^2$$

$$\Leftrightarrow \quad x^2 - 8x = -15x^2 + 120x - 240 \qquad | -x^2 + 8x$$
$$\Leftrightarrow \quad -16x^2 + 128x - 240 = 0 \qquad | :(-16)$$
$$\Leftrightarrow \quad x^2 - 8x + 15 = 0 \qquad | \text{Lösungsformel}$$
$$\Leftrightarrow \quad x = 4 \pm \sqrt{16 - 15} = 4 \pm 1 \Leftrightarrow x_5 = 3 \ \wedge \ x_6 = 5$$

An den Stellen 3 und 5 hat der Graph von f die Steigung −15.

Graphik zu Aufgabe 99

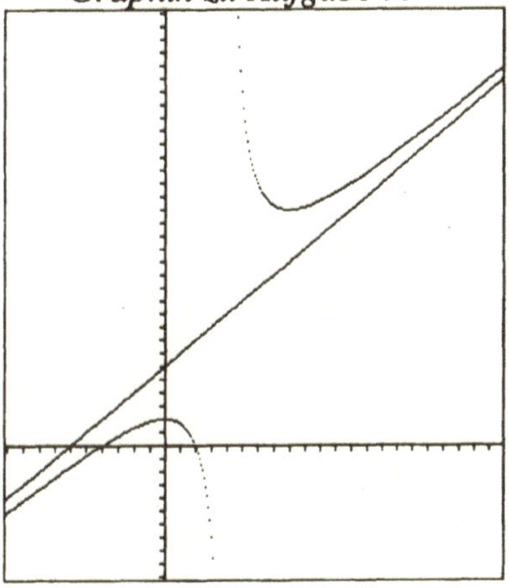

Graphik zu Aufgabe 100

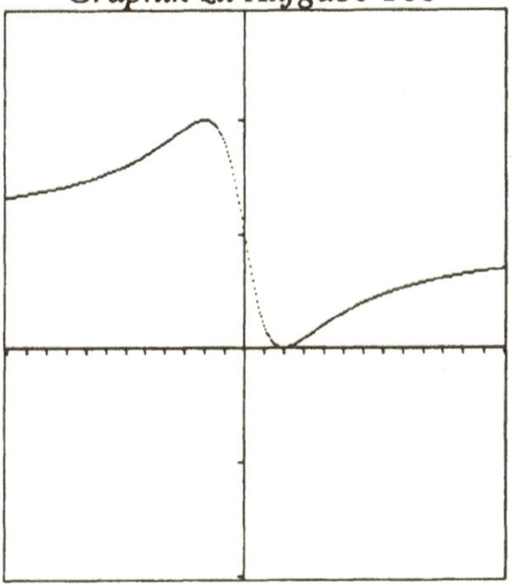

Lösung Aufgabe 100

zu a) Randverhalten

$$\lim_{x \to \infty} f(x) = \lim_{x \to \infty} \frac{(x-2)^2}{x^2+4} = \lim_{x \to \infty} \frac{x^2 - 4x + 4}{x^2 + 4} =$$

$$\lim_{x \to \infty} \frac{x^2(1 - 4/x + 4/x^2)}{x^2(1 + 4/x^2)} = \lim_{x \to \infty} \frac{1 - 4/x + 4/x^2}{1 + 4/x^2} = 1$$

Und analog dazu: $\lim_{x \to -\infty} f(x) = 1$

Wenn die x-Werte gegen plus unendlich streben oder wenn die x-Werte gegen minus unendlich streben, dann nähern sich die Funktionswerte dem Wert eins. Die Asymptote ist die Parallele zur x-Achse in Höhe von 1.

zu b)

Ordinatenachsenabschnitt

$\Rightarrow \quad x = 0 \ \wedge \ f(x) \Rightarrow f(0) = 1$

Der Graph schneidet die y-Achse in Höhe von 1.

Nullstellen

$f(x) = 0 \;\wedge\; f(x)$
$\Rightarrow \; (x-2)^2 = 0 \;\wedge\; x^2 + 4 \neq 0$ (siehe D)
$\Leftrightarrow \; (x-2)(x-2) = 0 \;\Leftrightarrow\; (x-2) = 0 \;\vee\; (x-2) = 0$
$\Leftrightarrow \; x_{1,2} = 2$
Der Graph von f hat an der Stelle 2 eine doppelte Nullstelle.

zu c)

Relative Extremwerte
Notwendige Bedingung für relative Extremwerte ist, daß $f'(x) = 0$

$$f'(x) = \frac{(2x-4)(x^2+4) - 2x(x-2)^2}{(x^2+4)^2}$$

$$f'(x) = \frac{2x^3 - 4x^2 + 8x - 16 - (2x^3 - 8x^2 + 8x)}{(x^2+4)^2}$$

$$f'(x) = \frac{4x^2 - 16}{(x^2+4)^2}$$

$\Rightarrow \; 4x^2 - 16 = 0 \;\wedge\; (x^2+4)^2 \neq 0$ [$x^2 + 4$ ist immer positiv]
$\Leftrightarrow \; x^2 - 4 = 0$
$\Leftrightarrow \; x_3 = -2 \;\wedge\; x_4 = 2$

An den Stellen −2 und 2 ist die notwendige Bedingung erfüllt.

Hinreichende Bedingung für einen relativen Extremwert an der Stelle −2 ist: $f''(-2) < 0$ oder $f''(-2) > 0$

$$f''(x) = \frac{8x(x^2+4)^2 - 2(x^2+4)\,2x(4x^2-16)}{(x^2+4)^4}$$

Im Zähler $(x^2 + 4)$ ausklammern, dann durch $(x^2 + 4)$ kürzen!

$$f''(x) = \frac{8x(x^2+4) - 2\cdot 2x(4x^2-16)}{(x^2+4)^3}$$

$$f''(x) = \frac{8x^3 + 32x - (16x^3 - 64x)}{(x^2+4)^3} = \frac{-8x^3 + 96x}{(x^2+4)^3}$$

$\Rightarrow \; f''(-2) = -128/512 = -1/4 < 0$
An der Stelle −2 liegt der Hochpunkt H $(-2\,|\,2)$. $f(-2) = 2$

Hinreichende Bedingung für einen relativen Tiefpunkt an der Stelle 2 ist: $f''(2) > 0$; und $f''(2) = 128 : 8^3 = 1/4 > 0$
An der Stelle 2 liegt der Tiefpunkt T $(2\,|\,0)$. $f(2) = 0$

Wendepunkte
Notwendige Bedingung für Wendepunkte ist: $f''(x) = 0$
$\Rightarrow \; -8x^3 + 96x = 0 \;\wedge\; (x^2+4)^3 \neq 0$ [$x^2 + 4$ ist immer positiv]
$\Leftrightarrow \; x(-8x^2 + 96) = 0$

$\Leftrightarrow \quad x = 0 \ \vee \ 8x^2 - 96 = 0$
$\Leftrightarrow \quad x = 0 \ \vee \ x^2 - 12 = 0$
$\Leftrightarrow \quad x_5 = 0 \ \wedge \ x_6 = -\sqrt{12} = -3{,}464\ldots \ \wedge \ x_7 = \sqrt{12} = 3{,}464\ldots$
An den Stellen $-\sqrt{12}$ und 0 und $\sqrt{12}$ können Wendepunkte liegen.

Hinreichende Bedingungen für Wendepunkte an diesen Stellen ist jeweils ein Vorzeichenwechsel von f''.

$f''(-4) = 0{,}016$ $f''(-3) = -0{,}0327\ldots$	In dem Intervall von −4 bis −3 liegt keine andere Nullstelle von f'' als −3,464....

Auf dem Graphen der ersten Ableitung ist vor der Stelle −3,464... die Steigung positiv, danach negativ.
An der Stelle −3,464... liegt der Wendepunkt W_1.

$f''(-3) = -0{,}0327\ldots$ $f''(3) = 0{,}0327\ldots$	In dem Intervall von −3 bis 3 liegt keine andere Nullstelle von f'' als 0.

Auf dem Graphen der ersten Ableitung ist vor der Stelle 0 die Steigung negativ, danach positiv. An der Stelle 0 liegt der Wendepunkt W_2.

$f''(3) = 0{,}0327\ldots$ $f''(4) = -0{,}016$	In dem Intervall von 3 bis 4 liegt keine andere Nullstelle von f'' als 3,464....

Auf dem Graphen der ersten Ableitung ist vor der Stelle 3,464... die Steigung positiv, danach negativ.
An der Stelle 3,464... liegt der Wendepunkt W_3.

Wendepunkt $W_1\,(-3{,}464\ldots \mid 1{,}8660\ldots)$	$f(-3{,}464\ldots) = 1{,}8660\ldots$
Wendepunkt $W_2\,(0 \mid 1)$	$f(0) = 1$
Wendepunkt $W_3\,(3{,}464\ldots \mid 0{,}1339\ldots)$	$f(3{,}464\ldots) = 0{,}1339\ldots$

zu d) Tangente an die Kurve in Punkt P

Punkt P liegt auf dem Graphen von f.
$f(4) = 4/20 = 0{,}2 \ \Rightarrow \ P\,(4 \mid 0{,}2)$. Außerdem: $f'(4) = 0{,}12$
Die Tangentengleichung lautet allgemein: $t(x) = a\,x + b$
$a = f'(4) = 0{,}12 \ \Rightarrow \ t(x) = 0{,}12\,x + b$
$P \Rightarrow t(4) = 0{,}2 \ \Rightarrow \ 0{,}2 = 0{,}12 \cdot 4 + b \Leftrightarrow b = -0{,}28$
Also: $t(x) = 0{,}12\,x - 0{,}28$

zu e) Kurventangente durch Q

Da f(−3) nicht gleich 4 ist, liegt Q nicht auf dem Graphen von f.
Die gesuchte Tangente verläuft durch $Q\,(-3 \mid 4)$ und berührt die Kurve im Punkt B, dessen Koordinaten vorerst nur mit $(x \mid f(x))$ angegeben werden können.

Aus den Koordinaten von Q und B läßt sich ein Ausdruck für das Steigungsmaß m der Tangente bestimmen, der denselben Wert haben muß wie die erste Ableitung von f im Punkt B.

$$m = \frac{\Delta y}{\Delta x} = \frac{f(x) - 4}{x - (-3)} = \frac{\frac{(x-2)^2}{x^2+4} - 4}{x + 3} = f'(x)$$

$$\Rightarrow \quad \frac{\frac{(x-2)^2}{x^2+4} - 4}{x + 3} = \frac{4\,x^2 - 16}{(x^2+4)^2} \qquad \Big| \cdot (x+3)$$

$$\Rightarrow \quad \frac{(x-2)^2}{x^2+4} - 4 = \frac{(4\,x^2 - 16)(x+3)}{(x^2+4)^2} \qquad \Big| \cdot (x^2+4)^2$$

$$\Leftrightarrow \quad (x-2)^2\,(x^2+4) - 4\,(x^2+4)^2 = (4\,x^2 - 16)(x+3)$$

$$\Leftrightarrow \quad (x^2 - 4x + 4)(x^2+4) - 4(x^4 + 8x^2 + 16) = 4x^3 + 12x^2 - 16x - 48$$

$$\Leftrightarrow \quad x^4 + 8\,x^2 - 4\,x^3 - 16\,x + 16 - 4\,x^4 - 32\,x^2 - 64 = 4\,x^3 + 12\,x^2 - 16\,x - 48$$

$$\Leftrightarrow \quad -3\,x^4 - 8\,x^3 - 36\,x^2 = 0$$

$$\Leftrightarrow \quad x^2\,(-3\,x^2 - 8\,x - 36) = 0$$

$$\Leftrightarrow \quad x^2 = 0 \;\vee\; -3\,x^2 - 8\,x - 36 = 0$$

Nebenrechnung:

$$-3\,x^2 - 8\,x - 36 = 0 \qquad \Big| : (-3)$$

$$x^2 + 8/3\,x + 12 = 0 \qquad \Big| \text{ Lösungsformel}$$

$$x = -4/3 \pm \sqrt{16/9 - 12}$$

Diskriminante ist negativ; keine weitere Lösung

Die einzige Berührungsmöglichkeit einer Kurventangente, die durch Q verläuft, gibt es an der Stelle 0; $f(0) = 1 \Rightarrow B\,(0 \mid 1)$

Die Tangentengleichung lautet allgemein: $t(x) = a\,x + b$
wobei $a = f'(0)$ ist. $f'(0) = -1 \Rightarrow \quad t(x) = -x + b$
$B \Rightarrow t(0) = 1 \Rightarrow b = 1$ Also: $t(x) = -x + 1$

Graphische Darstellung von f siehe oben

Lösung Aufgabe 101

1.) Untersuchung auf relative Extremwerte

Notwendige Bedingung ist: $f'(x) = 0$
Die erste Ableitungsfunktion f' bildet sich nach der Quotientenregel.

$$f'(x) = \frac{(4\,x^3 - 4\,x)(x^4 + 0{,}25) - 4\,x^3\,(x^4 - 2\,x^2 + 1)}{(x^4 + 0{,}25)^2}$$

$$= \frac{4\,x^7 + x^3 - 4\,x^5 - x - 4\,x^7 + 8\,x^5 - 4\,x^3}{(x^4 + 0{,}25)^2}$$

$$= \frac{4\,x^5 - 3\,x^3 - x}{(x^4 + 0{,}25)^2}$$

Ein Bruchterm ist dann gleich null, wenn sein Zähler gleich null ist, sein Nenner jedoch nicht.

$\Rightarrow \quad 4x^5 - 3x^3 - x = 0 \;\wedge\; (x^4 + 0{,}25) \neq 0 \qquad (x^4 + 0{,}25) \geq 0{,}25$

$\Leftrightarrow \quad x(4x^4 - 3x^2 - 1) = 0$

$\Leftrightarrow \quad x = 0 \;\vee\; 4x^4 - 3x^2 - 1 = 0$

Nebenrechnung: $4x^4 - 3x^2 - 1 = 0$

Substitution von x^2 durch z

$\Rightarrow \quad 4z^2 - 3z - 1 = 0 \qquad | :4$

$\Leftrightarrow \quad z^2 - 0{,}75z - 0{,}25 = 0 \qquad |$ Lösungsformel

$\Leftrightarrow \quad z = 0{,}375 \pm \sqrt{0{,}375^2 + 0{,}25}$

$\Leftrightarrow \quad z = 0{,}375 \pm \sqrt{0{,}390625}$

$\Leftrightarrow \quad z = 0{,}375 \pm 0{,}625$

$\Leftrightarrow \quad z = 1 \;\vee\; z = -0{,}25 \qquad |$ Resubstitution

$\Rightarrow \quad x^2 = 1 \;\vee\; x^2 = -0{,}25$

x^2 kann nicht gleich $-0{,}25$ sein.

$\Leftrightarrow \quad x = -1 \;\vee\; x = 1$

$\Leftrightarrow \quad x = -1 \;\vee\; x = 0 \;\vee\; x = 1$

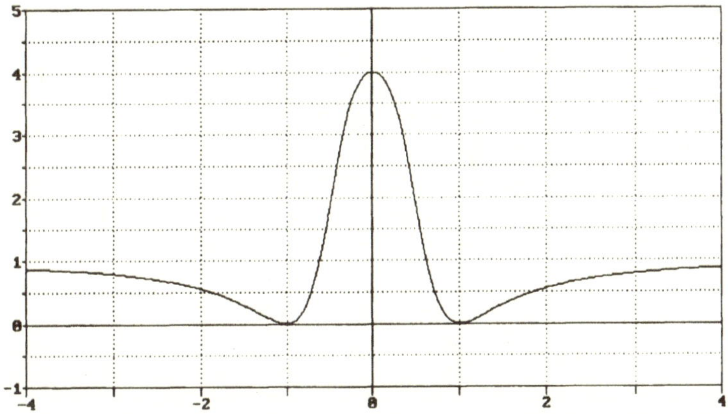

Hinreichende Bedingung für einen Tiefpunkt an der Stelle −1 ist:
$f''(-1) > 0$. Laut Wertetabelle gilt: $f''(-1) = 6{,}4 > 0$

$\Rightarrow$ Tiefpunkt $T_1\,(-1\,|\,0)$ $\qquad f(-1) = 0$ (berechnen)

Hinreichende Bedingung für einen Hochpunkt an der Stelle 0 ist:
$f''(0) < 0$. Laut Wertetabelle gilt: $f''(0) = -16 < 0$

$\Rightarrow$ Hochpunkt $H\,(0\,|\,4)$ $\qquad f(0) = 4$ (berechnen)

Hinreichende Bedingung für einen Tiefpunkt an der Stelle −1 ist:
$f''(1) > 0$. Laut Wertetabelle gilt: $f''(1) = 6{,}4 > 0$

$\Rightarrow$ Tiefpunkt $T_2\,(1\,|\,0)$ $\qquad f(1) = 0$ (berechnen)

2.) Berechnung des Dreiecks

Die Eckpunkte des gesuchten Dreiecks sind T_1, T_2 und H.
Da beide Tiefpunkte auf der x-Achse liegen, ist die Länge der Grundlinie gleich der Differenz zwischen den beiden x-Werten, also 2 Längeneinheiten. Die Höhe des Dreiecks ist gleich dem y-Wert des Hochpunktes, also 4 Längeneinheiten.

Der Flächeninhalt A des Dreiecks ist: $A = \frac{g \cdot h}{2} \Rightarrow A = \frac{2 \cdot 4}{2} = 4$

Das Dreieck ist 4 Flächeneinheiten groß.

Lösung Aufgabe 102

Berechnung der Extremwerte

Notwendige Bedingung ist: $f'(x) = 0$

$$f'(x) = \frac{4(x^4 + 3) - 4x^3 \cdot 4x}{(x^4 + 3)^2} = \frac{4x^4 + 12 - 16x^4}{(x^4 + 3)^2}$$

$$= \frac{-12x^4 + 12}{(x^4 + 3)^2}$$

$\Rightarrow \quad -12x^4 + 12 = 0 \quad \wedge \quad (x^4 + 3)^2 \neq 0 \quad (x^4 + 3)^2$ ist nicht gleich 0.

$\Leftrightarrow \quad x^4 = 1 \quad \Leftrightarrow \quad x = -1 \quad \vee \quad x = 1$

Hinreichende Bedingung für ein Extremum ...
- an der Stelle −1: $f''(-1) > 0$ Tiefpunkt
  $f''(-1) < 0$ Hochpunkt

$$f''(x) = \frac{(-48x^3)(x^4 + 3)^2 - 2(x^4 + 3) \cdot 4x^3 \cdot (-12x^4 + 12)}{(x^4 + 3)^4}$$

$$= \frac{(-48x^3)(x^4 + 3) - 2 \cdot 4x^3 \cdot (-12x^4 + 12)}{(x^4 + 3)^3}$$

$$= \frac{-48x^7 - 144x^3 + 96x^7 - 96x^3}{(x^4 + 3)^3} = \frac{48x^7 - 240x^3}{(x^4 + 3)^3}$$

$$\Rightarrow \quad f''(-1) = \frac{-48 + 240}{64} = 3 > 0$$

Tiefpunkt T an der Stelle −1. $f(-1) = -1$ $T(-1 \mid -1)$

- an der Stelle 1: $f''(-1) < 0$ Hochpunkt

$$\Rightarrow \quad f''(1) = \frac{48 - 240}{64} = -3 < 0$$

Hochpunkt H an der Stelle 1. $f(1) = 1$ $H(1 \mid 1)$

Ermittlung der Geradengleichung

Die Gleichung der Gerade g lautet allgemein $g(x) = a\,x + b$

$$\begin{array}{llll} T \Rightarrow & g(-1) = -1 & -1 = -a + b & \mid + \\ H \Rightarrow & g(1) = 1 & 1 = a + b & \mid + \end{array}$$

$$0 = b \;\wedge\; a = 1$$

Die Geradengleichung lautet $g(x) = x$

Schnittpunkte der Geraden mit dem Graphen von f

Als nächstes muß geklärt werden, welchen Punkt die Gerade außer den Extrempunkten mit dem Funktionsgraphen gemein hat.

Gleichsetzen der Funktionsterme führt zu den Schnittstellen der Graphen.

$$\Rightarrow \quad x = \frac{4\,x}{x^4 + 3} \qquad \Big| \cdot (x^4 + 3)$$

$$\Leftrightarrow \quad x\,(x^4 + 3) = 4\,x \quad \Leftrightarrow \quad x^5 + 3\,x = 4\,x \quad \Leftrightarrow \quad x^5 - x = 0$$

$$\Leftrightarrow \quad x\,(x^4 - 1) = 0 \quad \Leftrightarrow \quad x = 0 \;\vee\; x^4 - 1 = 0$$

$$\Leftrightarrow \quad x = -1 \;\vee\; x = 0 \;\vee\; x = 1$$

Die einzige bisher nicht bekannte Schnittstelle ist der Koordinatenursprung, durch den sowohl der Funktionsgraph als auch die Gerade führen. Denn $f(x) = 0$ und $g(x) = 0$. Zu prüfen ist, ob der Koordinatenursprung ein Wendepunkt des Funktionsgraphen ist.

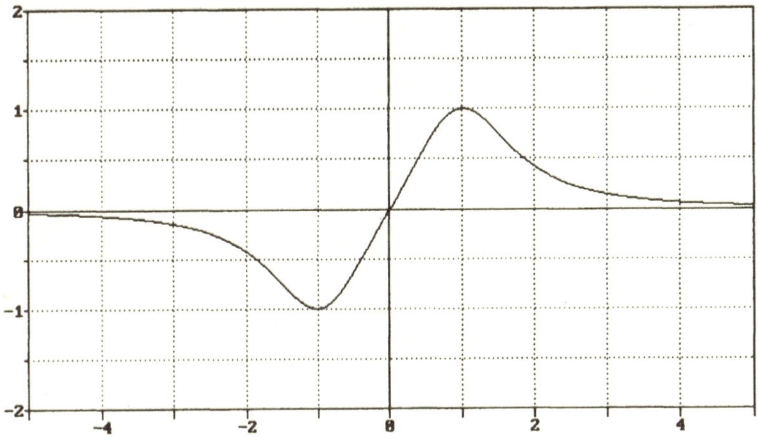

Art des dritten Schnittpunktes

Aufgrund der notwendigen Bedingung für Wendepunkte müßte $f''(0) = 0$ sein. $f''(0)$ ist tatsächlich gleich null (siehe $f''(x)$).

Falls in dem Intervall [−1; 1] keine weitere Wendestelle liegt, läßt sich als hinreichende Bedingung für einen Wendepunkt im Koordinatenursprung besonders leicht ein Vorzeichenwechsel von f'' überprüfen. Dazu müßten die übrigen Wendestellen bekannt sein.

$$f''(x) = 0 \;\Rightarrow\; 48\,x^7 - 240\,x^3 = 0 \;\Leftrightarrow\; 48\,x^3(x^4 - 5) = 0$$

$$\Leftrightarrow\; x = 0 \;\vee\; x = -\sqrt[4]{5} \;\vee\; x = \sqrt[4]{5}$$

$\sqrt[4]{5}$ ist größer als 1, und $-\sqrt[4]{5}$ ist kleiner als −1. Also liegen in dem besagten Intervall keine weiteren Wendestellen. Dann können bereits vorliegende Ergebnisse herangezogen werden (siehe oben: hinreichende Bedingung für relative Extremwerte): $f''(-1) = 3$ und $f''(1) = -3$
Die besagte Gerade führt durch einen Wendepunkt von f.

Lösung Aufgabe 103

zu a)
Die vorgegebene Wertetabelle soll vervollständigt werden. Die y-Werte werden dadurch berechnet, daß die verschiedenen x-Werte in den Funktionsterm eingesetzt werden, wobei dieses Mal der Wert für m mit 1 konstant ist. $y = f(x)$

x	1,2	1,5	2	3	5
y	6	3	2	1,5	1,25

Skizze: siehe unten links

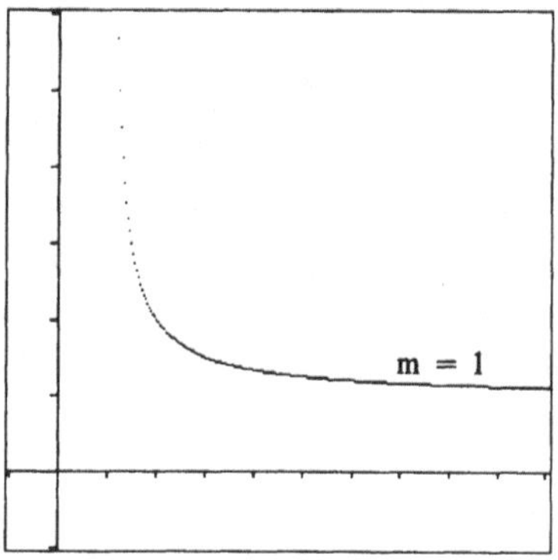

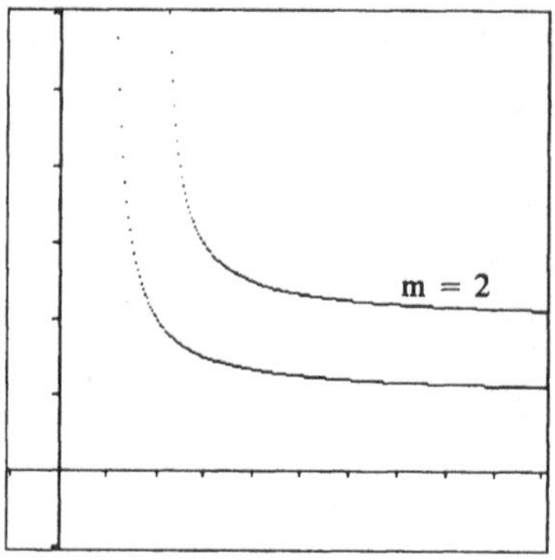

zu b)
Die vorgegebenen x-Werte sind in den Funktionsterm einzusetzen, während dieses Mal für m unverändert der Wert 2 gilt.

x	2,2	2,5	3	4	6
y	7	4	3	2,5	2,25

Skizze: siehe oben rechts

zu c)

Die Steigung der Funktion wird mit der ersten Ableitungsfunktion y' beschrieben, die nach der Quotientenregel und nach der Summenregel gebildet wird, wobei der Parameter m als Konstante zu behandeln ist.

$$y' = \frac{-1}{(x-m)^2} = f'(x)$$

$$y' = f'(x) = -1/9 \quad \wedge \quad f'(x) \quad \wedge \quad m = 1$$

$$\Rightarrow \quad \frac{-1}{(x-1)^2} = \frac{-1}{9} \qquad | \cdot (x-1)^2 \cdot (-9)$$

$$\Leftrightarrow \quad (x-1)^2 = 9$$
$$\Leftrightarrow \quad x^2 - 2x + 1 = 9 \qquad | -9$$
$$\Leftrightarrow \quad x^2 - 2x - 8 = 0 \qquad | \text{ Lösungsformel}$$
$$\Leftrightarrow \quad x = 1 \pm \sqrt{1+8}$$
$$\Leftrightarrow \quad x = 1 \pm 3$$
$$\Leftrightarrow \quad x_1 = 4 \quad \wedge \quad x_2 = -2$$

x_2 gehört nicht zur Definitionsmenge; denn −2 ist nicht größer als m.

An der Stelle 4 hat der Graph für m = 1 die Steigung −1/9.
Der entsprechende Punkt P auf dem Graphen hat den y-Wert $f(4) = 1,\overline{3}$.
$\Rightarrow$ $P(4 | 1,\overline{3})$

zu d)

$$y' = \frac{-1}{(x-m)^2} = f'(x)$$

$$y' = f'(x) = -1/7 \quad \wedge \quad f'(x) \quad \wedge \quad m = 2$$

$$\Rightarrow \quad \frac{-1}{(x-2)^2} = \frac{-1}{7} \qquad | \cdot (x-2)^2 \cdot (-7)$$

$$\Leftrightarrow \quad (x-2)^2 = 7$$
$$\Leftrightarrow \quad x^2 - 4x + 4 = 7 \qquad | -7$$
$$\Leftrightarrow \quad x^2 - 2x - 3 = 0 \qquad | \text{ Lösungsformel}$$
$$\Leftrightarrow \quad x = 1 \pm \sqrt{1+3}$$
$$\Leftrightarrow \quad x = 1 \pm 2$$
$$\Leftrightarrow \quad x_1 = 3 \quad \wedge \quad x_2 = -1$$

x_2 gehört nicht zur Definitionsmenge; denn −1 ist nicht größer als m.

An der Stelle 3 hat der Graph für m = 2 die Steigung −1/7.
Der entsprechende Punkt P auf dem Graphen hat den y-Wert f(3) = 3.
$\Rightarrow$ $P(3 | 3)$

Lösung Aufgabe 104

zu a)

Mit Hilfe der ersten Ableitungsfunktion f' läßt sich die Steigung an der Stelle −2, nämlich f'(−2), berechnen. Die erste Ableitungsfunktion bildet sich nach der Quotientenregel wie folgt:

$$f'(x) = \frac{(3\,x^2 + 1) \cdot x - (x^3 + x + 1)}{x^2} = \frac{2\,x^3 - 1}{x^2}$$

$$\Rightarrow \quad f'(-2) = \frac{2 \cdot (-8) - 1}{4} = -4{,}25$$

An der Stelle −2 hat die Funktion die Steigung −4,25. Analog dazu ist f'(2) = 3,75. An der Stelle 2 hat die Funktion die Steigung 3,75.

zu b)

Gesucht ist die Stelle, an der die Funktion die Steigung 1 hat, an der also die erste Ableitung den Funktionswert 1 hat.

$f'(x) = 1 \quad \wedge \quad f'(x)$

$$\Rightarrow \quad \frac{2\,x^3 - 1}{x^2} = 1 \qquad | \cdot x^2$$

$$\Leftrightarrow \quad 2\,x^3 - 1 = x^2 \qquad | - x^2$$

$$\Leftrightarrow \quad 2\,x^3 - x^2 - 1 = 0$$

Lösungsversuch mit Horner-Schema

	2	−1	0	−1
		2	1	1
1	2	1	1	0

$x_1 = 1$

$$\Leftrightarrow \quad (x - 1)(2\,x^2 + x + 1) = 0$$

$$\Leftrightarrow \quad x_1 = 1 \quad \wedge \quad 2\,x^2 + x + 1 = 0$$

Nebenrechnung: $2\,x^2 + x + 1 = 0 \qquad | : 2$

$x^2 + 0{,}5\,x + 0{,}5 = 0$

$x = 0{,}25 \pm \sqrt{0{,}0625 - 0{,}5} = 0{,}25 \pm \sqrt{-0{,}4375}$

Diskriminante negativ; keine weitere Lösung

Die Funktion hat an der Stelle 1 die Steigung 1.

Lösung Aufgabe 105

zu a)

Die erste Ableitungsfunktion wird nach der Quotientenregel gebildet:

$$f'(x) = \frac{(2\,x - 4)(x - 4) - (x^2 - 4\,x + a)}{(x - 4)^2}$$

$$f'(x) = \frac{2x^2 - 12x + 16 - x^2 + 4x - a}{(x-4)^2} = \frac{x^2 - 8x + 16 - a}{(x-4)^2}$$

Die Aufgabenstellung verlangt, daß f '(1,5) = 0,36 ist.

$$\Rightarrow \quad \frac{1{,}5^2 - 8 \cdot 1{,}5 + 16 - a}{(1{,}5 - 4)^2} = 0{,}36$$

$$\Leftrightarrow \quad \frac{2{,}25 - 12 + 16 - a}{6{,}25} = \frac{6{,}25 - a}{6{,}25} = 0{,}36 \qquad | \cdot 6{,}25$$

$\Leftrightarrow \quad 6{,}25 - a = 0{,}36 \cdot 6{,}25 \Leftrightarrow 6{,}25 - a = 2{,}25 \Leftrightarrow a = 4$

Wenn der Parameter a den Wert 4 annimmt, dann ist an der Stelle 1,5 die Steigung der Funktion gleich 0,36.

zu b)

Wenn a den Wert 4 hat, dann lautet die Funktion f_4:

$$f_4: \quad f(x) = \frac{x^2 - 4x + 4}{x - 4} \qquad D = R\backslash\{4\}$$

$$\Rightarrow \quad f'(x) = \frac{x^2 - 8x + 16 - 4}{(x-4)^2} = \frac{x^2 - 8x + 12}{(x-4)^2}$$

An welcher Stelle ist f '(x) gleich 0,84 ?

$$\Rightarrow \quad \frac{x^2 - 8x + 12}{(x-4)^2} = 0{,}84 \qquad | \cdot (x-4)^2$$

$\Leftrightarrow \quad x^2 - 8x + 12 = 0{,}84\,(x-4)^2$

$\Leftrightarrow \quad x^2 - 8x + 12 = 0{,}84\,(x^2 - 8x + 16)$

$\Leftrightarrow \quad x^2 - 8x + 12 = 0{,}84\,x^2 - 6{,}72\,x + 13{,}44$ | normieren

$\Leftrightarrow \quad 0{,}16\,x^2 - 1{,}28\,x - 1{,}44 = 0$ | : 0,16

$\Leftrightarrow \quad x^2 - 8x - 9 = 0$ | Lösungsformel

$\Leftrightarrow \quad x = 4 \pm \sqrt{4^2 + 9} = 4 \pm 5$

$\Leftrightarrow \quad x_1 = -1 \;\wedge\; x_2 = 9$

An den Stellen –1 und 9 hat der Graph von f_4 die Steigung 0,84.

Lösung Aufgabe 106

Die erste Ableitungsfunktion wird nach der Quotientenregel gebildet:

$$f'(x) = \frac{(3x^2 + 1) \cdot x^2 - 2x \cdot (x^3 + x + 1)}{x^4}$$

$$f'(x) = \frac{3x^4 + x^2 - 2x^4 - 2x^2 - 2x}{x^4}$$

$$f'(x) = \frac{x^4 - x^2 - 2x}{x^4} = \frac{x(x^3 - x - 2)}{x^4} = \frac{x^3 - x - 2}{x^3}$$

Die Aufgabenstellung verlangt, daß $f'(x) = 0,5$ ist.

$$\Rightarrow \quad \frac{x^3 - x - 2}{x^3} = 0,5 \qquad | \cdot x^3$$

$$\Leftrightarrow \quad x^3 - x - 2 = 0,5\,x^3 \qquad | - 0,5\,x^3$$

$$\Leftrightarrow \quad 0,5\,x^3 - x - 2 = 0 \qquad | \cdot 2$$

$$\Leftrightarrow \quad x^3 - 2x - 4 = 0$$

Lösungsversuch mit Horner-Schema

	1	0	–2	–4
		2	4	4
2	1	2	2	0

$x_1 = 2$

$$\Leftrightarrow \quad (x - 1)(x^2 + 2x + 2) = 0$$

$$\Leftrightarrow \quad x_1 = 1 \;\wedge\; x^2 + 2x + 2 = 0$$

Nebenrechnung: $x^2 + 2x + 2 = 0$ | Lösungsformel

$x = -1 \pm \sqrt{1^2 - 2}$

Diskriminante negativ; keine weitere Lösung

Die Funktion hat an der Stelle 2 die Steigung 0,5.

Der Berührungspunkt B hat den y-Wert $f(2) = 2,75 \Rightarrow B\,(2\,|\,2,75)$

Die Tangentengleichung lautet allgemein: $t(x) = a\,x + b$

Hier gilt: $a = f'(2) = 0,5 \Rightarrow$ $t(x) = 0,5\,x + b$

Weiterhin gilt: $t(2) = f(2) = 2,75 \Rightarrow$ $2,75 = 0,5 \cdot 2 + b$

$\Leftrightarrow$ $b = 1,75$

Also: $t(x) = 0,5\,x + 1,75$

Die Eckpunkte des gesuchten Dreiecks sind die Nullstelle der Tangente, der Koordinatenursprung und der Schnittpunkt der Tangente mit der y-Achse.

Nullstelle: $t(x) = 0 \Rightarrow 0 = 0,5\,x + 1,75 \Leftrightarrow x_2 = 3,5$

y-Achsenabschnitt: $t(0) = 1,75$

Die Länge der Grundlinie des Dreiecks ist der Abstand zwischen der Nullstelle und dem Koordinatenursprung, also 3,5 Längeneinheiten. Die Höhe entspricht dem y-Achsenabschnitt, also 1,75 Längeneinheiten.

Der Flächeninhalt A ist demnach: $A = 3,5 \cdot 1,75 : 2 = 3,0625$

Das Dreieck ist 3,0625 Flächeneinheiten groß.

Lösung Aufgabe 107

zu a)

Die *Definitionsmenge* ist die Menge der reellen Zahlen; die Funktion hat keine Definitionslücke. Denn $x^2 + 1$ kann nicht gleich null sein.
Ordinatenachsenabschnitt $\Rightarrow$ $x = 0$ und $f(x)$ $\Rightarrow$ $f(0) = -16$
Der Graph schneidet die y-Achse in Höhe von −16.

Nullstellen

$$f(x) = 0 \;\wedge\; f(x)$$

$$\Rightarrow\; x^4 - 16 = 0 \;\wedge\; x^2 + 1 \neq 0 \text{ (siehe Definitionsmenge)}$$

$$\Leftrightarrow\; x = -2 \;\vee\; x = 2$$

Der Graph schneidet die x-Achse an den Stellen −2 und 2.

zu b)

Randverhalten von f

$$\lim_{x \to \infty} f(x) = \lim_{x \to \infty} \frac{x^4 - 16}{x^2 + 1} = \lim_{x \to \infty} \frac{x^2\,(x^2 - 16/x^2)}{x^2\,(1 + 1/x^2)}$$

$$\lim_{x \to \infty} \frac{x^2 - 16/x^2}{1 + 1/x^2} = \infty \quad \text{und analog dazu:} \quad \lim_{x \to -\infty} f(x) = \infty$$

Asymptote g

$$(x^4 - 16) : (x^2 + 1) = x^2 - 1 - \frac{15}{x^2 - 1}$$

$$\begin{array}{l} -(x^4 + x^2) \\ \quad -x^2 - 16 \\ \quad -(-x^2 - 1) \\ \qquad -15 \end{array} \qquad g(x) = x^2 - 1$$

Wenn die x-Werte gegen plus unendlich streben oder wenn die x-Werte gegen minus unendlich streben, verschwinden die Funktionswerte ins positiv Unendliche. Der Graph von f nähert sich dabei dem Graphen von g. Die Asymptote g hat die Gleichung $g(x) = x^2 - 1$.
Die Abweichung der Funktionswerte von f von denen von g entspricht dem Ausdruck $-15/(x^2 + 1)$, der gegen null strebt, wenn die x-Werte gegen plus unendlich oder gegen minus unendlich streben.

zu c)

Relative Extremwerte

Notwendige Bedingung für relative Extremwerte ist, daß $f'(x) = 0$

$$f'(x) = \frac{4\,x^3\,(x^2 + 1) - 2\,x\,(x^4 - 16)}{(x^2 + 1)^2} = \frac{4\,x^5 + 4\,x^3 - 2\,x^5 + 32\,x}{(x^2 + 1)^2}$$

$$f'(x) = \frac{2\,x^5 + 4\,x^3 + 32\,x}{(x^2 + 1)^2}$$

$\Rightarrow \quad 2x^5 + 4x^3 + 32x = 0 \;\wedge\; (x^2+1)^2 \neq 0$ (siehe Definitionsmenge)

$\Leftrightarrow \quad x\,(2x^4 + 4x^2 + 32) = 0$

$\Leftrightarrow \quad x = 0 \;\vee\; 2x^4 + 4x^2 + 32 = 0$

Nebenrechnung:

$2x^4 + 4x^2 + 32 = 0 \qquad | :2$

$x^4 + 2x^2 + 16 = 0$

Substitution von x^2 durch z

$z^2 + 2z + 16 = 0 \qquad |$ Lösungsformel

$z = -1 \pm \sqrt{1 - 16}$

Diskriminante ist negativ, keine weitere Lösung

$\Leftrightarrow \quad x = 0$

An der Stelle 0 könnte f einen relativen Extremwert haben.

Hinreichende Bedingung für ein Minimum an der Stelle 0 ist ein Vorzeichenwechsel von f' an dieser Stelle.

$f'(-1) = -9{,}5$	In dem Intervall von −1 bis 1 liegt
$f'(1) = 9{,}5$	keine andere Nullstelle von f' als 0.

Auf dem Funktionsgraphen ist vor der Stelle 0 die Steigung negativ, danach positiv. Folglich liegt an der Stelle 0 ein Tiefpunkt. $T\,(0\,|\,-16)$

zu d) Skizze

Graphik zu Aufgabe 107

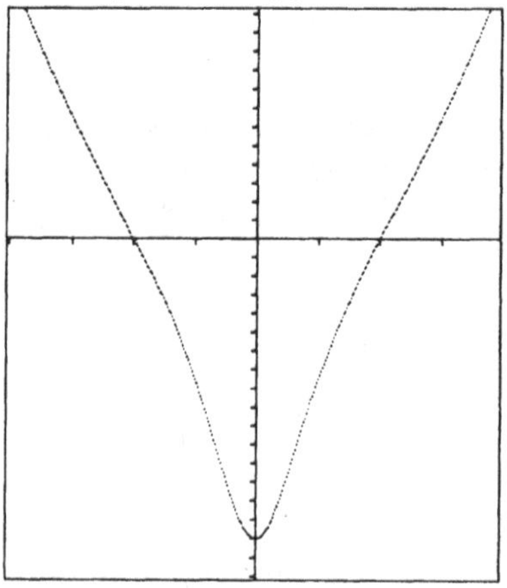

Graphik zu Aufgabe 108

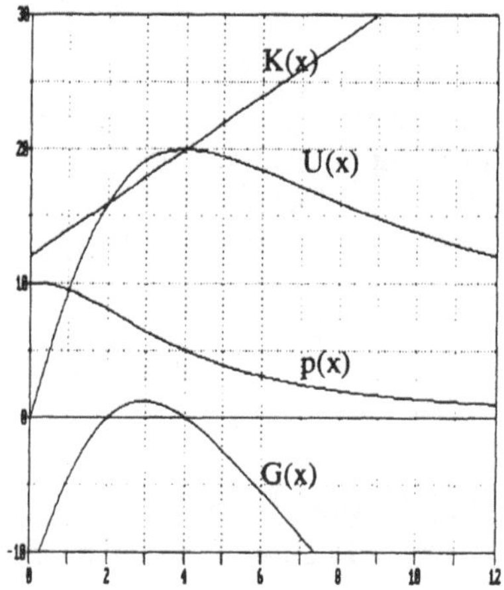

Lösung Aufgabe 108

zu a)

Der Umsatz U ergibt sich als Produkt von abgesetzter Menge x mal erzieltem Preis p. $\Rightarrow$ $U(x) = x \cdot p(x)$

$$\Rightarrow \quad U(x) = x \cdot \frac{160}{x^2 + 16} = \frac{160\,x}{x^2 + 16}$$

Notwendige Bedingung für ein Maximum von U ist: $U'(x) = 0$

$$U'(x) = \frac{160\,(x^2 + 16) - 2\,x \cdot 160\,x}{(x^2 + 16)^2} = \frac{160\,x^2 + 2560 - 320\,x^2}{(x^2 + 16)^2}$$

$$= \frac{-160\,x^2 + 2560}{(x^2 + 16)^2}$$

$$\Rightarrow \quad -160\,x^2 + 2560 = 0 \ \wedge\ (x^2 + 16)^2 \neq 0 \quad \Leftrightarrow \quad x^2 = 16$$

$$\Leftrightarrow \quad x_1 = 4 \ \wedge\ x_2 = -4$$

x_2 kommt aus sachlichen Gründen nicht in Frage.

Hinreichende Bedingung für ein Maximum an der Stelle 4 ist ein Vorzeichenwechsel von $U'(x)$ an der Stelle 4 von plus nach minus.

$$U'(3) = \frac{-160 \cdot 3^2 + 2560}{(3^2 + 16)^2} = \frac{1120}{625} = 1{,}792 > 0$$

$$U'(5) = \frac{-160 \cdot 5^2 + 2560}{(5^2 + 16)^2} = \frac{-1440}{1681} = -0{,}85\ldots < 0$$

Der maximale Umsatz wird mit 4 ME erzielt; er beträgt dann 20 GE. Denn $U(4) = 20$.

zu b)

Der Gewinn G ist die Differenz Umsatz U minus Kosten K.
$G(x) = U(x) - K(x)$

$$G(x) = \frac{160\,x}{x^2 + 16} - 2\,x - 12$$

Die Grenzen der Gewinnzone liegen dort, wo $G(x) = 0$ ist.

$$\Rightarrow \quad \frac{160\,x}{x^2 + 16} - 2\,x - 12 = 0 \qquad \Big| \cdot (x^2 + 16)$$

$$\Leftrightarrow \quad 160\,x - 2\,x \cdot (x^2 + 16) - 12 \cdot (x^2 + 16) = 0$$

$$\Leftrightarrow \quad 160\,x - 2\,x^3 - 32\,x - 12\,x^2 - 192 = 0$$

$$\Leftrightarrow \quad -2\,x^3 - 12\,x^2 + 128\,x - 192 = 0 \qquad \Big| : (-2)$$

$$\Leftrightarrow \quad x^3 + 6\,x^2 - 64\,x + 96 = 0$$

Lösungsversuch mit Horner-Schema

	1	6	−64	96
		2	16	−96
2	1	8	48	0

$x_1 = 2$

$\Leftrightarrow \quad (x-2)(x^2 + 8x - 48) = 0$

Nebenrechnung: $x^2 + 8x - 48 = 0$ | Lösungsformel

$x = -4 \pm \sqrt{16 + 48} = -4 \pm 8$

$x_4 = 4 \quad \wedge \quad x_5 = -12$

x_5 kommt aus sachlichen Gründen nicht in Frage.

$\Leftrightarrow \quad (x-2)(x-4)(x+12) = 0$

Die Gewinnzone liegt zwischen 2 und 4 ME.

zu c)

Notwendige Bedingung für das Gewinnmaximum ist: $G'(x) = 0$

$G'(x) = U'(x) - K'(x)$

$$G'(x) = \frac{-160\,x^2 + 2560}{(x^2 + 16)^2} - 2$$

$$\Rightarrow \quad \frac{-160\,x^2 + 2560}{(x^2 + 16)^2} - 2 = 0 \qquad \Big| \cdot (x^2 + 16)^2$$

$\Leftrightarrow \quad -160\,x^2 + 2560 - 2(x^2 + 16)^2 = 0$

$\Leftrightarrow \quad -160\,x^2 + 2560 - 2(x^4 + 32\,x^2 + 256) = 0$

$\Leftrightarrow \quad -160\,x^2 + 2560 - 2\,x^4 - 64\,x^2 - 512 = 0$

$\Leftrightarrow \quad -2\,x^4 - 224\,x^2 + 2048 = 0 \qquad | : (-2)$

$\Leftrightarrow \quad x^4 + 112\,x^2 - 1024 = 0$

Substitution von x^2 durch z

$\Rightarrow \quad z^2 + 112\,z - 1024 = 0 \qquad$ | Lösungsformel

$\Leftrightarrow \quad z = -56 \pm \sqrt{56^2 + 1024} = -56 \pm \sqrt{4160}$

$\Leftrightarrow \quad z = -56 \pm 64{,}498\ldots$

$\Leftrightarrow \quad z = 8{,}498\ldots \quad \vee \quad z = -120{,}498\ldots \qquad$ | Resubstitution

$\Rightarrow \quad x^2 = 8{,}498\ldots \quad \vee \quad x^2 = -120{,}498\ldots \qquad | \ x^2 \neq -120{,}498\ldots$

$\Leftrightarrow \quad x_6 = 2{,}915\ldots \quad \wedge \quad x_7 = -2{,}915\ldots$

x_7 kommt aus sachlichen Gründen nicht in Frage.

Bei 2,915… ME ist die notwendige Bedingung für das Gewinnmaximum erfüllt.

zu e)

Skizze (siehe oben)

Lösungen der Aufgaben mit Produktionsfunktionen

Lösung Aufgabe 109

zu a)

Um die verlangten Funktionswerte zu berechnen, werden die vorgegebenen x-Werte in den Funktionsterm eingesetzt, wobei in diesem Fall der Wert für m konstant gleich 1 bleibt.

x	1,2	1,5	2	3	5
y	6	3	2	1,5	1,25

Skizze

Die linke Graphik zeigt die Isoquante für m = 1; die rechte zeigt gleichzeitig auch diejenige für m = 2. Die rechts eingezeichnete Gerade ist die Ortslinie all der Punkte, in denen die Isoquanten die Steigung −1/4 haben.

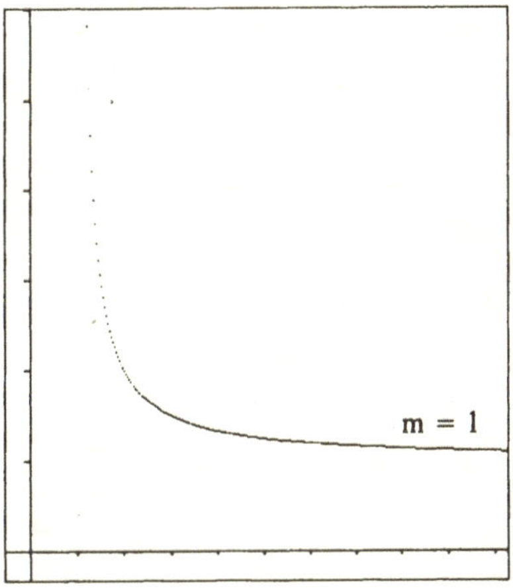

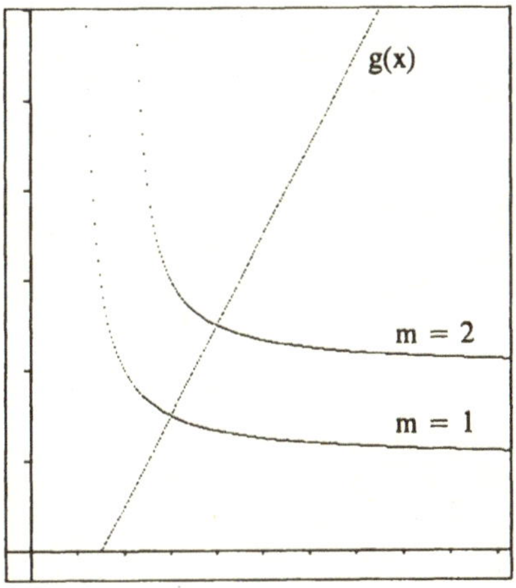

zu b)

Auch hier werden die gegebenen x-Werte in den Funktionsterm eingesetzt, während jetzt jedoch der Wert für m mit 2 konstant bleibt.

x	2,2	2,5	3	4	6
y	7	4	3	2,5	2,25

Skizze siehe oben

zu c)

Die Steigung der Isoquante wird mit der ersten Ableitungsfunktion y' beschrieben, die nach der Quotientenregel gebildet wird.

$$y' = \frac{-1}{(x-m)^2} = f'(x)$$

1. Fall: m = 1

$y' = f'(x) = -1/4$ und $f'(x)$ und $m = 1$

$$\begin{aligned}
&\Rightarrow \quad \frac{-1}{4} = \frac{-1}{(x-1)^2} && \mid \cdot 4\,(x-1)^2 \\
&\Leftrightarrow \quad -(x-1)^2 = -4 && \mid \cdot (-1) \\
&\Leftrightarrow \quad (x-1)^2 = 4 && \\
&\Leftrightarrow \quad x^2 - 2\,x + 1 = 4 && \mid -4 \\
&\Leftrightarrow \quad x^2 - 2\,x - 3 = 0 && \mid \text{Lösungsformel} \\
&\Leftrightarrow \quad x = 1 \pm \sqrt{1+3} && \\
&\Leftrightarrow \quad x = 1 \pm 2 && \\
&\Leftrightarrow \quad x_1 = 3 \ \wedge \ x_2 = -1 &&
\end{aligned}$$

x_2 gehört nicht zur Definitionsmenge

An der Stelle 3 hat die Isoquante für m = 1 die Steigung −1/4.
Der entsprechende Punkt P_1 auf der Isoquante hat den y-Wert f(3) = 1,5.
$\Rightarrow \quad P_1\,(3 \mid 1{,}5)$

2. Fall: m = 2

$y' = f'(x) = -1/4$ und $f'(x)$ und $m = 2$

$$\begin{aligned}
&\Rightarrow \quad \frac{-1}{4} = \frac{-1}{(x-2)^2} && \mid \cdot 4\,(x-1)^2 \\
&\Leftrightarrow \quad -(x-2)^2 = -4 && \mid \cdot (-1) \\
&\Leftrightarrow \quad (x-2)^2 = 4 && \\
&\Leftrightarrow \quad x^2 - 4\,x + 4 = 4 && \mid -4 \\
&\Leftrightarrow \quad x^2 - 4\,x = 0 && \\
&\Leftrightarrow \quad x\,(x-4) = 0 && \\
&\Leftrightarrow \quad x_1 = 4 \ \wedge \ x_2 = 0 &&
\end{aligned}$$

x_2 gehört nicht zur Definitionsmenge

An der Stelle 4 hat die Isoquante für m = 2 die Steigung −1/4.
Der entsprechende Punkt P_2 auf der Isoquante hat den y-Wert f(4) = 2,5.
$\Rightarrow \quad P_2\,(4 \mid 2{,}5)$

zu d)

Um die Ortslinie all der Punkte zu ermitteln, in denen die Isoquanten die Steigung –1/4 haben, muß der Parameter m in der Funktion f eliminiert werden, und zwar durch einen Ausdruck, der aus der folgenden Gleichung stammt und der Bedingung f '(x) = –1/4 entspricht.

$$f'(x) = \frac{-1}{(x-m)^2} = \frac{-1}{4}$$

$$\Rightarrow \quad \frac{-1}{(x-m)^2} = \frac{-1}{4} \qquad \Big| \cdot 4\,(x-m)^2$$

$$\Leftrightarrow \quad -4 = -(x-m)^2 \qquad \Big| \cdot (-1)$$

$$\Leftrightarrow \quad 4 = x^2 - 2\,m\,x + m^2$$

$$\Leftrightarrow \quad x^2 - 2\,m\,x + m^2 - 4 = 0$$

Diese gemischt quadratische Gleichung muß nach m aufgelöst werden.

$$\Leftrightarrow \quad m^2 - 2\,x\,m + x^2 - 4 = 0 \qquad \Big|\ \text{Lösungsformel}$$

hier gilt: $p = -2\,x$ und $q = x^2 - 4$

$$\Leftrightarrow \quad m = x \pm \sqrt{x^2 - (x^2 - 4)}$$

$$\Leftrightarrow \quad m = x \pm \sqrt{4} = x \pm 2$$

$$\Leftrightarrow \quad m = x - 2 \quad \vee \quad m = x + 2$$

$$\Leftrightarrow \quad m_1 = x - 2 \quad \wedge \quad m_2 = x + 2$$

m_2 kommt nicht in Frage, weil es nicht den Bedingungen der Definitionsmenge entspricht. Denn für m_2 müßte x um 2 kleiner sein als m.
Deshalb gilt nur: $m = x - 2$

Die Gleichung $m = x - 2$ läßt sich folgendermaßen interpretieren: Wenn in x beispielsweise der Wert 4 eingesetzt wird, dann ist 4 der x-Wert des Punktes auf der Isoquante für $m = 4 - 2 = 2$, in dem diese Isoquante die Steigung –1/4 hat. Auf der Isoquante für $m = 7$ hat der Punkt, in dem diese Isoquante die Steigung –1/4 hat, den x-Wert 9. Denn $7 = x - 2$ bzw. $x = 7 + 2$ ist dann wahr, wenn 9 in x eingesetzt wird.

Wenn nun in f der Parameter m durch den Ausdruck $x - 2$ ersetzt wird, entsteht eine neue Funktion, die lauter Punkte hervorbringt, in denen die Isoquanten die Steigung –1/4 haben.

Der Graph dieser Funktion g heißt Ortslinie all der Punkte, in denen die Isoquanten die Steigung –1/4 haben.

$$g: \quad g(x) = \frac{1}{x - (x-2)} + x - 2 = \frac{1}{2} + x - 2 = x - 1{,}5$$

Die gesuchte Ortslinie hat den Term $g(x) = x - 1{,}5$.

Lösung Aufgabe 110

zu a)

Die vorgegebenen x-Werte sind in den Funktionsterm einzusetzen, wobei für m der konstante Wert 1 beibehalten wird.

x	1,2	1,5	2	3	5
y	6	3	2	1,5	1,25

Berechnung der Kosten

1,2 ME des Faktors A kosten 1,2 ME · 25 GE/ME = 30 GE.
6 ME des Faktors B kosten 6 ME · 16 GE/ME = 96 GE.

Also kostet die Kombination von 1,2 ME des Faktors A und 6 ME des Faktors B insgesamt 30 GE + 96 GE = 126 GE.

Die Kombination von 1,5 ME des Faktors A und 3 ME des Faktors B kostet 1,5 ME · 25 GE/ME + 3 ME · 16 GE/ME = 85,5 GE.

Die Kombination von 2 ME des Faktors A und 2 ME des Faktors B kostet 2 ME · 25 GE/ME + 2 ME · 16 GE/ME = 82 GE.

Die Kombination von 3 ME des Faktors A und 1,5 ME des Faktors B kostet 3 ME · 25 GE/ME + 1,5 ME · 16 GE/ME = 99 GE.

Die Kombination von 5 ME des Faktors A und 1,25 ME des Faktors B kostet 5 ME · 25 GE/ME + 1,25 ME · 16 GE/ME = 145 GE.

Die Kosten dieser Faktorkombinationen sind unterschiedlich, so daß es mindestens eine geben muß, die die geringsten Kosten verursacht (siehe Endergebnis von Aufgabenteil b).

zu b)

Es läßt sich der Nachweis führen, daß auf einer Isoquante diejenige Faktorkombination die minimalen Kosten verursacht, in der die Isoquante die Steigung hat, die dem umgekehrten, negativen Verhältnis der Faktorpreise entspricht.

In diesem Beispiel ist das Faktorpreisverhältnis 16 : 25, nämlich der Preis des auf der senkrechten Achse abgetragenen Faktors zu dem Preis des auf der waagerechten Achse abgetragenen Faktors.

Das umgekehrte Verhältnis ist 25 : 16. Demnach ist nun der Punkt der Isoquante gesucht, in dem sie die Steigung –25/16 hat.

Die Steigung der Isoquante wird mit der ersten Ableitungsfunktion f' beschrieben.

$$f'(x) = \frac{-1}{(x - m)^2} = y'$$

Diese Ableitungsfunktion muß für alle m den Wert –25/16 haben.

$$\frac{-25}{16} = \frac{-1}{(x-m)^2} \qquad | \cdot 16 \cdot (x-m)^2$$

$$\Leftrightarrow \quad -25\,(x-m)^2 = -16$$

$$\Leftrightarrow \quad -25\,(x^2 - 2\,m\,x + m^2) = -16 \qquad | : (-25)$$

$$\Leftrightarrow \quad x^2 - 2\,m\,x + m^2 = 16/25 \qquad | - 16/25$$

$$\Leftrightarrow \quad x^2 - 2\,m\,x + m^2 - 16/25 = 0$$

Diese gemischt quadratische Gleichung muß nach m aufgelöst werden.

$$\Leftrightarrow \quad m^2 - 2\,x\,m + x^2 - 16/25 = 0 \qquad | \text{ Lösungsformel}$$

hier gilt: $p = -2\,x$ und $q = x^2 - 16/25$

$$\Leftrightarrow \quad m = x \pm \sqrt{x^2 - (x^2 - 16/25)} = x \pm \sqrt{16/25} = x \pm 4/5$$

$$\Leftrightarrow \quad m = x - 4/5 \quad \vee \quad m = x + 4/5$$

$$\Leftrightarrow \quad m_1 = x - 4/5 \quad \wedge \quad m_2 = x + 4/5$$

m_2 kommt nicht in Frage, weil es den Bedingungen der Definitionsmenge nicht entspricht. Denn für m_2 müßte x um 4/5 kleiner sein als m.
Also: $m = x - 4/5$

Wenn nun in f der Parameter m durch den Ausdruck x – 4/5 ersetzt wird, entsteht eine neue Funktion, die lauter Punkte hervorbringt, in denen die Isoquanten die Steigung –25/16 haben.

Der Graph dieser Funktion g ist die Ortslinie all der Punkte, in denen die Isoquanten die Steigung –25/16 haben.

$$g: \quad g(x) = \frac{1}{x - (x - 4/5)} + x - 4/5$$

$$g: \quad g(x) = \frac{1}{4/5} + x - 4/5 = 5/4 + x - 4/5 = x + 9/20 = x + 0{,}45$$

Die gesuchte Ortslinie hat den Term $g(x) = x + 0{,}45$. Sie beschreibt die Linie, auf der alle Minimalkostenkombinationen dargestellt sind.

Wenn z. B. 5 ME des Faktors A eingesetzt werden sollen, dann müßten $g(5) = 5{,}45$ ME des Faktors B eingesetzt werden, damit sich eine Minimalkostenkombination ergibt. Mit dieser Kombination kann gemäß der Bedingung für die Minimalkostenkombinationen, nämlich $m = x - 4/5$, eine Menge von 4,2 ME Karkulin hergestellt werden.

Bei der Herstellung von einer ME Karkulin ($m = 1$) müßte man 1,8 ME des Faktors A einsetzen. Daraufhin müßte man $g(1{,}8) = 2{,}25$ ME des Faktors B einsezten.
Diese Minimalkostenkombination kostet 81 GE.
$1{,}8 \cdot 25 + 2{,}25 \cdot 16 = 81$

zu c)

Wenn mit der Minimalkostenkombination m = 3 ME Karkulin hergestellt werden sollen, dann werden dafür der Bedingung $m = x - 4/5$ entsprechend ($m = x - 4/5 \Leftrightarrow x = m + 4/5$) 3,8 ME des Faktors A benötigt. Weiterhin sind der Ortslinie der Minimalkostenkombinationen entsprechend $g(3{,}8) = 3{,}8 + 0{,}45 = 4{,}25$ ME des Faktors B erforderlich.

Die Kosten dafür betragen $3{,}8 \cdot 25 + 4{,}25 \cdot 16 = 163$.
$\Rightarrow \quad K(3) = 163$

Sollen mit der Minimalkostenkombination m = 10 ME Karkulin hergestellt werden, dann werden dafür der Bedingung $m = x - 4/5$ entsprechend 10,8 ME des Faktors A benötigt.
Weiterhin sind gemäß der Ortslinie der Minimalkostenkombinationen $g(10{,}8) = 10{,}8 + 0{,}45 = 11{,}25$ ME des Faktors B erforderlich.

Die Kosten dafür betragen $10{,}8 \cdot 25 + 11{,}25 \cdot 16 = 450$.
$\Rightarrow \quad K(10) = 450$

Laut Aufgabe ist die Kostenfunktion eine Funktion ersten Grades, und deren Term lautet allgemein $K(m) = a\,m + b$.

$$\begin{array}{llrll} K(3) = 163 & \Rightarrow & 163 & = 3\,a + b & \mid - \\ K(10) = 450 & & 450 & = 10\,a + b & \mid + \\ & \Leftrightarrow & 163 & = 3\,a + b & \\ & \wedge & 287 & = 7\,a & \mid :7 \\ & \Leftrightarrow & a & = 287/7 = 41 \quad \wedge \quad b = 40 & \end{array}$$

Also lautet die Kostenfunktion: $K(m) = 41\,m + 40$

Daraus ergibt sich für m = 1 der bereits bekannte Wert $K(1) = 81$.

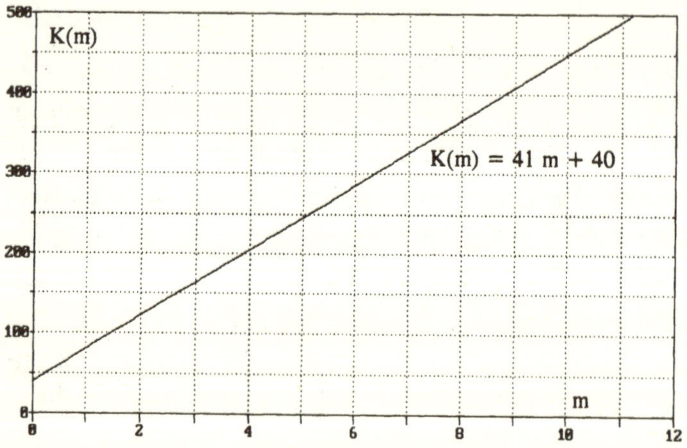

Lösung Aufgabe 111

zu a)

Die vorgegebene Wertetabelle soll vervollständigt werden.

x	2,2	2,5	3	4	6
y	7	4	3	2,5	2,25

Skizze

Die linke Graphik zeigt die Isoquanten für 1 ME, für 2 ME und für 3 ME Lokalin; rechts ist auch die Ortslinie der Punkte zu sehen, in denen die Isoquanten die Steigung –9/4 haben.

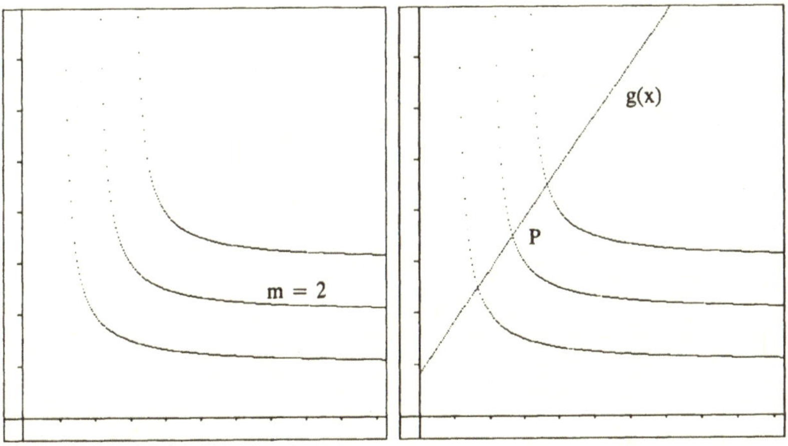

Berechnung der Kosten

2,2 ME des Faktors A kosten 2,2 ME · 9 GE/ME = 19,8 GE.
7 ME des Faktors B kosten 7 ME · 4 GE/ME = 28 GE.
Also kostet die Kombination von 2,2 ME des Faktors A und 7 ME des Faktors B insgesamt 19,8 GE + 28 GE = 47,8 GE.

Die Kombination von 2,5 ME des Faktors A und 4 ME des Faktors B kostet 2,5 ME · 9 GE/ME + 4 ME · 4 GE/ME = 38,5 GE.

Die Kombination von 3 ME des Faktors A und 3 ME des Faktors B kostet 3 ME · 9 GE/ME + 3 ME · 4 GE/ME = 39 GE.

Die Kombination von 4 ME des Faktors A und 2,5 ME des Faktors B kostet 4 ME · 9 GE/ME + 2,5 ME · 4 GE/ME = 46 GE.

Die Kombination von 6 ME des Faktors A und 2,25 ME des Faktors B kostet 6 ME · 9 GE/ME + 2,25 ME · 4 GE/ME = 63 GE.

Die Kosten dieser Faktorkombinationen sind unterschiedlich, so daß es mindestens eine geben muß, die die wenigsten Kosten verursacht.

zu b)

Es läßt sich der Nachweis führen, daß auf einer Isoquante diejenige Faktorkombination die minimalen Kosten verursacht, in der die Isoquante die Steigung hat, die dem umgekehrten, negativen Verhältnis der Faktorpreise entspricht.

In diesem Beispiel ist das Faktorpreisverhältnis 4 : 9, nämlich der Preis des auf der senkrechten Achse abgetragenen Faktors zu dem Preis des auf der waagerechten Achse abgetragenen Faktors.

Das umgekehrte Verhältnis ist 9 : 4. Demnach ist nun der Punkt der Isoquante gesucht, in dem sie die Steigung –9/4 hat.

Die Steigung der Isoquante wird mit der ersten Ableitungsfunktion f' beschrieben.

$$f'(x) = \frac{-1}{(x - m)^2} = y'$$

$y' = f'(x) = -9/4$ und $f'(x)$ und $m = 2$

$$\Rightarrow \quad \frac{-9}{4} = \frac{-1}{(x-2)^2} \qquad | \cdot 4\,(x-2)^2$$
$$\Leftrightarrow \quad -9\,(x-2)^2 = -4 \qquad | : (-9)$$
$$\Leftrightarrow \quad (x-2)^2 = 4/9$$
$$\Leftrightarrow \quad x^2 - 4\,x + 4 = 4/9 \qquad | - 4/9$$
$$\Leftrightarrow \quad x^2 - 4\,x + 32/9 = 0 \qquad | \text{ Lösungsformel}$$
$$\Leftrightarrow \quad x = 2 \pm \sqrt{2^2 - 32/9}$$
$$\Leftrightarrow \quad x = 2 \pm \sqrt{4/9} = 2 \pm 2/3$$
$$\Leftrightarrow \quad x = 8/3 \;\vee\; x = 4/3$$
$$\Leftrightarrow \quad x_1 = 8/3 \;\wedge\; x_2 = 4/3$$

x_2 gehört nicht zur Definitionsmenge, weil 4/3 nicht größer als 2 ist. Denn x muß laut Definitionsmenge größer als m sein.

An der Stelle 8/3 hat die Isoquante für m = 2 die Steigung –9/4. Der entsprechende Punkt P auf der Isoquante hat den y-Wert f(8/3) = 3,5.
$\Rightarrow$ P (8/3 | 3,5) siehe Skizze

Diese Kombination kostet $8/3 \cdot 9 + 3{,}5 \cdot 4 = 38$ GE. Günstiger lassen sich unter diesen Bedingungen 2 ME Lokalin nicht herstellen.

zu c)

Um die Ortslinie all der Punkte zu ermitteln, in denen alle Isoquanten die Steigung –9/4 haben, muß der Parameter m in der Funktion f eliminiert werden, und zwar durch einen Ausdruck, der aus der folgenden Gleichung stammt.

$$f'(x) = \frac{-1}{(x-m)^2} = \frac{-9}{4}$$

$$\Rightarrow \quad \frac{-9}{4} = \frac{-1}{(x-m)^2} \qquad | \cdot 4\,(x-m)^2$$

$$\Leftrightarrow \quad -9\,(x-m)^2 = -4$$

$$\Leftrightarrow \quad -9\,(x^2 - 2m\,x + m^2) = -4 \qquad | : (-9)$$

$$\Leftrightarrow \quad x^2 - 2m\,x + m^2 = 4/9 \qquad | - 4/9$$

$$\Leftrightarrow \quad x^2 - 2m\,x + m^2 - 4/9 = 0$$

Diese Gleichung muß nach m aufgelöst werden.

$$\Leftrightarrow \quad m^2 - 2x\,m + x^2 - 4/9 = 0 \qquad | \text{ Lösungsformel}$$

hier gilt: $p = -2\,x$ und $q = x^2 - 4/9$

$$\Leftrightarrow \quad m = x \pm \sqrt{x^2 - (x^2 - 4/9)}$$

$$\Leftrightarrow \quad m = x \pm \sqrt{4/9} = x \pm 2/3$$

$$\Leftrightarrow \quad m = x - 2/3 \quad \vee \quad m = x + 2/3$$

$$\Leftrightarrow \quad m_1 = x - 2/3 \quad \wedge \quad m_2 = x + 2/3$$

m_2 kommt nicht in Frage, weil es den Bedingungen der Definitionsmenge nicht entspricht. Denn für m_2 müßte x um 2/3 kleiner sein als m.
Also: $m = x - 2/3$

Wenn nun in f der Parameter m durch den Ausdruck $x - 2/3$ ersetzt wird, entsteht eine neue Funktion, die lauter Punkte hervorbringt, in denen die Isoquanten die Steigung –9/4 haben.

Der Graph dieser Funktion g ist die Ortslinie all der Punkte, in denen die Isoquanten die Steigung –9/4 haben.

$$g: \quad g(x) = \frac{1}{x - (x - 2/3)} + x - 2/3$$

$$g: \quad g(x) = \frac{1}{2/3} + x - 2/3 = 3/2 + x - 2/3 = x + 5/6$$

Die gesuchte Ortslinie hat den Term $g(x) = x + 5/6$. Sie beschreibt die Linie, auf der alle Minimalkostenkombinationen dargestellt sind.

Eine bestimmte Menge Lokalin läßt sich dann am kostengünstigsten herstellen, wenn auf der entsprechenden Isoquante diejenige Faktorkombination gewählt wird, die auf der Ortslinie der Minimalkostenkombinationen liegt, die dem Schnittpunkt der entsprechenden Isoquante mit der Ortslinie entspricht.

zu d)

Die Kosten für x ME des Faktors A machen 9 x aus; die Kosten für y ME des Faktors B betragen 4 y. Der Ortslinie der Minimalkostenkombinationen entsprechend gilt: $y = x + 5/6$.
Also: y ME des Faktors B kosten $4 (x + 5/6)$.

Für beide Faktoren machen dann die Kosten $9x + 4(x + 5/6)$ aus.

$$K(x) = 9x + 4(x + 5/6) = 9x + 4x + 20/6$$
$$K(x) = 13x + 20/6$$

Da hier die Variable x für die Einsatzmenge des Faktors A steht und die Kosten in Abhängigkeit von der Herstellungsmenge (hier mit m bezeichnet) beschrieben werden sollen, muß x wie folgt durch m eliminiert werden.

Die Bedingung für die Minimalkostenkombination ist $m = x - 2/3$, die nach x umgestellt $x = m + 2/3$ lautet. Durch diesen Ausdruck kann x ersetzt werden, so daß der Term für die gesamten Kosten der Produktionsfaktoren nur die Variable m enthält.

$$K(m) = 13 (m + 2/3) + 20/6$$
$$K(m) = 13m + 26/3 + 20/6 = 13m + 72/6$$
$$K(m) = 13m + 12$$

Die Kosten der Produktionsfaktoren bzw. die Herstellungskosten können nun in Abhängigkeit von der hergestellten Menge m mit der Funktion K beschrieben werden.

$$K: \quad K(m) = 13m + 12$$

Hier läßt sich das Ergebnis aus Aufgabenteil b) überprüfen:

$$K(2) = 13 \cdot 2 + 12 = 38$$

Die graphische Darstellung der Kostenfunktion K erfordert ein Koordinatensystem, auf dessen Abszisse die hergestellte Menge m und auf dessen Ordinaten-Achse die Kosten abgetragen werden.

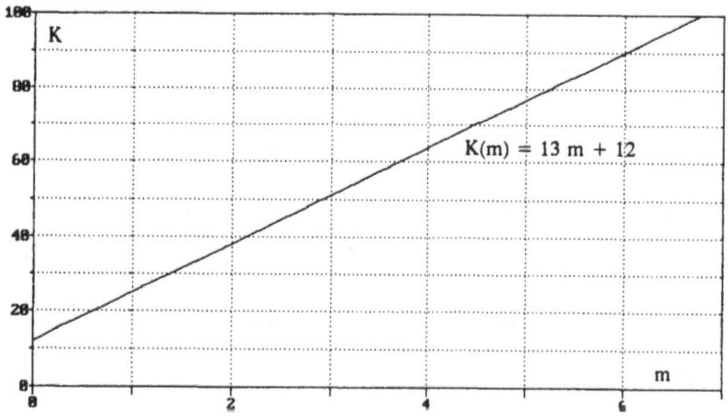

Lösung Aufgabe 112

zu a)

Die gesuchte Minimalkostenkombination ist der Punkt, in dem die Isoquante für die Herstellung von zwei ME Balin die Steigung –a/b hat.

Die Steigung der Isoquante wird mit der ersten Ableitungsfunktion f ' beschrieben.

$$f'(x) = \frac{-2\,m^3\,x}{x^4} = \frac{-2\,m^3}{x^3}$$

y' = f '(x) = –a/b und f '(x) und m = 2

$$\Rightarrow \quad \frac{-a}{b} = \frac{-16}{x^3} \qquad \Big|\cdot b\,x^3$$

$$\Leftrightarrow \quad -a\,x^3 = -16\,b \qquad \Big|:(-a)$$

$$\Leftrightarrow \quad x^3 = 16\,b : a$$

$$\Leftrightarrow \quad x_0 = \sqrt[3]{16\,a : b}$$

An der Stelle x_0 hat die Isoquante für m = 2 die Steigung –a/b. Der entsprechende Punkt P auf der Isoquante hat den y-Wert $f(x_0)$; er stellt die gesuchte Minimalkostenkombination dar.

zu b)

Um die Ortslinie all der Punkte zu ermitteln, in denen die Isoquanten die Steigung –a/b haben, muß der Parameter m in der Funktion f eliminiert werden, und zwar durch einen Ausdruck, der aus der folgenden Gleichung stammt.

$$f'(x) = \frac{-2\,m^3}{x^3} = \frac{-a}{b} \qquad \Big|\cdot(-b\,x^3)$$

$$\Leftrightarrow \quad a\,x^3 = 2\,b\,m^3 \qquad \Big|:2\,b$$

$$\Leftrightarrow \quad m^3 = \frac{a\,x^3}{2\,b} \qquad \textbf{(1)}$$

Wenn nun in f mit Hilfe des Ausdruckes $a\,x^3 : 2\,b$ die Größe m^3 ersetzt wird, entsteht eine neue Funktion, die lauter Punkte hervorbringt, in denen die Isoquanten die Steigung –a/b haben.

Der Graph dieser Funktion g ist die Ortslinie all der Punkte, in denen die Isoquanten die Steigung –a/b haben.

$$g: \quad g(x) = \frac{a\,x^3 : 2\,b}{x^2} = \frac{a\,x}{2\,b}$$

zu c)

Die Kosten für x ME des Faktors A machen a x aus;
die Kosten für y ME des Faktors B machen b y aus.

So machen die Kosten K insgesamt a x + b y aus: $K = a\,x + b\,y$
Der Ortslinie der Minimalkostenkombinationen entsprechend gilt:

$y = \frac{a\,x}{2\,b}$.

Also: y ME des Faktors B kosten $b\,\frac{a\,x}{2\,b} = \frac{a}{2}\,x$

Für beide Faktoren machen dann die Kosten $a\,x + \frac{a}{2}\,x = 1{,}5\,a\,x$ aus.

$$K(x) = 1{,}5\,a\,x$$

Laut (1) ist $m^3 = a\,x^3 : 2\,b$ die Bedingung für die Minimalkostenkombinationen. Nach x umgestellt ergibt sich

$$x = \sqrt[3]{2\,b\,m^3 : a} = m\sqrt[3]{2 : a}\,.$$

Mit diesem Ausdruck kann x ersetzt werden, so daß der Term für die gesamten Kosten der Produktionsfaktoren nur die Variable m enthält.

$$K(m) = 1{,}5\,a\,m\sqrt[3]{2\,b : a}$$

Die Kosten der Produktionsfaktoren bzw. die Herstellungskosten können nun in Abhängigkeit von der hergestellten Menge m mit der Funktion K beschrieben werden.

K: $K(m) = 1{,}5\,a\,m\sqrt[3]{2\,b : a}$

Sollte der Zufall dazu führen, daß Faktor A doppelt so teuer ist wie Faktor B, so daß $a = 2\,b$ gilt,

dann wäre $K(m) = 1{,}5\,a\,m\sqrt[3]{1} = 1{,}5\,a\,m$.

Lösung Aufgabe 113

zu a)

Die linke Graphik zeigt die Isoquanten für $m = 1$, für $m = 2$ und für $m = 3$. Rechts ist zusätzlich die Ortslinie der Minimalkostenkombinationen eingezeichnet.

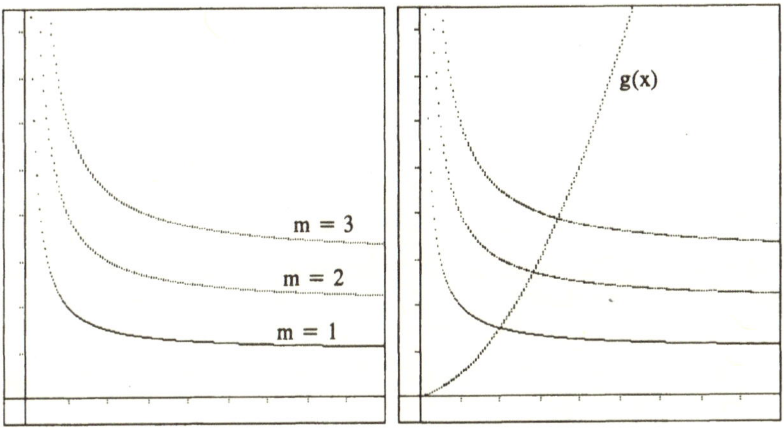

zu b)

Die gesuchte Minimalkostenkombination ist der Punkt, in dem die Isoquante für die Herstellung von einer ME Porlat die Steigung $-a/b$ hat.

Die Steigung der Isoquante wird mit der ersten Ableitungsfunktion f ' beschrieben.

$$f'(x) = \frac{-m}{x^2}$$

$y' = f'(x) = -a/b$ und $f'(x)$ und $m = 1$

$$\Rightarrow \quad \frac{-a}{b} = \frac{-1}{x^2} \qquad \Big| \cdot b \cdot x^2$$

$$\Leftrightarrow \quad -a\,x^2 = -b \qquad \Big| : (-a)$$

$$\Leftrightarrow \quad x^2 = b : a$$

$$\Leftrightarrow \quad x = \pm\sqrt{b : a} \quad \Leftrightarrow \quad x_1 = \sqrt{b : a} \;\wedge\; x_2 = -\sqrt{b : a}$$

x_2 gehört nicht zur Definitionsmenge.

An der Stelle $\sqrt{b : a}$ hat die Isoquante für $m = 1$ die Steigung $-a/b$. Der entsprechende Punkt P auf der Isoquante hat den y-Wert $f(x_1)$ und $f(x_1) = 1/\sqrt{b : a} + 1 = 1 + \sqrt{a : b} \Rightarrow P\left(\sqrt{b : a} \,\middle|\, 1 + \sqrt{a : b}\right)$.

Es müssen $\sqrt{b : a}$ ME des Faktors A und $1 + \sqrt{a : b}$ ME des Faktors B eingesetzt werden, um die billigste Faktorkombination für eine ME Porlat zu erreichen.

zu c)

Um die Ortslinie all der Punkte zu ermitteln, in denen die Isoquanten die Steigung −a/b haben, muß der Parameter m in der Funktion f eliminiert werden, und zwar durch einen Ausdruck, der aus der folgenden Gleichung entsteht.

$$f'(x) = \frac{-m}{x^2} = \frac{-a}{b} \qquad | \cdot b \cdot x^2$$

$$\Leftrightarrow \quad -m \cdot b = -a \cdot x^2 \qquad | : (-a)$$

$$\Leftrightarrow \quad x^2 = m \cdot b : a \qquad \textbf{(1)}$$

Diese Gleichung muß nach m aufgelöst werden. $\Leftrightarrow \quad m = a\,x^2 : b$

Wenn nun in f der Parameter m durch den Ausdruck $a\,x^2 : b$ ersetzt wird, entsteht eine neue Funktion, die lauter Punkte hervorbringt, in denen die Isoquanten die Steigung −a/b haben.

Der Graph dieser Funktion g ist die Ortslinie all der Punkte, in denen die Isoquanten die Steigung −a/b haben.

$$g: \quad g(x) = \frac{a\,x^2 : b}{x} + a\,x^2 : b$$

$$g(x) = \frac{a\,x^2}{b\,x} + \frac{a\,x^2}{b} = \frac{a\,x}{b} + \frac{a\,x^2}{b} = \frac{a\,x + a\,x^2}{b}$$

$$g: \quad g(x) = \frac{a\,x\,(1 + x)}{b}$$

Eine bestimmte Menge Porlat läßt sich am kostengünstigsten herstellen, wenn auf der entsprechenden Isoquante diejenige Faktorkombination gewählt wird, die auf der Ortslinie der Minimalkostenkombinationen liegt, die dem Schnittpunkt der entsprechenden Isoquante mit der Ortslinie entspricht.

zu d)

Die Kosten für x ME des Faktors A machen a x aus;
die Kosten für y ME des Faktors B machen b y aus.
So machen die Kosten K insgesamt a x + b y aus: $K(x;y) = a\,x + b\,y$
Der Produktionsfunktion entsprechend gilt $y = m : x + m$

$$\Rightarrow \quad K(x;m) = a\,x + b\,(m : x + m) = a\,x + b\,m : x + b\,m$$

Laut (1) ist $x^2 = m \cdot b : a$ die Bedingung für die Minimalkostenkombination. Nach x umgestellt ergibt sich $x_1 = \sqrt{b\,m : a}$.

Denn $x_2 = -\sqrt{b\,m : a}$ kommt nicht in Frage, weil es nicht zur Definitionsmenge gehört.

Mit dem Ausdruck $\sqrt{b\,m : a}$ kann x ersetzt werden, so daß der Term für die gesamten Kosten der Produktionsfaktoren nur die Variable m enthält.

$$K: \quad K(m) = a\sqrt{b\,m : a} + \frac{b\,m}{\sqrt{b\,m : a}} + b\,m$$

K(m) kann zu folgendem Ausdruck umgeformt und vereinfacht werden:

$$K(m) = 2\sqrt{a\,b\,m} + b\,m$$

Die Kosten der Produktionsfaktoren bzw. die Herstellungskosten können nun in Abhängigkeit von der hergestellten Menge m mit der Funktion K beschrieben werden.

Für den Fall, daß a den Wert 2 und b den Wert 8 annehmen (siehe Aufgabenteil c), lautet die Kostenfunktion:

$$K(m) = 2\sqrt{2 \cdot 8 \cdot m} + 8\,m = 8\sqrt{m} + 8\,m$$

Diese Variante von K ist in der folgenden Skizze graphisch dargestellt.

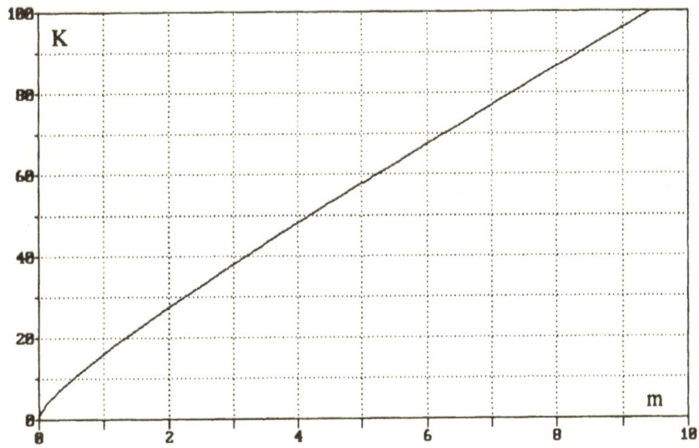

Lösung Aufgabe 114

zu a) Skizze

Die linke Graphik zeigt die Isoquanten für 1 ME, für 2 ME und für 3 ME Isopan; rechts ist auch die Ortslinie der Punkte zu sehen, in denen die Isoquanten die Steigung –8/64 = –0,125 haben.

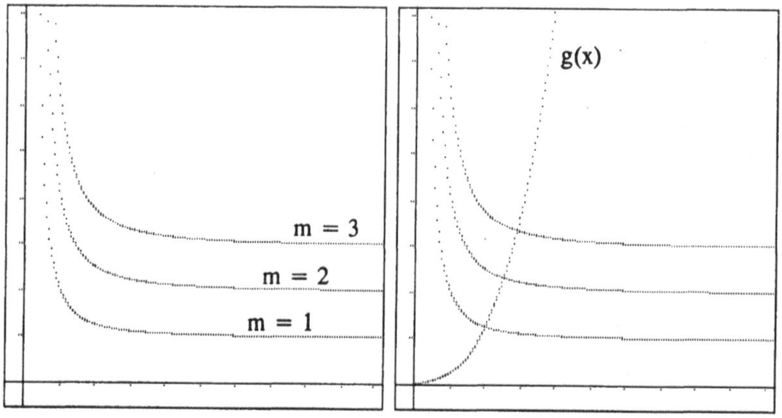

zu b)

Die gesuchte Minimalkostenkombination wird von dem Punkt dargestellt, in dem die Isoquante für die Herstellung von einer ME Isopan die Steigung –8/64 = –0,125 hat.

Die Steigung der Isoquante wird mit der ersten Ableitungsfunktion f ' beschrieben, die nach der Quotientenregel gebildet werden muß.

$$f'(x) = \frac{2\,x\,m\,x^2 - 2\,x\,(m\,x^2 + m)}{x^4} = \frac{2\,m\,x^2 - 2\,m\,x^2 - m}{x^3} = \frac{-m}{x^3}$$

$y' = f'(x) = -0{,}125$ und $f'(x)$ und $m = 1$

$$\Rightarrow \quad -0{,}125 = \frac{-1}{x^3} \qquad | \cdot x^3$$

$$\Leftrightarrow \quad -0{,}125\,x^3 = -1 \qquad | : (-0{,}125)$$

$$\Leftrightarrow \quad x^3 = 8$$

$$\Leftrightarrow \quad x = \sqrt[3]{8} = 2$$

An der Stelle 2 hat die Isoquante für m = 1 die Steigung –0,125. Der entsprechende Punkt P auf der Isoquante hat den y-Wert f(2).
$f(2) = (4 + 1) : 4 = 1{,}25 \Rightarrow P\,(2\,|\,1{,}25)$

zu c)

Um die Ortslinie all der Punkte zu ermitteln, in denen die Isoquanten die Steigung –0,125 haben, muß der Parameter m in der Funktion f eliminiert werden, und zwar durch einen Ausdruck, der aus der folgenden Gleichung entsteht.

$y' = f'(x) = -0{,}125$ und $f'(x)$

$$\Rightarrow \quad -0{,}125 = \frac{-m}{x^3} \qquad | \cdot x^3$$

$$\Leftrightarrow \quad -0{,}125\, x^3 = -m \qquad | \cdot (-1)$$

$$\Leftrightarrow \quad m = 0{,}125 \cdot x^3$$

Wenn nun in f der Parameter m durch den Ausdruck $0{,}125\, x^3$ ersetzt wird, entsteht die neue Funktion g, die lauter Punkte hervorbringt, in denen die Isoquanten die Steigung –0,125 haben.

$$g(x) = \frac{-0{,}125\, x^3\, x^2 + 0{,}125\, x^3}{x^2} = 0{,}125\, x^3 + 0{,}125\, x$$

$$g: \quad g(x) = 0{,}125\, x^3 + 0{,}125\, x$$

Eine bestimmte Menge Isopan läßt sich demnach am kostengünstigsten herstellen, wenn auf der entsprechenden Isoquante diejenige Faktorkombination gewählt wird, die auf der Ortslinie der Minimalkostenkombinationen liegt, die dem Schnittpunkt der entsprechenden Isoquante mit der Ortslinie entspricht.

zu d)

Die Kosten für x ME des Faktors A betragen 8 x; die Kosten für y ME des Faktors B machen 64 y aus. Der Ortslinie der Minimalkostenkombinationen entsprechend gilt: $y = 0{,}125\, x^3 + 0{,}125\, x$.
Also: y ME des Faktors B kosten $64\,(0{,}125\, x^3 + 0{,}125\, x)$ GE.

Für beide Faktoren sind dann die Kosten $8\, x + 64\,(0{,}125\, x^3 + 0{,}125\, x)$.

$$K(x) = 8\, x + 64\,(0{,}125\, x^3 + 0{,}125\, x)$$
$$K(x) = 8\, x + 8\, x^3 + 8\, x$$
$$K(x) = 8\, x^3 + 16\, x$$

Die Bedingung für die Minimalkostenkombination ist $m = 0{,}125\, x^3$, die nach x umgestellt $x = 2 \cdot \sqrt[3]{m}$ bzw. $x^3 = 8\, m$ lautet.
Jetzt kann x bzw. x^3 ersetzt werden, so daß der Term für die gesamten Kosten der Produktionsfaktoren nur noch die Variable m enthält.

$$K(m) = 8 \cdot 8 \cdot m + 16 \cdot 2\sqrt[3]{m} = 64\, m + 32\sqrt[3]{m}$$

www.ingramcontent.com/pod-product-compliance
Lightning Source LLC
LaVergne TN
LVHW042242300926
849161LV00003B/433